한국 현대사 산책 1980년대 편(전4권)
광주학살과 서울올림픽 · 3권

ⓒ 강준만, 2003

초판 1쇄 2003년 5월 12일 펴냄
초판 16쇄 2017년 9월 13일 펴냄

지은이 | 강준만
펴낸이 | 강준우
기획 · 편집 | 박상문, 박효주, 김예진, 김환표
디자인 | 최진영, 최원영
마케팅 | 이태준
관리 | 최수향
인쇄 · 제본 | 제일프린테크

펴낸곳 | 인물과사상사
출판등록 | 제17-204호 1998년 3월 11일

주소 | 04037 서울시 마포구 서교동 392-4 삼양E&R빌딩 2층
전화 | 02-325-6364
팩스 | 02-474-1413

www.inmul.co.kr | insa@inmul.co.kr

ISBN 978-89-88410-75-2 04900   ISBN 978-89-88410-72-6 (세트)

값 12,000원

광주학살과 서울올림픽 **1980년대 편 3**권

한국 현대사산책

강준만 저

인물과 사상사

제7장 대통령 직선제를 향하여 / 1986년

개헌 1천만명 서명운동 *17* | 전방입소 반대투쟁 *22* | 5·3 인천사태 *26* | '부천서 성고문' 사건 *36* | '보도지침' 폭로 사건 *47* | TV 시청료 거부운동 *54* | 도시빈민 울리는 '86·88' *64* | 86 아시안 게임 *73* | 유성환의 국시론 파동 *86* | 건국대 사태와 NL-CA 논쟁 *90* | TV가 '앵벌이'로 나선 '평화의 댐' 사건 *96* | 김대중의 대통령 불출마 선언 *101* | 김일성 사망 오보 사건 *109* | '단군 이래 최대 호황' *114*

제8장 6월항쟁과 대통령 선거 / 1987년

'이민우 구상' 파동 123 | 4·13 호헌 조치와 통일민
주당 창당 136 | 박종철 고문치사 사건 148 | 6·10
항쟁과 '중산층의 반란' 156 | 6·29 민주화 선언 171 |
노동자 대투쟁 181 | 40만부를 파는 월간지의 '폭로
저널리즘' 192 | 노래를 찾는 사람들 196 | 언론기본
법 폐지와 언론노조 결성 200 | KAL 858기 폭파 사
건 204 | 1987년 대통령 선거 209 | 김대중과 김영삼
의 변명 224 | 1987년 대선과 지역감정 233

자세히 읽기

김만철 일가 망명 130 | 『한국민중사』 사건 132 | 전국농민
협회 결성 134 | 서머타임 146 | 전대협 결성 186 | 오대양
집단 자살 사건 188 | 민족문학작가회의와 민교협 결성 190 |
백기완과 김대중 230

제9장 서울올림픽의 빛과 그림자 / 1988년

노태우의 '전두환 청산'과 4 · 26 총선 *249* | 5공의 최대 수혜자는 조선일보 *260* | 한겨레신문의 창간 *265* | 서울올림픽 공동개최 투쟁 *270* | 노태우의 7 · 7 선언 *281* | 서울올림픽과 '위험한 정사' *285* | 서울올림픽과 대한민국의 영광 *291* | 국회의 5공 청문회 *311*

자세히 읽기

납 · 월북 작가들의 작품 출간 *264* | 프리 올림픽 쇼 *279* | 지강헌 일당 탈주사건 *310*

| 차 례 | **한국 현대사 산책: 1980년대편**
광주학살과 서울올림픽
1권 |

머리말 광주학살과 서울올림픽

제1장 왜 광주는 피를 흘려야 했나? / 1980년

K 공작 / '서울의 봄'에 꾼 동상이몽(同床異夢) / 이병철과 정주영의 싸움 / 사북 노동항쟁 / 자유언론실천운동 / 서울역 회군 / 5·17 계엄확대 / '인간사냥'을 위한 '화려한 휴가' / '해방 광주'의 고통과 절규 / '관객의 부재'를 넘어선 언론의 왜곡 / 은폐된 5·18의 진실 / 국가보위비상대책위원회의 탄생 / 김대중 내란음모사건 / 언론인 해직과 언론 폐간 조치 / 과외 금지와 졸업정원제 / 한국인은 들쥐떼인가? / 삼청교육대 / 10·27 법난 / 언론통폐합 / 컬러TV 방송 실시 / 언론기본법 제정 / 조선일보의 태평성대

자세히 읽기
무학논쟁 / 전남대 총학생회장 박관현 / 한 광주시민의 증언 / 김재규 처형 / 윤형주의 '별 이야기' / 박노해의 〈삼청교육대〉 / 흉년과 쌀 수입 / '윤·천·지·강' 사건

차례	**한국 현대사 산책: 1980년대편** 광주학살과 서울올림픽 **2권**

제2장 **충성경쟁과 마법의 주문 '86·88'** / 1981년

'1대대(민정당) 2중대(민한당) 3소대(국민당)' / 전두환의 방미와 대
통령 취임 / KBS와 MBC의 충성 경쟁 / 제11대 국회의원 선거 / 한
수산 필화사건 / 유사 이래 가장 거대한 놀자판, 국풍 81 / 서울올림
픽 유치 / 강제징집과 녹화사업

자세히 읽기
KCIA와 CIA의 관계 개선 /부림 사건과 노무현 / 5공의 북방외교 / 김수환
추기경과 전두환

제3장 밤의 자유와 프로야구에 취해 / 1982년

통행금지 해제와 '애마부인' / 부산 미문화원 방화사건 / 교수의 경찰화와 김준엽의 외로운 투쟁 / 프로야구 출범 / 장영자 · 이철희 사건 / 금융실명제 파동 / '양파사건'과 새마을운동

자세히 읽기
의령 경찰관 총기난동사건

제4장 '땡전뉴스'가 대변한 '전두환 공화국' / 1983년

이산가족찾기 방송 / 김대중-김영삼 8 · 15공동선언 / KAL기 실종과 '땡전뉴스' / 아웅산 암살폭발사건 / 프로야구와 호남의 한(恨) / 학원자율화 조치

자세히 읽기
대도(大盜) 조세형 탈주극 / 레이건의 한국 방문

제5장 저항의 불꽃은 타오르고 / 1984년

'위장취업' 노동운동과 블랙리스트 / 민추협 출범 / '환상적으로 강요된 애국심' / 함평 · 무안 농민대회 / 『노동의 새벽』과 『영웅시대』

자세히 읽기
정래혁 사건 / 전두환의 일본 방문 / 민정당사 점거농성사건

제6장 탄압과 고문의 광기 속에서 / 1985년

김대중의 귀국과 2 · 12 총선 / 깃발논쟁과 CNP 논쟁 / '괘씸죄'에 걸린 국제그룹의 해체 / 동아 - 조선의 민족지 논쟁 / 소몰이 싸움 / 서울 미문화원 점거농성사건 / 유시민의 항소이유서 / 이념서적 파동 / 구로동맹파업 / 학원안정법 논란 / 남북교류와 남북정상회담 무산 / '깃발사건'과 김근태 고문사건

자세히 읽기
5 · 18 유가족에 대한 탄압 /2 · 12 총선 홍보용 드라마 / 황석영의 『죽음을 넘어 시대의 어둠을 넘어』 / 구미유학생 간첩단사건

제10장 **중산층 신화와 공안정국의 결탁** / 1989년

언론계 전두환 장학생 / '창밖의 여자'에서 '큐'까지 / 농촌 파탄과 서울 공화국 / '계급전쟁'에서의 승리를 위해 / '우리들의 눈을 빼서 필름을 만들고 싶다' / 중간평가 유보와 노태우 · 김영삼의 밀월 / 황석영과 문익환의 방북 / '쇠파이프와 식칼' 대 '공작과 세뇌' / 조선일보의 집요하고도 잔인한 비수 / 부산 동의대 사건 / 이철규 의문사 사건 / 전교조 결성과 노 정권의 탄압 / 임수경의 방북 / NL · PD 논쟁 / 서경원 밀입북 사건 / 노태우 정권의 정략적 대북정책 / 학원 프락치 공작 / UIP 영화직배 반대 투쟁 / 올림픽의 감격을 영원히 간직하고 싶다! / 노태우 정권과 언론 / 전두환의 국회 증언 / 중간층 포섭 전략과 중산층 신화 / 왜 김동길에게 정주영은 '민중의 영웅'이었나? / 10년만에 10배 상승한 주가지수 / 천민 자본주의도 아닌, 대 사기극 / 5 · 6공의 전라도 죽이기 / 가정 교육으로까지 전수된 호남차별

자세히 읽기

민예총 및 전민련 결성 / 정호용의 국회의원직 사퇴파동 / 정주영 방북 보도의 변덕 /
박노해와 『노동해방문학』 / 올림픽 열기 되살리기 / 『태백산맥』 완간 / "각하, 방미 기
사 작아서 미안합니다" / 프로야구와 광주의 축제

맺는 말 **한국인의 '정치와의 전쟁'**

제7장

대통령 직선제를 향하여

- 개헌 1천만명 서명운동
- 전방입소 반대투쟁
- 5·3 인천사태
- '부천서 성고문' 사건
- '보도지침' 폭로 사건
- TV 시청료 거부운동
- 도시빈민 울리는 '86·88'
- 86 아시안 게임
- 유성환의 국시론 파동
- 건국대 사태와 NL-CA 논쟁
- TV가 '앵벌이'로 나선 '평화의 댐' 사건
- 김대중의 대통령 불출마 선언
- 김일성 사망 오보 사건
- '단군 이래 최대 호황'

개헌 1천만명 서명운동

신민당과 5공의 충돌

전두환은 1986년 1월 16일 국정연설에서 "대통령 선거 방법의 변경에 관한 문제는 평화적 정권 교체의 선례와 서울 올림픽 개최라는 긴급한 국가적 과제가 성취되고 난 89년에 가서 논의하는 것이 순서"라고 말했다.[1]

야당이 집권하면 올림픽 개최가 안 되는가? 당연히 그런 생각을 했음직한 신민당은 2월 12일부터 대통령직선제 개헌 1천만명 서명운동에 들어갔다. 그 날 신민당 인의동 당사에서 총재 이민우는 이렇게 말했다.

"총선 1주년을 맞아 김대중 김영삼 선생, 그리고 나와 부총재단 개헌 추진본부 시도지부장을 필두로 대통령직선제 개헌 서명을 시작하겠습니다."[2]

---

1) 이상우, 〈전두환은 '네윈'을 꿈꿨다〉, 「신동아」, 1992년 6월, 225쪽.
2) 이경재, 〈민중의 승리: 5·17에서 6·29까지〉, 「신동아」, 1987년 8월, 194쪽에서 재인용.

박수와 환호성이 터지는 가운데 이번에는 김영삼이 〈1천만명 개헌 서명에 즈음하여〉라는 성명서를 낭독한 후, 양복 안주머니에서 이미 김대중의 서명이 든 용지를 꺼내 자신도 서명하면서 분위기를 달구었다. 같은 시간, 민추협에서도 김대중이 개헌 서명을 제의했는데, 신민당과 민추협의 합동 작전은 사전에 치밀하게 준비된 일종의 기습 작전이었다.[3]

이에 화들짝 놀란 정부는 개헌 서명운동에 강경 대응을 지시했는데, 대검찰청이 전국검찰과 경찰에 시달한 개헌 서명운동에 대한 처벌지침은 이를 잘 말해준다.

"△개헌 서명을 위한 옥내집회에도 집시법을 적용한다. △가두서명을 받을 경우 도로교통법에 따라 1년 이하의 징역에 처한다. △호별 방문으로 서명을 권유하면 주거침입죄를 적용한다. △시민의 서명 행위는 불법행위 방조죄로 처벌한다. △완장 리본 어깨띠를 달면 즉심에 회부한다."[4]

1986년 2월 24일 3당 대표의 청와대 회동에서 전두환이 평화적 정권교체를 앞세워 호헌 의지를 고수하자, 신민당은 3월 8일 헌법개정추진위원회 서울시지부 현판식을 개최하여 본격적인 장외투쟁에 돌입하였다. 신민당의 개헌 투쟁에 5공은 강경하게 대응했는데, 개헌 서명운동을 막기 위한 일환으로 종로구 인의동 동대문경찰서 앞에 있던 신민당사의 출입문을 막으려는 시도를 하기도 했다.[5]

3월 9일 추기경 김수환은 '정의와 평화를 갈구하는 9일 기도'를 마무리하는 정오 미사에 직선제 개헌을 촉구하고 나섰고, 3월 13일에는 한국기독교교회협의회(KNCC)가 1천만 개헌 서명운동에 적극 동참을 천명하고 나섰다. 이 날 여성계에서도 한국가정법률상담소장 이태영과 여성단

---

3) 이경재, 〈민중의 승리: 5·17에서 6·29까지〉, 「신동아」, 1987년 8월, 194쪽.
4) 이경재, 위의 글, 195쪽.
5) 이만섭, 〈86년 3당대표 '헌법연구특위' 합의 신민 '연구' 명칭 거부감 … 없던 일로〉, 「한국일보」, 2002년 9월 20일, 16면.

체협의회의장 이우정 등 13명이 모여 '민주헌법쟁취 범여성추진위원회'를 결성했다. 여기에 민통련과 천주교정의평화위원회, 그리고 한국기독교장로회도 개헌 서명을 지지하고 나섰으며, 당시 재야 법조단체였던 대한변호사회도 3월 26일 개헌연구위원회를 구성했다.[6]

29개 대학 785명 교수들의 시국 선언

1986년 3월 28일 이문영, 이호재, 최장집 등 고려대 교수 28명은 〈현시국에 대한 우리의 견해〉라는 제목의 시국선언문을 통해 다음과 같이 선언하였다.

"오늘의 근본 문제는 민주화에 있고 민주화의 핵심이 개헌에 걸려 있다는 것은 정당한 견해이다. 개헌에 대한 국민의 요구가 자유롭게 표현될 수 있게 해야 한다. 개헌은 국민 모두의 요구라고 보며 당국자와 정치인들은 조속한 시일 내에 개헌의 합의에 도달해야 한다."[7]

고대 교수들은 그 밖에도 학원문제 자율적 해결, 학생 의사표현의 자유, 교수들의 적극 대응 등을 요구하였다. 다음날 복직교수협의회는 고대 교수들의 성명을 지지하였다. 고대 교수들의 성명은 이 지지 사실과 함께 31일에서야 일간 신문에 보도되었는데, 이에 대해 강남훈은 다음과 같이 말한다.

"당시의 신문 기사는 밑에 실릴수록, 그리고 작게 실릴수록 중요한 것이었다. 신문을 받으면 제일 뒤에서부터 한 장을 넘겨서 밑에서부터 위로 읽으면서 어느 대학에서 성명을 발표하였는지를 찾아보다가 무언가 눈에 띄면 즐거워하던 기억이 난다."[8]

---

6) 이경재, 〈민중의 승리: 5 · 17에서 6 · 29까지〉, 「신동아」, 1987년 8월, 196쪽.
7) 한용원, 「한국의 군부정치」(대왕사, 1993), 421쪽에서 재인용.
8) 강남훈, 〈지식인운동의 전개: 교수들의 민주화운동을 중심으로〉, 학술단체협의회, 「6월민주항쟁과 한국사회 10년 II: 6월민주항쟁 10주년 기념 학술대토론회 자료집」(당대, 1997), 381쪽.

4월 2일에는 한신대 교수 42명, 4월 11일엔 성균관대 교수 35명이 성명을 발표하면서 불이 붙기 시작했다. 4월 14일 서울대 총장 박봉식은 교수들의 시국 선언과 관련하여 담화문을 발표해 "교수의 정치 참여는 유감스러운 일" "정치 현실에 간여하는 것" "비학문적" 운운하는 말을 했다. 김언호의 말마따나, "권력의 꼭두각시일까, 아니면 스스로 나서는 하수인일까."[9] 그러나 교수들은 그런 '꼭두각시' 또는 '하수인'의 말에 개의치 않고 계속 성명을 발표해, 5월 16일 방송대 교수 16명의 성명을 끝으로 모두 29대학 785명의 교수들이 개헌을 주장하는 시국 선언에 동참하였다.[10]

'한국의 오늘을 사는 한 지성인의 양심선언'

그렇게 교수들의 성명이 나오던 와중인 1986년 4월 8일, 고려대 교수 김용옥은 〈한국의 오늘을 사는 한 지성인의 양심선언〉이라는 제목의 성명을 발표하고 고려대 강단을 떠났다. 당시 그가 밝힌 '사직의 변'은 다음과 같은 것이었다.

"…… 나는 아무도 막을 수 없는 역사의 도도한 물결을 향해 무엇을 외칠 수 있으며 무엇을 외쳐야만 하는가에 대한 어느 때보다도 확고한 신념을 가지고 여러분 앞에 섰습니다. …… 내가 여러분에게 말하려고 하는 것은 영웅이 되기를 거부하는 지극히 소박한 한 인간의 양심의 소리입니다. …… 사랑하는 제자 여러분! 여러분들을 끝까지 꿋꿋하게 지키려는 결심을 허물고 강단을 떠날 수밖에 없는 나 자신의 나약함을 다시 한번 애통하게 생각하면서도 그저 허약하게 밖에는 나 자신의 양심을

---

9) 김언호, 『책의 탄생 (I): 격동기 한 출판인의 출판일기 1985~1987』(한길사, 1997), 381~382쪽.
10) 강남훈, 〈지식인운동의 전개: 교수들의 민주화운동을 중심으로〉, 학술단체협의회, 『6월민주항쟁과 한국사회 10년 II: 6월민주항쟁 10주년 기념 학술대토론회 자료집』(당대, 1997), 381쪽.

지킬 수 없는 보통 사람의 모습을 다시 한번 저주합니다. …… 폭력은 폭력 자체가 가진 힘에 의하여 멸망하게 될 것입니다."[11]

김용옥은 후일 자신의 양심선언은 "우리나라 대학 전체 문화의 부패에 대한 부정정신을 내포한 것"이라고 주장하였다.[12] 김용옥의 사직에 대해 『동아일보』의 대표 논객인 김중배는 1986년 4월 10일자에 쓴 〈어느 교수의 '양심선언'〉이라는 제목의 '사설'에서 다음과 같이 논평하였다.

"우리는 고려대학 김용옥 교수의 '양심선언'에서 고뇌하는 지식인의 치열한 정신을 거듭 확인한다. …… 김 교수는 지난번 고려대학 교수들의 '현 시국에 대한 견해' 표명을 지지하면서도 그에 서명하지 않았던 사람이다. 정치 상황의 변화만이 모든 것을 해결할 수 있다고 믿지도 않았으며, 오히려 정치가 해결할 수 없는 인간의 문제에 더 큰 열정을 지녔던 지식인이다. 그 사람이 마침내 현실의 모순을 고발하고, 강단을 떠나기로 결단했다는 사실의 의미는 무겁다. …… 김 교수의 '양심선언'은 아무리 억눌러도 지식인 사회가 완전히 억눌려질 수 없다는 확연한 반증으로 인식되어 마땅하다. 그것은 지식인 사회가 아무리 나약해졌다고 할지라도 완전히 나약해지지는 않았다는 실증이기도 하다. 그러나 우리는 그와 같은 지식인이 제자리를 떳떳이 지킬 수 있는 사회가 가꾸어지기를 바란다. 그의 말대로 모든 사람들이 제 구실을 다하며, 한마음이 되어 만날 수 있기를 소원한다."[13]

---

11) 『신민주전선』, 1986년 4월 12일.
12) 김용옥, 『대화: 김우중·김용옥 나눔』(통나무, 1991, 8판 1993), 307쪽.
13) 당시 김용옥의 '양심선언'은 일종의 돌출 행동으로 학계 일각의 비판을 받기도 했다. 그런데도 김중배는 김용옥을 그렇게 평가했으니 김용옥의 감격이 어떠했겠는가. 김용옥은 후일 그 감격에 대해 다음과 같이 말했다. "나는 그 글이 나에 관하여 쓰여졌기 때문이라기보다는 그 글 자체가 갖는 마력, 간결한 몇 줄 속에 흐르고 있는 힘이 나의 몸에서 우러나오는 광기보다도 더 강렬한 힘을 가지고 나를 휘감어버리는, 그 마력에 나는 당혹할 정도로 매료되었던 것이다. 이 정도의 붓의 힘이 그 짧은 시간 동안에 그 정도로 정신의 핵을 관통하고 있었다는 사실이 나에게 도도하고 당당하게 물밀려 왔다." 김용옥, 『동양학 어떻게 할 것인가』(통나무, 1989, 중판 1996), 23쪽.

전방입소 반대투쟁

'반미자주화 반파쇼민주화 투쟁'

1985년 11월부터 학생들 사이에서는 '미국의 지배체제 재편 안정화 음모' 분쇄와 '민중민주 헌법을 제정하기 위한 헌법제정민중회의' 소집이라는 두 가지 방안을 놓고 격론이 벌어졌다. 그런 가운데 86년 2월 4일 전학련 지도부는 서울대에서 14개 대학 연합집회를 소집해 '파쇼헌법 철폐 및 개헌서명운동 추진본부 발족대회'를 개최했다. 전두환 정권은 이 연합집회를 강제 해산시키면서 189명을 구속했다.[14]

1986년 3월 18일 서울대에서 발족된 '반전반핵평화옹호투쟁위원회' (위원장 이재호)는 "미제국주의 몰아내자" "반전반핵 양키 고홈" "팀 스피리트 훈련 중단하라" "휴전협정 폐기하고 평화협정 체결하라" 등을 주장하였으며, 3월 24일 연세대생 1천여 명은 '학기 중 전방입소 거부에

---

14) 김민호, 〈80년대 학생운동의 전개과정〉, 『역사비평』, 창간호(1988년 여름), 107쪽.

관한 범연세인 실천대회'를 열었다. 4월 3일엔 서울대에서 '반미자주화 반파쇼민주화 투쟁위원회'를 결성해 총학생회와 함께 "양키의 용병교육 전방입소 결사반대"를 외치는 반미투쟁을 전개하였다.[15]

자민투의 결성과 활동

한편 1986년 3월 29일 서울대에선 1백여 명의 학생들이 모인 가운데, 대중적 차원에서 반제국주의론에 기초해서 최초의 조직인 '구국학생연합'을 결성하였다. 나아가 이들은 반미운동을 공개적으로 벌여나갈 투쟁기구로 '반미자주화 반파쇼민주화 투쟁위원회'(자민투)를 4월 10일에 결성하고 〈반미자주화 반파쇼민주화 투쟁선언문〉을 발표했다.

"미제에 대한 적개심과 그 앞잡이 전두환 괴뢰도당"으로 시작하는 '자민투'의 선언문은 "19세기 말 이래 한반도의 역사는 미·일 제국주의의 침략의 역사였고, 이에 대한 민중의 치열한 투쟁의 역사였다"며 다음과 같이 주장했다.

"한국 민중의 반제민족해방투쟁은 미제의 군화발과 총칼에 철저히 탄압되고, 미제는 자신의 정치·경제·군사적 이익을 철저히 대변하는 괴뢰정권을 수립하였다. 그리고는 미에 대한 민중의 투쟁이 고양될 때, 민중의 반미의식의 고양 및 해방투쟁의 고양을 저지하기 위해 통치력을 상실한 허수아비 괴뢰정권을 제거하고, 기만적인 새로운 괴뢰정권을 제거하고 기만적인 새로운 괴뢰정권을 창출하곤 하였다. 이승만, 박정희, 전두환 괴뢰정권의 성립·소멸 과정은 바로 이들에 대한 민중의 적개심과 치열한 투쟁이 반미투쟁으로 승화 발전하는 것을 두려워한 미제의 간악한 책략이었다."[16]

---

15) 김민호, 〈80년대 학생운동의 전개과정〉, 『역사비평』, 창간호(1988년 여름), 108쪽

이 날 이들은 "반민주화 반파쇼민주화 투쟁 만세!" "반제민족해방투쟁 만세!" "깨부수자 괴뢰정권 몰아내자 미국놈들!" "미국은 핵기지를 철수하라!" "휴전협정 폐기하고 평화협정 체결하라!" "반전반핵 양키 고홈!" 등의 구호를 외쳤다.

'자민투' 산하 반전반핵투쟁위원회는 86년 4월 16일 서울 남영동에 있는 미군기지 근접시위와 대학생 전방입소 거부운동을 벌였다. 이를 시작으로 서울 소재 각 대학에서도 대학생 전방입소 거부운동이 펼쳐졌다.[17]

이후 전국 대학가엔 전방입소 반대투쟁이 휘몰아쳤는데, "이 시기에 반미투쟁이 가열화된 것은 특정한 사건이 있어서가 아니라, 반미투쟁 없이 민주주의를 쟁취하는 것이 불가능하다는 학생운동 내의 각성" 때문이었다.[18]

김세진, 이재호의 분신 자살

전방입소 반대투쟁은 86년 4월 28일 서울대생 김세진, 이재호의 분신 자살로 정점을 이루었다. 그 날 아침 9시경 약 4백여 명의 85학번 학생들이 신림 사거리 가야쇼핑센터 앞에서 도로를 점거하고 연좌농성을 벌이던 중에 일어난 일이었다.

그 맞은편 3층 건물 옥상에서는 김세진·이재호 열사가 핸드 마이크를 잡고 구호를 외치며 투쟁을 주도하였다. 곧이어 출동한

---

16) 〈반미자주화반파쇼민주화투쟁선언〉, 『선언으로 본 80년대 민족·민주 운동』(동아일보사, 신동아 1990년 1월호 별책부록), 135쪽.
17) 배기찬, 〈반미 논쟁〉, 『80년대 한국사회 대논쟁집』(중앙일보사, 월간중앙 1990년 신년별책부록), 338쪽.
18) 김민호, 〈80년대 학생운동의 전개과정〉, 『역사비평』, 창간호(1988년 여름), 108쪽.

폭력경찰들은 연좌한 학우들을 무차별 구타하며 연행하기 시작했고, 그 중 일부는 열사들이 있는 건물로 뛰어 들어왔다. 이를 본 두 열사는 준비하고 있던 신나를 온몸에 끼얹으며 외쳤다.

"저 시위대에 덤벼들지 말라. 우리에게 가까이 오지 말라. 가까이 오면 분신할 것이다."

그러나 열사들의 이 같은 경고에도 불구하고 폭력경찰은 조금의 망설임도 없이 학우들을 연행하고 건물 옥상으로 덮쳐 올라왔다. 이에 굳은 각오로 투쟁을 주도하던 두 열사는 즉시 자신들의 몸에 불을 당겼다. 불길은 거세게 치솟아 올랐다. 김세진 열사는 순간적으로 뒤로 넘어졌으나 곧바로 일어나 온몸이 화염에 휩싸인 와중에도 두 손을 불끈 쥐고 힘껏 외쳤다.

"양키의 용병교육 전방입소 결사반대!"

"민족생존 위협하는 핵무기를 철수하라!"

얼마 후 이재호 열사는 고통에 못 이겨 옥상에서 떨어져 내렸고, 김세진 열사도 기진하여 쓰러졌다. 연좌하여 투쟁하던 4백여 학우들의 눈에서 두 열사는 사라지고 검은 연기만이 치솟아 올랐다. 재호형, 세진형을 부르며 열사들이 외쳤던 구호를 목이 터져라 외쳤다.[19]

---

19) 김세진·이재호 열사 추모사업회, 『벗이여 해방이 온다』(남풍, 1989), 120쪽; 박세길, 『다시 쓰는 한국현대사 3』(돌베개, 1992), 167쪽에서 재인용.

5·3 인천사태

개헌 추진대회의 뜨거운 열기

1986년 2월 12일부터 시작된 신민당의 대통령직선제 개헌 1천만명 서명운동은 사회 각계의 열띤 지지 성명으로 큰 힘을 얻게 되었고, 그 결과 86년 봄의 개헌 열기는 뜨겁게 달아올랐다. 이경재는 이렇게 말한다.

"마침 필리핀은 피플파워를 통해 마르코스 정권이 무너지고 아키노 정권이 들어섰다. 이 같은 마닐라의 봄소식이 항도 부산에 상륙했다. 신민당에 의해 점화된 개헌 서명운동은 3월 23일 개헌추진 부산시지부 결성대회를 시발로 광주(3월 30일) 대구(4월 5일)를 거쳐 뜨거운 바람을 일으키면서 북상했다. 부산에서 4만여, 광주 10만, 대구에서는 2만여 인파가 모였다. 당국의 교묘한 집회 방해와 청중 분산작전에도 불구하고 집회장소 주변은 인해를 이루었다. 외신들은 5·17 이후의 최대의 반정부 집회였다고 보도했다. 세 도시의 개헌추진대회는 그 동원 숫자에서 뿐 아니라 그 열기 또한 뜨거웠다. 특히 두 김씨의 이름을 연호했고 두 김씨의 단합이 강조될 때는 박수와 함성이 일었다. 김대중 씨가 연금되어 녹음연설로 대치되기는 했지만 영남인 부산 대구에서 뜨거운 박수를 받았고 김영삼 고문은 광주에서 열띤 환영을 받았다. 80년 봄과는 달리 영호남의 지역의식이 퇴색하는 듯했다."[20]

한편, 직선제 개헌투쟁을 위해 신민당과 재야단체간에 '민주화를 위한 연락기구'(민국연)를 구성하기로 합의했는데, 이 모임에는 민통련 의장 문익환, 가톨릭정의평화위원장 이돈명, 한국기독교협의회인권위원장 박형규 등이 참여했다. 그러나 신민당과 재야단체의 공조는 불과 며칠 만에 깨져버리고 말았는데, 이는 학생들의 투쟁 방식 및 강도와 관련된 이견 때문이었다.

신민당과 재야단체 공조의 파탄

86년 4월 29일 열린 민국연 회의 직후, 김대중은 "최근 일부 소수학생의 과격한 주장에 대해 참석자들은 우려를 표명하고 그와 같은 과격주장은 국민다수가 지지하고 있지 않을 뿐 아니라 자칫 독재 정권에 이용될 우려가 있기 때문에 지지할 수 없다"고 말했다.[21]

또 다음날 열린 전두환과 이민우 회담에서도, 이민우는 "소수이겠지만 좌익학생들을 단호히 다스려야 하며 민주화운동에 이런 사람들이 끼어서는 안 된다"는 입장을 분명하게 밝혔다.[22] 이민우는 사실상 급진좌익 학생운동권에 대한 탄압을 묵인하겠다는 입장을 천명한 것이었다.[23]

그 날 전두환이 개헌 논의를 허용하겠다는 발언을 한 이후, 여야 협상

20) 이경재, 〈민중의 승리: 5·17에서 6·29까지〉, 「신동아」, 1987년 8월, 195~196쪽.
21) 이경재, 위의 글, 196쪽에서 재인용.
22) 이경재, 위의 글, 196~197쪽에서 재인용.
23) 임혁백, 『시장·국가·민주주의: 한국민주화와 정치경제이론』(나남, 1994), 281쪽.

이 이루어지긴 했지만 전두환 정권은 대통령 직선제 대신 내각책임제를 대안으로 제시해 협상은 결렬되었다. 전두환이 그 발언으로 노린 건 야당과 재야의 분리, 그리고 야당 자체를 분리시키는 효과였으며, 이 전략은 실제로 꽤 먹혀들었다.[24)

우선 당장 5월 1일 민통련부터 〈민국련 기자회견과 왜곡보도에 대한 민통련의 입장〉이라는 긴급성명을 발표, 신민당의 자세를 보수대연합의 기도로 비난하고 민국련으로부터의 탈퇴를 선언했다. 이에 대해 임혁백은 다음과 같이 말한다.

"민주화연합은 대중동원을 통한 협상테이블을 여는 데 성공했으나 협상의 정치가 열리자마자 각기 다른 민주화 전략의 차이로 연합은 해체되었다. 이러한 민주화연합의 분열은 5·3 인천사태에서 극명하게 드러났다. 5월 3일의 직선제 개헌추진을 위한 인천대회는 4월 30일의 타협이 이뤄지기 전에 예정된 것이었다. 타협이 이루어지자 신민당은 대회의 규모를 축소하고 대회를 정권으로부터 양보를 이끌어낸 성공을 자축하는 축제로 이끌어가려고 한 데 반해, 사회운동 세력은 신민당과 정권간의 보수대연합의 움직임에 쐐기를 박기 위한 선제공격의 기회로 이용하려 하였다. 사회운동 세력은 직선제 개헌투쟁이라는 신민당 주도의 민주화를 거부하고 현정권의 타도와 민중의 권력을 창출할 수 있는 민중민주헌법의 제정을 요구하는 최대강령주의 전략을 고수했다."[25)

폭력으로 얼룩진 인천대회

1986년 5월 3일, 신민당 개헌추진위의 경기·인천지부 결성대회에서

---

24) 한배호, 『한국정치변동론』(법문사, 1994), 440쪽.
25) 임혁백, 『시장·국가·민주주의: 한국민주화와 정치경제이론』(나남, 1994), 281~282쪽.

일어난 '폭력 사태'는 바로 그런 배경을 깔고 있었다. 신민당의 집회를 1시간 앞두고 학생들과 경찰이 충돌하는 사건이 일어난 것이었다. 신민당이 개헌 현판식을 하기 위해 시민회관에서부터 신민당 인천시지부까지 행진할 계획이었는데, 그러한 폭력 사태로 인해 신민당 총재 이민우, 상임고문 김영삼 등은 최루탄에 범벅이 되어 시민회관 밖으로 몰려나올 수밖에 없었다. 신민당 부총재 최형우는 5공이 프락치를 넣어 과격한 행동을 유발하는 등 갖가지 사건을 조작했다고 주장했다.[26]

그러나 대회가 무산된 건 5공의 공작 때문만은 아니었다. 이 인천사태는 바로 직전에 있었던 부산, 대구, 광주 대회에서의 그것과는 성격이나 내용 면에서 판이한 양상을 띄었다. 재야연합 세력인 민통련, 민주화청년연합(민청련), 인천노동자연맹(인노련), 서울노동운동연합(서노련), 민중불교운동연합(민불연), 그리고 학생운동권인 민민투 자민투 등이 참가, 반정부 반체제 구호뿐 아니라 신민당까지 성토하고 나오는 복잡한 양상을 빚었다.

이 날 대회장에 뿌려진 유인물들은 줄잡아 50여 종에 달했는데, 재야단체가 10여 종, 인천지역 노동자단체가 10여 종, 운동권학생단체가 15종 이상 뿌린 것으로 집계되었다. 각 단체마다 각각 다른 견해를 보이긴 했지만, 이 날 뿌려진 유인물들의 골자는 반미 · 반파쇼 · 보수대연합 성토였다. 유인물들은 그 동안 개헌서명 과정에서 잠재적인 동맹자의 위치에 있던 신민당을 '기회주의집단'으로 규정, "신민당은 개헌투쟁의 주체일 수 없다"고 주장하면서 삼민헌법제정, 헌법제정민주회의의 소집 등을 주장했다.[27]

---

26) 최형우, 『더 넓은 가슴으로 내일을』(깊은사랑, 1993), 285쪽. 최형우는 그런 이유로 5월 10일의 마산대회에서는 프락치 침투를 막기 위해 참석자들의 가슴 안에 노란 비표를 달게 했으며, 그 전 날 직선제 개헌추진 경남본부장의 자격으로 가진 기자회견에서 5공에게 다음과 같이 경고했다. "이번에도 인천에서와 마찬가지로 경찰이 폭력을 조작한다면, 최루탄을 쏘고 집회를 방해한다면 나는 즉각적으로 무기한 단식에 돌입할 것입니다. 뿐만 아니라 분신 자살까지도 계획하고 있습니다."(288쪽)

한 학생은 "학생들은 야당이 전 대통령의 파시스트 정권과 타협을 모색한다는 소문을 듣고 분개한 나머지 집회를 고의로 무산시켰다"고 말했다.[28]

이에 대해 윤재걸은 다음과 같이 말한다.

"인천지역이 이처럼 다른 지역과 달리 과격한 양상을 보인 것은 지금까지 '밀월관계'를 유지해오던 신민당과 재야단체의 시국관이 명백하게 다르다는 사실이 민통련(民統聯)과 민국련(民國連) 탈퇴를 즈음하여 노출됨과 함께, 그간 꾸준하게 다져온 자생적 재야연합 세력의 '실력'을 배경으로 한 '민중항쟁의 결정적 계기'가 도래했다는 인식, 그리고 '근로자가 40만이 넘는 인천지역의 특수성'이 상호 복합적으로 작용한 결과로 보고 있다."[29]

이경재는 다음과 같이 말한다.

"신민당의 직선제 개헌 투쟁만으로는 부족하고 현정권의 타도와 민주헌법의 제정까지 요구하고 나선 것은 일종의 민중혁명론이었다. 그리고 민정당사와 승용차를 불태우고 투석전을 벌이는 등 과격한 시위를 벌였다. 결국 신민당 대회는 유산됐다. 당국의 조직적 유도와 일부 언론의 왜곡보도가 없지 않았지만 결과적으로 인천사태는 급진좌경 세력에 의한 '민중봉기'로 비쳐지게 되었다. 갑자기 위기감이 고조되었다. 그때까지 개헌운동에 심정적으로 지지를 보내던 중산층 소시민들까지도 우려를 나타내기 시작했다. 반미 반핵 구호의 대상자인 미국측도 크게 경계하는 모습이었다. 무엇보다 극우적인 군부의 동향에 온 신경이 모아지는 분위기였다. 재야는 재야대로 탄압의 표적이 되었다."[30]

---

27) 이경재, 〈민중의 승리: 5·17에서 6·29까지〉, 『신동아』, 1987년 8월, 197쪽.
28) 돈 오버도퍼, 이종길 역, 『두개의 한국』(길산, 2002), 259쪽에서 재인용.
29) 윤재걸, 〈'5·3인천사태'와 민통련〉, 『청와대 密命』(한겨레, 1987), 163~164쪽.
30) 이경재, 위의 글, 197쪽.

민통련에 대한 대대적인 탄압

공안당국은 5 · 3 인천시위를 좌경용공 세력의 반정부 폭력 행위로 규정하고 대대적인 검거에 나섰다. 물론 재야 세력에 대한 정부의 대대적인 탄압은 제도권 야당인 신민당과 재야 및 학생운동 진영의 제휴를 깨뜨리고자 하는 의도였다.[31]

86년 5월 5일, 경찰은 인천사태를 배후 주동한 혐의로 민통련 산하 인천지역사회운동연합(인사연), 한국노협 인천지역협의회(인노협)의 간부 등 4개 단체 10명을 전국에 수배했다고 발표했다. 수배자는 민통련의 장기표 전 사무차장, 조춘구 사무차장, 박계동 조직국장, 정동년 중앙위원, 심순봉, 안희대, 인사련의 이호웅 의장, 이우재 집행국장, 인노협의 양승조 대표, 기타 홍성복(80년 인천지역 시위 주동자) 등이었다.[32]

5월 8일, 경찰은 이 사태의 배후조종 혹은 주동 혐의로 민통련 간부 학생 근로자 등 32명을 지명수배했다고 밝혔다. 수사당국이 이 사태를 민통련과 밀접히 관련되어 있는 것처럼 발표하자, 민통련은 5월 8일 오전 10시 반, 중구 장충동 1가 52 분도회관 4층 사무실에서 문익환 의장, 계훈제 부의장 등 의장단과 임채정 상임위원장 등 집행부가 연석한 가운데 '5 · 3 인천사태'와 관련 기자회견을 가졌다.

민통련은 "우리는 회원단체인 인천지역사회운동연합이 주도한 범국민대회에 적극 참여했을 뿐"이라면서 "민통련이 인천사태를 배후 조종했다는 당국의 주장은 사실을 왜곡한 것"이라고 규탄했다. 또한 민통련은 "최근 학생들이 극렬 · 좌경화 됐다는 비난을 받고 있으나 이는 정부의 탄압이 그만큼 더 강화되고 폭력화됨에 따라 이에 대한 반사작용으로

---

31) 이만섭, 〈5 · 3사태 한달 뒤 또 청와대 회담 전 "정기국회 중 개헌할 수도" 언급〉, 「한국일보」, 2002년 9월 25일, 27면.
32) 윤재걸, 〈'5 · 3인천사태'와 민통련〉, 「청와대 密命」(한겨레, 1987), 169쪽.

나타난 현상으로 이해돼야 한다"면서, "민통련 회원단체인 인천지역사
회운동연합이 주도한 범국민대회와 학생운동단체와 노동운동단체들이
선도한 가두투쟁은 나라를 외세에 예속시켜 장기집권을 도모하는 군사
독재정권에 대한 민중의 증오와 싸움의 결의가 얼마나 치열한 것인가를
보여주었다"고 말했다. 민통련은 정부 당국이 인천사태를 계획적인 '폭
력현장'으로 규정한 데 대해서도 반발하여, "경찰이 인천의 역사적인
'5·3 민중투쟁'을 교란하려는 음흉한 의도로 신민당의 개헌서명 현판
대회가 시작되기도 전에 최루탄을 발사함으로써 대회장을 수라장으로
만들고, 마치 투쟁의 현장이 '폭동화'한 듯이 보이게 만드는 데 광분했
다"고 주장하였다.[33]

5공 정권은 5월 말 민통련 의장인 목사 문익환을 구속하는 것으로 강
경 대응하였다. 문익환의 구속은 군부의 압력 때문인 것으로 전해졌다.[34]
그러나 그렇게 해서 막아질 수 있는 일은 아니었다. 민통련 사무처장이
었던 김종철은 문익환에 대해 다음과 같이 말한다.

"그의 일상적인 생활을 보면서 내가 감탄한 것은 노동자들이 몸에 불
을 지르거나, 군에 끌려간 학생들이 의문의 죽음을 당하거나, 생산현장
의 일꾼들이 단식농성을 한다는 소식이 들리면 캄캄한 밤중에도 잠자리
를 박차고 달려가는 모습이었다. …… 구속되기 전날 그는 서울대에서
평생 잊지 못할 비극을 목격한다. 아크로폴리스 건너편의 옥상에서 분신
하고 허공에 몸을 던진 이동수 열사의 죽음이 바로 그것이다. 젊은이들
의 자결을 막으러 갔다가 막지 못한 문 목사는 '나도 오늘 죽었다. 나는
덤으로 얻은 생을 그대를 위해 살겠다'고 다짐했다."[35]

33) 윤재걸, 〈'5·3인천사태'〉, 『청와대 密命』(한겨레, 1987), 170쪽.
34) 이경재, 〈민중의 승리: 5·17에서 6·29까지〉, 『신동아』, 1987년 8월, 197쪽.
35) 김종철, 『저 가면 속에는 어떤 얼굴이 숨어 있을까: 김종철 정치 글 모음』(한길사, 1992), 13쪽.

5·3 인천사태 후 민통련 주요간부 투옥에 맞서 홍제동 성당에서 개최하려던 '군사독재 퇴진촉구 및 민중민주화운동 탄압규탄대회'는 700여 명의 전경을 동원한 봉쇄로 열리지 못했다.

전두환의 강경 대응 의지

5공의 민통련에 대한 대대적인 탄압에 대해 교수들이 항의 집회를 가지기로 하자, 청와대에선 이에 대한 방안이 논의되었다. 1986년 6월 2일 오전 10시에 열린 청와대 수석비서관회의에선 다음과 같은 발언들이 나왔다.

> 신극범(교육문화수석): 4월 말 29개 대학에서 700명이 시국
> 선언을 했는데 복직 교수가 중심입니다. 오늘 오전 10시
> 한국신학대학에서 서명 교수 등이 중심이 되어 집회를
> 가질 예정입니다. 그 동안 교권옹호 차원에서 조치하지
> 않았으나 이번에는 강력 조치 중입니다. 유인물을 압수,

한신대에 적극 저지를 조치했습니다. 주모자들은 복직 교수 66명 중 24명이며 7개 대학 7명입니다. 대학측과 협조해 재발이 없도록 강력 조치하겠습니다.

전두환: 주모자들은 대학에서 제명하라고 해요. 지난번에 관용했는데 개전의 전을 보이지 않고 또 하니 경찰 수사 기관과 협조해 그 7명에게는 법적 제재를 가하도록 하시오. 그 사람들 기세가 올라서 안 돼요. …… 한신대에 교수들 모이는 것을 차단하겠다고 했는데 장소 제공을 하는 한신대측에도 상응한 조치가 있어야 될 거요. 문교부로 하여금 1년 간 휴교 명령을 내리는 것도 검토하시오. 강행하면 강경하게 조치를 해야 돼요. 안 되면 2단계로 폐교까지도 검토해야 돼요.[36]

문인들과 전두환의 대화

그 날 저녁 6시부터 청와대에서 열린 원로 문인들(서정주, 구상, 김동리, 김춘수, 문덕수, 정한모, 전숙희)과 전두환의 저녁 자리에선 어떤 말들이 나왔던가?

김동리: 여기 모인 문인들은 국가, 민족 자유를 기본적으로 아는 분들입니다만 언론의 지지를 못 받습니다. 신문이라는 게 근래 15~20년 간 완전히 민중이니 뭐니 반체제를 지지하는 사람만 글을 쓰게 합니다. 순수문학 진영의 문인들은 못 쓰고 있습니다. 문단 내부에선 꼼짝하면 언

---

36) 김성익, 『전두환 육성증언』(조선일보사, 1992), 94~95쪽.

론의 미움을 받으니 가만 있지요. 우리는 일제 때부터 문단에 나온 사람이니까 체면을 유지하지만 자칫하면 매장당하기 쉽습니다.

김춘수: TV에는 그런 게 없는데 신문이 문제입니다.

전두환: 내가 앞으로 지원해 드리겠습니다. 정책적으로 할 수 있는 게 있으면 교육문화 수석비서관과 협조해서 하도록 하십시오.

김동리: 지금 문공부장관(이원홍)이 적극적입니다.

전두환: 그 사람이 된 후에 내가 민중문학을 알았습니다. 그 전에는 보고하는 사람이 없었습니다.

김동리: 이것은 여야(與野)의 문제가 아니라 반공 문제라고 생각합니다.

전두환: 아직 늦지 않았다고 생각합니다.

문덕수: 김동리 선생 말씀에 동감입니다. 수업 거부 중인 대학교에서 내가 국문과 학생들한테 그랬습니다. 학생들이 수업에 와서 첫 마디를 듣고 나서 나가고 싶으면 나가도 좋다고. 그랬더니 아무도 못 나가요. 요즘 시국이나 학교 형편을 보면 내가 나이 젊으면 일선에 지원해서 철책근무를 하고 싶은 심정입니다. 해방 직후에는 좌익이 일어나면 우익이 일어나서 맞서 싸웠는데 지금은 왜 그렇지 못한지 의문입니다. 재향군인회, 반공연맹, 군인유족회 이런 단체는 이 어려운 시기에 말 한마디 없으니 어쩐 일인지 ……. 재향군인회에선 왜 아무도 말 한마디 없느냐고 물어봤더니 나이가 많아서 그렇다고 합니다.[37]

---

37) 김성익, 『전두환 육성증언』(조선일보사, 1992), 103쪽.

'부천서 성고문' 사건[38]

권인숙이 위장 취업 노동자가 된 이유

1985년 봄, 서울대 의류학과 4학년 학생 권인숙은 경기도 부천시에 있는 주식회사 성신이라는 가스배출기 제조업체에 취업했다. '허명숙'이라는 가명을 쓴, 이른바 '위장 취업'이었다. 무엇이 권인숙을 위장 취업까지 하게 만들었던가? 권인숙은 다음과 같이 말한다.

"대학에 들어와 나는 두 가지의 큰 충격을 맛보아야 했다. 먼저 데모 광경이었다. 학생들이 모여 노래하고 시위를 하는 것을 보면서, 난 저들과 무엇이 다른가, 구경하기도 무서운데 저렇게 뛰쳐나가는 용기는 어디서 비롯되는가? 하는 것들과, 학우들이 끌려감에도 잔디에서 도시락을 먹으며 쳐다보지도 않으려는 학우들의 태연함 또한 충격을 던져주었다.

---

38) 이 글의 상당 부분은 김환표, 〈권인숙: 세상과 호흡하는 재미있는 여성학자〉, 이휘현 외, 『남성의 광기를 잠재운 여성들』(인물과사상사, 2001), 277~311쪽을 참고하였습니다.

꿈과 낭만의 최고봉으로 꿈꾸어오던 대학이 점차 황량하게 느껴졌고, 그래서 공연 동아리에 들었다. 이 동아리 활동이 그 동안의 이기적인 삶에 종지부를 찍게끔 한 것 같다. 인생에 있어서 꼭 한 번쯤 경험함에 있어서 어느 것 이상으로 가치 있고 보람있다 라는 친구의 권유로 농활에 참가했다. 농활 속에서 나의 맘에 가장 와 닿는 것은 3시간에 걸친 선배들의 의식화 학습이 아니고 노동의 힘듦과 농민들의 열심히 살아가려는 건실함, 순박함, 착함이었다. 이러한 모습들이 나에게 당연한 의문을 주었다. 자식 교육시키느라 천 원 한 장 쓰는 것도 너무 아까워하는 농민들의 검소하고 근면한 삶이 왜 궁핍하고 어려운 삶이어야 하는가? 하는 것들이었다. 결국 농활을 통해 나 이외의 나와 같이 살아 나가는 공동체의 '남'이 있구나 하는 것과 처음으로 '사람에 대한 사랑'을 느끼게 했(됐)다. 이제까지의 나의 삶이 진정으로 노동해서, 노력해서 얻은 삶인가? 하는 것들이 무엇인지는 모르지만 막연하게 이렇게는 살지 않겠다 라는 생각에 운동권에 뛰어들었다."[39]

그로부터 1년여 후인 86년 6월 4일 권인숙은 위장 취업을 위해 주민등록증을 위조했다는 혐의로 경기도 부천경찰서로 연행되었다. 그리고 5·3 인천사태 관련 수배자들의 소재를 집중 추궁하던 담당 형사 문귀동으로부터 6월 6일과 7일 두 차례에 걸쳐 성고문을 당했다.

사건이 발생한 지 20여 일이 지난 7월 3일 권인숙은 문귀동을 강제추행 혐의로 인천지검에 고소하며 진상 규명을 요구했다. 하지만 바로 그날 권인숙은 공문서변조 및 동행사, 사문서변조 및 동행사, 절도, 문서파손 등의 혐의로 구속 기소되었으며, 다음날 문귀동은 명예훼손 혐의로 권인숙을 인천지검에 고소하였다. 이에 7월 5일 권인숙의 변호인단 9명은 문귀동과 옥봉환 부천경찰서장 등 관련 경찰관 6명을 독직, 폭행 및

---

39) 〈권인숙 씨 초청 강연 초록-나의 삶, 나의 투쟁〉, 『전북대신문』, 1989년 9월 11일, 5면.

가혹행위 혐의로 고발했고, 문귀동은 권인숙을 무고혐의로 맞고소했다. 그런 와중에 변호인의 입을 통해 이 성고문 사건은 세상에 널리 알려지게 되었다. 변호사 이상수는 다음과 같이 말한다.

"그 전부터 인천 5·3 시위사태를 수사하면서 여자 구속자에게 성적 고문이 행해지고 있다는 말이 떠돌았고, 구속자들로부터 실제로 당했다는 이야기를 듣기도 했으나, 구속자들이 수치심 때문에 사건의 전모를 밝히기를 꺼리고 증거도 확보할 수가 없어 유야무야되고 만 경우가 있었다. 그런데 권양의 경우는 처음부터 달랐다. …… 권양을 직접 만나서 듣게 된 내용도 엄청났지만 꼭 정확한 사실을 외부에 알려 다시는 자신과 같은 희생자가 생기지 않도록 해달라는 권양의 확고한 자세가 나를 놀라게 했다. 서울대학교를 다니다가 공장에 들어갔다는 저 연약해 보이면서도 아리따운 학생의 어디에서 저런 용기가 나올 수 있을까 생각하며 나 스스로도 있는 힘을 다해 그녀를 돕겠다고 다짐했다."[40]

'촌지'까지 받고 입 다문 언론

86년 7월 16일 검찰은 성모욕 행위는 없었다고 공식 발표했다. 전두환 정권은 거기서 한걸음 더 나아가 "운동권이 마침내 성까지 혁명의 도구화하고 있다"고 주장하는 역공을 가하기 시작했다. 언론에겐 보도지침을 통해 '부천서 성폭행 사건'이라고 하지 말고 그냥 '부천서 사건'이라고 보도할 것을 지시했다.

이 사건은 전두환 정권은 말할 것도 없고 언론의 부도덕성을 유감없이 드러내준 사건이었다. 언론은 인권단체와 시민단체들의 간절한 요청

---

40) 이상수, 〈부천경찰서 성고문 사건: 수치심을 떨쳐버린 권인숙의 용기와 희생〉, 월간조선 엮음, 『한국현대사 119대 사건: 체험기와 특종사진』(조선일보사, 1993), 318~319쪽.

을 외면하고 검찰에서 배포한 '보도 자료'와 군사정권의 '보도지침'에 따른 왜곡된 보도만을 내보냈다.

이 사건에서도 『조선일보』의 활약은 두드러졌다. 예컨대 『조선일보』 는 86년 7월 17일자 사회면 머릿기사에서 〈'성적 모욕' 없고 폭언·폭행만 했다〉는 검찰의 발표문을 제목으로 뽑아 검찰의 주장을 기정사실화했으며, "운동권, 공권력 무력화 책동"이라는 터무니없는 제목까지 달았다. 또한 〈'부천서 사건' 공안당국 분석〉이라는 제목의 기사에서도 "급진세력의 투쟁전략·전술 일환 혁명 위해 '성' 까지 도구화 한 사건"이라는 검찰 발표 내용을 제목으로 뽑아 피해자인 권인숙의 인권을 철저히 유린하였다.[41] 나아가 『조선일보』는 7월 18일치 사설 〈부천사건에서 얻는 것〉에서 "이 시점에서 수사권 밖의 사람이 진실이 어떠했는가를 가릴 능력도 없고 그럴 입장도 못 된다"고 주장했다.

당시 한국기독교교회협의회(KNCC) 인권위원회 보고서는 『조선일보』 의 성고문 보도를 왜곡보도의 대표적 사례로 꼽았다. 『조선일보』 노동조합이 낸 『조선노보』를 보면, 보고서를 읽은 『조선일보』 기자들은 "표현하기 어려운 부끄러움"을 느꼈지만, 이 신문 제작 책임자 선에서는 "이 보고서는 『조선일보』에 대한 반감이 뿌리깊은 『동아일보』 해직자들 작품이다"라는 엉뚱한 반응을 보였다.[42]

언론사의 사회부장 이상 관련 간부들은 7월 16일 부천서 성고문 사건에 대한 검찰 수사발표를 전후해 문공부 고위관료의 인솔 아래 '간담회'

---

41) 민주언론운동시민연합 신문모니터분과, 〈'전태일 분신 사건' 유일하게 보도 안 한 조선일보〉, 『말』, 1998년 9월, 138쪽.

42) 특별취재반, 〈심층해부 언론권력: 5·6공 왜곡보도-"서울 물바다 …""급진세력 성 도구화 …" 안보상업주의 '굽은 펜'〉, 『한겨레』, 2001년 4월 7일, 1면. 더 충격적인 이야기도 있다. "작년 부천서 성고문 사건 발생 당시에도 편집국 내에선 '어떻게 다 큰 처녀가 자기가 당했다는 사실을 남에게 내세울 수 있느냐' 며 '보호해 줄 가치가 없다' 는 얘기가 오고갔다."(87년 7월 18일 조선일보 사회부 평기자들의 '조선일보 편집에 관한 의견서') 특별취재반, 〈심층해부 언론권력: 5·6공 왜곡보도-"서울 물바다 …""급진세력 성 도구화 …" 안보상업주의 '굽은 펜'〉, 『한겨레』, 2001년 4월 7일, 5면.

전두환 군사독재 정권 연장을 위해 자신의 '성' 까지 도구화 한 경찰 문귀동. 『조선일보』는
그의 최대 보호막이었다.

명목으로 부산, 도고온천 등에 놀러가 이 사건 보도에 대한 '협조' 의 대
가로 정부당국이 준 거액의 촌지를 받아 챙겼다. 또한 법원출입 기자들
도 검찰발표 당일 이 사건을 담당한 인천지검으로 출발하기 앞서 법원
기자실에 들른 법무부 고위 당국자로부터 거액의 촌지가 든 두툼한 봉투
를 나누어 받았다. [43]

후일 『기자협회보』는 이 사건을 "촌지로 얼룩진 언론왜곡의 전형"으로 규정하면서 "대변인 봉투 건네며 '오늘은 좀 많습니다'" "취재기자의 고뇌 …… '저는 기자도 인간도 아니었습니다'" 등의 생생한 증언을 전하였다.[44]

보도지침의 내용

전두환 정권의 이런 야비한 사건 은폐 시도는 큰 반발을 불러일으켰다. 1986년 7월 19일 신민당, 민추협, 민통련, 여성단체와 종교단체는 '성고문, 용공조작 범국민폭로대회'를 개최하려고 했으나, 이는 경찰에 의해 원천봉쇄당하고 말았다.

나중에 밝혀진, 부천 성고문 사건과 관련해 5공 정권이 언론사들에게 내려보낸 '보도지침'의 내용은 다음과 같았다.

> 7월 9일 △부천서 형사의 여피의자 폭행(추행) 사건은 당국에서 조사 중이고 곧 발표할 예정, '성폭행 사건'으로 표현하면서 마치 기정사실화 한 인상을 주므로 '폭행 주장관련'으로 표현 바꾸도록.
> 7월 10일 △(1) 현재 운동권측의 사주로 피해 여성이 계속 허위진술. (2) 검찰서 엄중 조사 중이므로 내주 초 사건 전모를 발표할 때까지 보도를 자제해 줄 것. (3) 기사제목에서 '성폭행 사건'이란 표현 대신 '부천 사건'이라고 표현하기 바람.

---

43) 김삼웅, 『곡필로 본 해방 50년』(한울, 1995), 381~384쪽.
44) 『기자협회보』, 1989년 1월 13일.

7월 11일 △검찰 발표 때까지 관련된 모든 기사를 일체 보도하지 말 것. 부천사건의 검찰 발표 시기에 관한 것이나 부천사건 항의 시위, 김대중의 부천사건 언급 등 이와 관련된 일체를 보도하지 말 것.

7월 15일 △계속 보도를 자제할 것. 오늘 기독교교회협의회(NCC) 등 6개 단체에서 엄정수사와 관련자 처벌을 촉구하는데 이 사실을 보도하지 말 것.

7월 17일 △⑴ 오늘 오후 4시 검찰이 발표한 조사결과 내용만 보도할 것. ⑵ 사회면에서 취급할 것.(크기는 재량에 맡김) ⑶ 검찰 발표전문은 꼭 실어줄 것. ⑷ 자료 중 '사건의 성격'에서 제목을 뽑아줄 것. ⑸ 이 사건의 명칭을 '성추행'이라고 하지 말고 '성모욕 행위'로 할 것. ⑹ 발표 외에 독자적인 취재보도 내용은 불가. ⑺ 시중에 나도는 '반체제측의 고소장 내용'이나 'KNCC, 여성단체 등의 사건관계 성명'은 일체 보도하지 말 것.

7월 20일 △범야권의 '부천 성폭행사건' 규탄대회 관계(명동성당) ⑴ 경찰저지로 무산된 사실은 2단 이하로 조그맣게 싣고 사진 쓰지 말 것. ⑵ 이 사건과 관련해 김수환 추기경이 피해 당사자인 권양에게 편지 보낸 사실과 신민당 대변인의 집회방해 비난성명은 간략하게 보도할 것. ⑶ 재야 5개 단체의 재수사 촉구성명은 보도하지 않도록 *안전기획부측, '명동집회'는 홍보조정 지침대로 보도할 것을 요망

7월 23일 △대한 변협, 부천 성고문 사건 재조사 요구는 1단 기사로 처리할 것. △명동 수녀들의 성고문 규탄기도

회는 1단 기사로 처리하기 바람. *일부 신문에 김 추기경 강론 요지가 실렸으나 즉각 삭제시켰음.

7월 30일 △미 국무성, '부천 성고문 사건에 유감' 이라는 논평은 보도하지 않도록. △부천 성고문 사건에 대한 각 단체의 항의 움직임은 보도하지 않도록. △민추협, 항의단 구성해 각 언론사 순방하면서 항의(김형배 총리실 전문위원의 '양심선언, 명동성당 데모참가') 등을 일체 보도하지 말 것.[45]

'어째서 자유에는 피의 냄새가 섞여 흐르는가'

9월 1일 권인숙의 변호를 위해 199명의 변호인단이 결성되었다. 변호인단은 인천지검에 재정신청을 냈으나 기각되었으며, 86년 11월 21일 1심 재판이 열렸고 그 자리에서 권인숙은 3년을 구형받았다. 권인숙의 구술을 토대로 변호사 조영래가 작성한 변론문은 다음과 같이 말했다.

"회고하건대, 저 잔약한 체구의 처녀가 지난 6월 6일과 7일 부천서에서 저 무도한 야수적 능욕을 당하고, 산산이 파괴된 인생의 절망과, 겪어보지 않은 사람이라면 누구도 그 깊이를 알 수 없는 비통한 자기 모멸감과 수치심 그리고 출구를 알 수 없는 치떨리는 분노에 시달리면서 경찰서 보호실에서 유치장으로, 다시 교도소의 감방으로 짐짝처럼 넘겨질 때, 그 순간 순간마다 그녀의 뇌리를 무겁게 짓눌렀던 것은 오직 자기 파괴와 죽음에의 충동, 그리고 한시도 떠나지 않은 악몽 속의 가위눌림뿐이었습니다. 그녀는 이미 죽은 목숨이나 다름없었습니다. 그러나 우리의 권양은 이 죽음과 같은 절망을 뚫고 부활했습니다. 견딜 수 없는 것을 견

---

45) 김삼웅, 〈전두환 5공시대의 곡필〉, 『곡필로 본 해방 50년』(한울, 1995), 382~383쪽.

디고 참을 수 없는 것을 참아내며 실로 위대한 결단과 용기로 진실을 위하여 일어섰습니다. 여기에 이르기까지 권양이 겪은 저 전인미답의 지옥과 같은 고통과 번민, 좌절과 망설임, 그 악몽의 시간에 대하여 우리는 실로 눈물 없이는 말할 수가 없습니다."[46)

변호인단은 언론에 대해선 이렇게 말했다.

"묻노니, 모든 언론이 이처럼 정부권력의 홍보자료로 전락해버린 이 암담한 사태는 대체 언제까지 계속되어야 하는 것입니까? 우리는 모든 언론인들이 이 사태의 책임을 스스로 통감하고 다른 누구에게도 전가하지 말기를 호소합니다. '힘 앞에서는 어쩔 도리가 없었다'고 말하지 마십시오. 만약 그 같은 변명이 통할 수 있는 것이라면, 히틀러 치하에서 수백만의 유대인을 학살하는 데 가담한 사람들 중 어느 누구도 용서받지 못할 사람이 없을 것입니다. 언론의 자유는 쟁취되어야 하는 것이며, 이 싸움에 앞장서야 할 것은 누구보다도 언론인들 자신이라는 것을 우리는 강조하고자 합니다. 언론인들 스스로가 자신의 직분을 지키기 위하여 몸부림치지 않는 한, 언론의 자유는 어느 누구에 의해서도 주어질 수 없습니다. 그리고 이 몸부림은 지금 당장 시작되어야 합니다."

이어 변호인단은 진실은 반드시 밝혀질 것이라고 말했다.

"변호인들은 깊은 분노로 말합니다. 이 재판은 거꾸로 된 재판입니다. 여기에 묶여 서서 재판받아야 할 것은 이 연약하고 순결무구한 처녀가 아니라 바로 이 처녀에게 인간의 탈을 쓰고서도 차마 상상할 수 없는 추악한 만행을 저지른 문귀동, 우리 사회의 법질서와 인권과 인륜도덕을 그 근본에 이르기까지 남김없이 유린하고 우리로 하여금 인간성에 대한 마지막 신뢰마저도 지닐 수 없게 만든 극악극흉한 범죄를 저지른 문귀동

---

46) 조영래, 〈부천경찰서 성고문사건 변론 요지〉, 『진실을 영원히 감옥에 가두어 둘 수는 없습니다』(창작과비평사, 1991), 123쪽.

바로 그 사람인 것입니다. …… 권양은 우리에게 '진실에의 비밀은 용기뿐'이라는 교훈을 온몸으로 가르쳐주었습니다. 우리는 이제 이미 혼탁하고 타락한 세대의 신화가 되어버린 권양의 투쟁에서, 일찍이 김수영 시인이 노래하였듯이 '어째서 자유에는 피의 냄새가 섞여 흐르는가'를 배웠습니다. 권양이 처음으로 우리에게 다가왔을 때는 슬픔과 절망으로 왔으나, 이제 우리는 가슴 가득한 기쁨과 희망으로 권양의 승리에 대하여 증언하고자 합니다. 우리는 권양이 이미 도덕적인 승리를 거두었다고 말한 바 있으나, 이제 머지않은 장래에 현실적으로도 완벽한 승리를 거두게 될 것을 믿어 의심치 않습니다. 이 엄청난 사건의 진실은 만천하에 낱낱이 공개될 것이며, 그 진실을 왜곡하고 은폐하려 들었던 모든 어리석고 비겁한 책동은 하나도 남김없이 타파될 것입니다."[47]

정치투쟁과 여성문제

이 사건은 고등법원과 대법원을 거쳐 결국 해가 바뀐 87년 4월 권인숙과 변호인단이 대법원에 상고 포기서를 제출하는 것으로 종결되었다. 권인숙은 1년 6개월의 형 확정 판결을 받았으며, 87년 6월항쟁 이후인 7월 8일 가석방되었다. 88년 1월 변호인단은 재정신청 조속 처리 촉구서한을 대법원에 제출했다. 마침내 88년 2월 9일 대법원은 변호인단의 재정신청을 받아들였다. 그리고 사건 발생 3년 만인 89년 문귀동에겐 징역 5년의 실형이 선고되었으며 권인숙에겐 위자료를 지불하라는 판결이 내려졌다.

이상록은 이 사건과 관련, 민중운동 진영도 반성할 점이 있었다며 다

---

47) 조영래 변호사를 추모하는 모임 엮음, 〈부천경찰서 성고문사건 변론 요지〉, 『진실을 영원히 감옥에 가두어 둘 수는 없습니다』(창작과비평사, 1996년 6쇄), 112~134쪽.

음과 같이 말한다.

"당시의 민중운동가들은 여성의 문제를 자신의 문제로 깊이 받아들여 해결을 모색하려 하지 않았고, 오히려 정치투쟁에 여성문제를 활용하고 있었다. …… '여성들의 문제는 여성들 스스로 해결하라' 는 남성 노동 지도부의 방임적 태도는 여성들로 하여금 여성 자신의 고유한 문제들에 보다 관심을 갖게 하는 결과를 가져왔다. 아울러 계급문제나 민족문제가 해결되면 여성문제는 저절로 해결될 것이라는 식의 입장은 여성운동 내부에서 비판을 피할 수 없게 되었다."[48]

---

48) 이상록, 〈시민을 성폭행하는 민주국가, 대한민국: 1986년 부천서 문귀동 성고문 사건〉, 여성사 연구모임 길밖세상, 『20세기 여성 사건사: 근대 여성교육의 시작에서 사이버 페미니즘까지』(여성신문사, 2001), 237쪽.

'보도지침' 폭로 사건

'미개 사회의 암흑'을 강요한 보도지침

'부천서 성고문' 사건에서 잘 드러났듯이, 전두환 정권은 언론에 대한 광범위한 통제와 포섭으로도 모자라 문공부 내의 홍보조정실을 통해 각 언론사에 매일 이른바 '보도지침'을 내려보내 사실상 언론의 제작까지 전담하고자 하는 기이한 작태를 연출하였다. 후일 밝혀진 바에 따르면, 문공부 내의 홍보조정실은 실은 청와대 정무비서실 지휘하에 있었다. 김진룡은 다음과 같이 말한다.

"최근 기자와 인터뷰를 가진 전 홍보조정실 간부였던 K씨는 '항간에는 홍보조정실이 언론통제의 산실로 알려져 있지만 사실 홍보조정실은 하수인격이고 보도지침 등 언론통제의 모든 지시 사항은 정무비서실에서 내려왔다'고 털어놓았다. 그에 의하면 보도지침은 대개 정무비서실의 언론담당 1급 비서관이 전화로 홍보조정실장에게 지시하면 실장은 문공부 장관의 결재를 받아 이 내용을 각 매체담당인 보도담당관(85년 직제 개편 뒤 홍보담당관으로 개칭)을 통해 언론사에 전달한다고 한다. 청와대 정무비서실과 홍보조정실의 이 같은 유기적 관계는 홍보조정실의 탄생 배경에서부터 유래된다. 홍보조정실이 신설된 것은 1981년 1월 9일, 계엄이 해제되기 16일 전이었다. …… 이에 따라 계엄하의 언론검열단에 상응하는 새로운 조직을 구상했는데 이것이 보도지침으로 악명을 떨친 홍보조정실이다."[49]

정대수는 이 보도지침에 대해 다음과 같이 말한다.

"이 지침을 충실하게 따르는 제도언론(신문)은 취재한 뉴스의 비중이나 보도 가치에 구애됨이 없이 '절대 불가' 면 기사를 주저없이 빼고, '불가' 면 조금 미련을 갖다가 버리며, '가' 면 안심하고 서둘러 실었다. 이 같은 빈틈없는 지시와 충실한 이행과정 속에서 당시 상황은 '있는 것이 없는 것으로, 없는 것이 있는 것으로' 둔갑하는가 하면, '작은 것이 큰 것으로, 큰 것이 작은 것으로' 뒤바뀌는 어이없는 대중조작이 끊임없이 되풀이되고 있었던 실로 미개 사회의 암흑을 방불케 했다."[50]

폭로의 총대를 멘 민언협과 『말』

이 보도지침은 1985년 6월 해직 기자들로 구성된 민주언론협의회(민언협)의 기관지로 창간된 『말』지 86년 9월호가, 『한국일보』 기자 김주언의 자료 제공을 받아 폭로하여 세상에 알려지게 되었다. 김주언은 처음에 자료를 민통련 홍보국장 김도연과 『말』지의 편집차장 이석원에게 넘겨주었는데, 민언협의 사무국장 김태홍의 강력한 주장으로 민언협이 폭로하기로 결정했다. 김태홍은 이렇게 말한다.

---

49) 김진룡, 〈허문도와 홍보조정실〉, 『월간중앙』, 1988년 12월; 김해식, 『한국언론의 사회학』(나남, 1994), 161쪽에서 재인용.
50) 김민남·김유원·박지동·유일상·임동욱·정대수, 『새로 쓰는 한국언론사』(아침, 1993), 385쪽.

민통련과 민언협은 보도지침을 두고 '어디서' '어떻게' 문건을 폭로할 것인가를 놓고 이야기를 나누었다. 여러 의견이 나왔다. 민언협과 민통련에서 각각 다른 방향으로 폭로하자는 의견, 민통련과 민언협이 함께 폭로하자는 의견, 민통련이 독자적으로 하자는 의견 등등이 나왔다. 『말』지 내부에서는 보안 문제를 고려하여 민통련의 외피를 쓰자는 의견도 나왔다. 그러나 나는 단호히 보도지침은 민언협에서 폭로해야 한다고 주장했다. 나의 강한 주장에 여러 사람이 당황하는 것 같았다. 민통련에서는 '호재'를 놓치는 데 대해 당황했고 민언협 내부에서는 "어떻게 감당하려고 저러나" 하는 시각으로 나를 바라보는 것 같았다. 하지만 해직 기자의 단체, 언론운동단체인 민언협에서 보도지침을 폭로하지 않으면 어디서 그 일을 한단 말인가. 내 판단으로는 민통련에서 하는 것보다 민언협에서 폭로하는 것이 몇 백 배의 효과가 있을 터였다. '될 일'을 하고 겪어야 할 것이 있다면 내가 다 겪겠다고 나는 모두에게 믿음을 주었다.[51]

보도지침이 세상에 얼굴을 선보이는 데는 80년 『경향신문』에서 해직된 홍수원의 역할도 적지 않았다. 그는 찜통 더위 속에서도 창고를 개조해 만든 사무실 속에서 무려 3달 가까운 시간을 보도지침 원본과 씨름하며 세상에 내놓을 원고를 썼다. 모든 준비가 끝났지만, 인쇄비가 문제로 대두되었다. 당시 『말』지의 재정 형편으로는 벅찬 비용이었기 때문이다. 이때 『연합통신』 경제부 기자 조성부가 내놓은 촌지를 모은 돈 200만 원과, 재야인사 김정남이 명동성당측의 의뢰를 받아 내놓은 300만 원으로 인쇄비용을 마련했다.[52]

---

51) 김태홍, 『작은 만족이 아름답다』(인동, 1999), 116~117쪽.
52) 김태홍, 위의 책, 119쪽.

'보도지침' 사건으로 구속되었다가 1987년 6월 석방되어 돌아온 김태홍과 신홍범을 당시 송건호 민주언론운동협의회 회장이 위로하고 있다.

그렇게 해서 『말』지는 85년 10월부터 86년 8월까지 문공부가 각 언론사에 시달한 보도지침 584개를 폭로하게 되었다. 이렇게 해서 나온 보도지침은 세상을 뒤집어 놓았다. 당시 『말』지를 담당했던 마포서는 이 사건으로 인해 보복 인사까지 당했고, 치안본부 『말』지 담당형사 역시 좌천되었다. 보도지침 폭로로 인해 『말』지도 불티나게 팔려나가기 시작했다. 86년 9월 보도지침 특집호가 발행되기 전에는 두 달에 한 번씩 1만5천 부씩 찍어냈었는데, 이후로는 2만5천 부씩 발간했다.

김주언의 '양심 선언'

전두환 정권은 『말』지의 발행인 민주언론운동협의회 김태홍 의장과 신홍범 실행위원, 그리고 김주언 기자를 국가보안법 위반 및 국가모독죄로 구속했다. 신홍범은 75년에 해직된 조선투위 소속이었고, 김태홍은 80년 해직 기자로 당시 기자협회 회장이었으며, 김주언은 현역 기자였다. 김태홍은 법정에서 "보도지침을 발표하는 것이 국민에게 이익이 된다고 생각했느냐"는 검찰의 질문에 대해 큰 소리로 대답했다.

"국내 최대의 범죄 집단인 현 정권의 비행의 뒷면을 밝혀줄 이 자료를 알리는 것이 애국이라고 생각한다. 이 책은 2만2천 부가 발행되었는데, 22만 부를 찍어내지 못한 것이 안타까울 뿐이다."[53]

김주언은 79년 8월 서울대 화학과를 졸업한 후 80년 4월 『한국일보』에 입사해 편집국 편집부 기자로 근무하고 있었다. 그는 이미 74년 4월에 긴급조치 1, 4호 위반(민청학련 사건 관련 유인물 살포)으로 기소유예 처분을 받았고, 79년 11월 포고령 위반(YWCA 위장결혼식 참석 혐의)으로 구류 10일을 선고받은 바 있었다. 그는 '보도지침'이 공개된 이후인 86년 11월 초에 작성해 천주교정의구현전국사제단에 맡겨 놓은 '양심선언'을 통해 자신의 심경을 다음과 같이 말하였다.

"나는 오늘의 언론 현실에 일단의 공범의식과 그로 비롯한 죄책감을 갖고 있는 한 사람으로 나의 동료를 비롯, 현직 언론인에게도 간절히 말씀드리고 싶은 것이 있다. …… 우리의 내면에는 연면히 이 나라 민족·민중·민주언론운동의 혈맥이 흐르고 있으며, 자유언론에의 꺼지지 않는 불꽃이 우리 가슴속에서 타고 있다. 나는 그 불꽃이 밖으로 나와 이 시대, 이 민족에게 암흑 속의 횃불이 되게 해야 한다고 감히 말씀드리고 싶다. 우리가 그러한 노력을 포기할 때 국민은 결코 이제까지처럼 좌시하지만은 아니할 것이다. 85년 5월, 『월간조선』이 광주민중항쟁에 대한 왜곡보도를 하자 그 신문에 대한 구독거부운동이 국민 가운데에서 자발적으로 일어났던 일을 우리는 기억하지 않을 수 없다. …… 우리는 먼저

---

53) 이인우·심산, 『세상을 바꾸고 싶은 사람들』(한겨레신문사, 1998), 37~38쪽.

우리 자신과 언론의 현재의 모습에 대한 자기부정에서부터 출발하지 않으면 안 된다. 우리 각자는 이 어려운 여건에 물꼬를 트는 주체로서 자기를 헌신해야 할 것이다. 우리가 하려고만 한다면, 각 언론사의 편집권 독립에서부터 그 이후의 전반적인 자유언론 쟁취 또는 실천에 이르기까지의 목표와 거기에 이르는 수단과 방법이 창출될 수 있다고 나는 확신한다. …… 나는 선도적인 민주인사도 아니며, 자신을 내세울 것도 없는 한 사람의 언론인으로서 다만 우리 사회, 국민 내부에서 뿐 아니라 민족 전체적으로 갈등과 불신의 언어가 아니라 화해와 사랑의 언어로 충만된 사회가 되기를 바랄 뿐이다."[54]

조선·동아의 기이한 보도 태도

87년 5월 13일 제5차 공판엔 민주언론운동협의회 의장 송건호와 전 『동아일보』 논설주간 박권상이 변호인측 증인으로 출석했다. 이에 대해 언론은 어떻게 보도했을까? 민주언론운동협의회에서 펴낸 『보도지침』은 다음과 같이 말한다.

"『동아일보』에서 비교적 상세히 5차 공판 내용을 스케치 기사로 보도했다. 주목되는 것은 두 언론인 모두가 『동아일보』 출신이라는 사실은 밝히지 않고 송건호 씨는 언협 의장으로 박권상 씨는 자유기고가로 표현한 것이었다. 뒤에 『신동아』와 『월간조선』 7월호 모두에 '재판방청기'가 게재되었는데 비교해보니 재미난 사실이 드러났다. 『월간조선』에서는 『조선일보』 해직기자인 신홍범 씨의 전력과 공판 내용이 안 썼는지 삭제되었는지 실리지 않았고, 『신동아』에서는 75년 동아사태와 송건호, 박권상 씨의 전력을 밝히지 않아 모르는 사람들이 보면 그들 자신이 바로 해

---

54) 민주언론운동협의회 편, 『보도지침』(두레, 1988), 371~372쪽.

당 언론사의 희생자라는 사실을 모르게끔 씌어져 있었다."[55]

1987년 6월 3일 선고 공판에서 김태홍은 징역 10월 집행유예 2년, 신홍범은 선고유예, 김주언은 징역 8월 자격정지 1년 집행유예 1년의 선고를 받았다.[56] 변호사 한승헌은 재판 중에 "이 재판은 불을 낸 자가 화재 신고자를 잡아다가 신문하는 것"이라고 말했다.[57]

민주언론운동협의회가 펴낸 『보도지침』은 이 선고 공판에 대한 언론 보도를 다음과 같이 평가하였는데, 이 또한 사실상 5공의 기관지를 자처했던 『조선일보』의 기이한 행태를 잘 말해주고 있다.

"이날 있은 선고공판 사실과 재판장에게 박수를 보낸 방청객들의 이야기는 『동아』, 『중앙』, 『한국일보』 모두 박스기사까지 따로 써서 호의적으로 보도했는데 특히 『동아일보』는 보도 통제가 되는 와중에도 나름대로 '보도지침' 사건을 보도하려는 성의를 보였다. 그러나 『조선일보』는 유독 '보도지침' 사건에 대한 '보도지침'을 충실히 이행, 계속 침묵을 지켰다."[58]

---

55) 민주언론운동협의회 편, 『보도지침』(두레, 1988), 80쪽.
56) 이 3명이 최종적으로 무죄 판결을 받아 '복권'된 것은 8년여가 흐른 94년 7월 5일이었다.
57) 김태홍, 『작은 만족이 아름답다』(인동, 1999), 121쪽에서 재인용.
58) 민주언론운동협의회 편, 위의 책, 84쪽.

TV 시청료 거부운동

텔레비전은 스펀지

"우리 현장에서는 아침 8시 30분에 작업을 시작해서 저녁 9시에 끝나죠. 야근할 경우는 보통 10시가 넘어요. 끝나면 씻지도 않고 TV 보고 얘기하는데, 얘기 내용은 TV를 보았는데 누가 나오고 또 연속극이 어떻게 되었더라 그런 식의 이야기를 많이 하죠. 아침 8시에 일어나 일하고 밤 12시까지 TV를 보고 자는 것이 보통이예요."[59]

1983년 한 노동자의 말이다. 텔레비전은 보통사람들의 시간을 빨아들이는 스펀지였다. 85년에 쓴 한 에세이에서 시인 황지우는 다음과 같이 말했다.

"텔레비전은 아이의 미래를 빨아들였고, 그리고 텔레비전은 나의 일

---

59) 조항제, 〈여가와 대중문화의 이데올로기〉, 한국산업사회연구회 편, 『한국사회와 지배이데올로기: 지식사회학적 이해』(녹두, 1991), 162쪽에서 재인용.

요일을 송두리째 빨아들인다. 오전엔 『TV 미술관』, 『TV 문학관』, 오후엔 『프로야구』 『동물의 왕국』 『전투』, 저녁엔 『가요 톱 10』 『코미디 대행진』 『추적 60분』, 밤엔 『명화 극장』 순으로 하루종일 브라운관 속으로 후딱 빨려들어가 버린다. 방영 종료를 알리는 애국가가 들릴 때면, 베개를 팔 밑에 괴고 비스듬히 누운 내 육신(아, 이 안락하고 태만한 완전한 수동성!) 은 정신의 완전 탈수 상태를 맞는다. 노곤하고 공허하다. 나는 무엇인가 중요한 것을 박탈당한 기분이다."[60]

텔레비전만 그런 건 아니었다. 5공의 전반적인 대중문화 정책은 황지우의 말마따나 대중의 '마취제'로 기능하였다. 황지우는 다음과 같이 말한다.

"버스 정류장 앞 서점 진열대에는 원색으로 분칠한 각양 각색의 여성지들과 취미·레저·건강 잡지들이 가득 진열되어 있다. 그것도 모자라 4절지로 된 잡지 내용 광고들이(로) 출입문 전체를 발라 놓았다. 나는 그것들을 안 보려고 해도 그것들이 보인다. 그것들이 보인다기보다 그것들이 무슨 발광체처럼 나의 눈을 관통해서 들어온다고 말하는 것이 옳다. 〈그때 그 사람, 심수봉이 털어놓은 이야기〉가 나의 눈을 관통한다. 〈김자옥 최백호 이별 이후의 이모저모〉가 나의 눈을 관통한다. 〈7년 만에 성낙현 의원이 고백한 여고생 스캔들〉이 나의 눈을 관통한다. 〈박지숙이 말하는 조용필과의 신혼생활〉이 나의 눈을 관통한다. 이런 것들이 읽혀진다는 사실이 분하기까지 하지만, 그때는 이미 내가 관통 당한 이후다."[61]

---

60) 황지우, 〈마취제로서의 대중문화〉, 『사람과 사람사이의 신호』(한마당, 1986), 273~274쪽.
61) 황지우, 위의 책, 272쪽.

'치욕적인 나락으로 빠져 들어간 KBS'

1982~1984에 전개된 TV 시청료 거부운동이 그 세를 더해가면서 점점 민주화운동의 성격을 띄게 된 건, TV가 대중의 '마취제'로 기능하는 것에 대한 강한 문제 제기이기도 했다. 재야 운동단체와 종교단체들이 농민들의 TV 시청료 거부운동에 호응함으로써, 시청료 거부운동은 85년 중반부터 전국적 운동으로 확산되기 시작했다.

그리하여 1986년 1월 20일 KBS-TV 시청료 거부 기독교 범국민운동본부(본부장 김지길 한국기독교교회협의회장)가 발족하였으며, 2월 14일 운동본부는 "KBS-TV를 보지 않습니다"라는 문구가 새겨진 스티커 5만 매와 전단 1만 매를 제작, 배포하였다.

이때에 전두환은 무슨 생각을 하고 있었을까? 86년 3월 6일 전두환의 집무실에서 전두환과 공보수석비서관 정구호 사이에 오고간 대화 한 토막을 보자.

> 정구호: 앞으로는 각하의 실상을 전달하기 위해서 가끔 사전
> 연출을 할 필요도 있을 것 같습니다.
> 전두환: 어색하지 않게 해야겠지. 꼭 필요하다면 몰라도. 김기
> 도(방송담당 비서관)가 연구하고 있기는 하겠지. 역시
> 텔레비전이 제일 중요해. 텔레비전 보유율이 90%가 넘
> 으니까.[62]

김기도는 어떤 인물이었던가? 후일 김주언은 김기도에 대해 다음과 같이 말했다.

---

62) 김성익, 『전두환 육성증언』(조선일보사, 1992), 25쪽.

"김기도 씨는 81년 4월부터 82년 6월까지 1년 남짓 MBC 기자로 청와대에 출입하면서 전(全) 전 대통령의 신임을 받은 것으로 알려져 있다. 김씨는 당시 민심이 악화되어 전 전 대통령에 대한 대국민 이미지 홍보가 필요해지자 청와대 공보비서관으로 발탁됐다. 김씨는 전 전 대통령이 TV에 출연하기 전에 리허설을 통해 손동작에서 얼굴 표정 말투에 이르기까지 사전조정, 국민들에게 온화하고 위엄있는 분위기를 풍기도록 유도했다는 것이다. 당시 김씨는 전 대통령과 이순자씨의 이미지 홍보를 위해 전담 PD를 방송국에서 임시로 채용하는 등 여러모로 이미지 제고에 노력했다. …… 김씨는 청와대 공보담당 시절, 방송사에 막강한 영향력을 과시, TV 편성이나 프로그램 제작은 물론, 인사에까지 상당한 영향력을 미친 것으로 알려져 있다."[63]

그런데 당시 전두환의 이미지 조작은 김기도만 연구하고 있는 게 아니었다. 방송사들간 또 방송사 내에서조차 전두환을 위한 충성 경쟁이 워낙 치열해져 김기도가 할 일은 점점 없어져 가고 있었다. 89년 KBS 노동조합이 펴낸 『5공하 KBS 방송기록』은 다음과 같이 말한다.

"1980년 9월 1일 전두환 씨가 대통령에 취임한 이후 KBS는 취임 1주년을 시작으로 해마다 어김없이 대대적인 특집방송으로 그의 업적을 홍보해왔다. 이 같은 대통령 통치 강화를 위한 홍보용 프로그램은 주로 보도국 정치부에서 제작되었다. 이 프로그램들은 이원홍 씨나 정구호 씨 등 권력 지향적 역대 사장은 물론 보도본부장, 보도국장, 정치부장 등 보도에 관한 핵심간부 전원이 총력을 기울여 만들어왔다. 즉 이 프로그램의 성패는 그들의 출세와 입신의 관건이었던 것이다. 실제로 이 같은 대통령 특집 프로그램을 잘 만들어 군부독재 정권의 충실한 주구 노릇을 한 간부들은 모두 요직으로 승진했고 그 대신 KBS는 관제언론, 정권의

---

63) 김종찬, 『6공화국 언론조작』(아침, 1991), 491쪽에서 재인용.

하수인이라는 치욕적인 나락으로 점점 더 빠져들었다."[64]

KBS의 왜곡 및 반(反)공익 보도 사례

민추협은 1986년 3월 25일 김대중, 김영삼 공동의장 명의로 된 「회직자에게 드리는 서신」을 통해 "현정권의 여론조작에 이용당하여 언론의 본질을 망각한 채 왜곡·편파 보도를 일삼는 KBS, MBC-TV를 규탄하며, TV 시청료 납부 거부운동이 범국민운동으로 확산되도록 하기 위하여 서신 캠페인(주위의 친지나 동료에게 30통 이상 서신 보내기)과 전화 캠페인(20통 이상 전화 걸기)을 적극 전개하도록 노력하여 줄 것을 부탁"했다.

1986년 4월 1일, 기독교 범국민 운동본부는 한국교회 1백주년 기념관에서 KBS-TV 시청료에 관한 교육 세미나를 개최하였다. 이날 세미나에서 김상근 목사는 「KBS-TV 시청료 왜 내야 하나」라는 발제강연을 통해 시청료 거부운동의 이유로서 KBS-TV의 왜곡보도와 공익에 반하는 방송 사례들을 구체적으로 지적하였다. 그 주요한 내용들을 요약하면 다음과 같다.

첫째, KBS-TV는 지난해 2·12 국회의원 선거 보도의 경우에서처럼 여당인 민정당의 홍보, 선전매체로 전락했다.

둘째, 특히 학원문제에 대한 보도에선 왜곡되고 일방적인 보도만을 보여줄 따름이다. 주로 소요장면, 피해상황 등을 중점적으로 취재하여 같은 장면을 반복적으로 보여주기 일쑤다.

---

64) KBS 노동조합, 「5공하 KBS 방송기록: 80~87년 KBS 특집에 나타난 권언유착의 실상」(KBS 노동조합, 1989), 112쪽.

셋째, 일부 공산권 국가를 제외한 세계의 모든 나라들이 2월 마지막 주에 펼쳐진 필리핀 사태를 진지하고 신속하게 보도한 데 반해 KBS-TV는 완전히 외면했다.

넷째, 공영TV는 시청자에게 공정한 뉴스를 전달하고 국민정신을 함양하는 건전한 교양 프로를 방영하며, 균형되고 건강한 오락물을 제공해야 할 것이나, KBS-TV는 국민 모두의 눈과 귀를 현혹시킴으로써 문제의식을 퇴색시키고 판단을 흐리게 하는 데만 여념이 없다.

다섯째, 인구의 절반을 차지하는 2천만 노동자, 농민의 질곡상에 대해서는 외면을 한 채, 허구에 찬 성공 사례만을 습관적으로 보도하고 있다.

여섯째, KBS가 과다하게 프로 스포츠에 많은 시간을 할애한 것은 국민의 '정치의식 잠재우기' 외에도 광고수입의 극대화를 노린 반공영적인 발상에서였다.

일곱째, 환락가의 무대가 안방으로까지 밀고 들어와 어린 청소년들의 성적 순결의식을 갉아먹는 데 KBS가 앞장서고 있다.

여덟째, 더 큰 문제는 공영방송 화면을 지배하고 있는 대단한 육감적이고 축축한 목소리의 광고방송 내용이다. "주고 싶은 마음 먹고 싶은 마음"이라고 하는 선전, "돌려서 먹을래" "빨아먹을래요"와 같은 선전. 돌려서 먹고, 흔들어 먹고, 빨아먹자는 것이 무엇을 연상시키는지 사춘기의 청소년들이라면 곧바로 알아차릴 것이다. 바로 그 점을 노린 CM을 공영방송이라고 하는 KBS가 제대로 걸르지도 않고 당연한 듯 몇 푼의 수입을 더 올리기 위해 내보내고 있다.[65]

---

65) 윤재걸, 〈KBS의 편파성을 해부한다〉, 『신동아』, 1986년 5월, 212~242쪽.

'시청료 거부는 체제 도전'?

86년 4월 8일 신민당은 정무회의를 열고 KBS 뉴스 안 보기와 시청료 납부 거부운동을 전개한 뒤 점차 전국적인 국민운동으로 확산시키기로 결의하기에 이르렀다. 또 이날 범국민운동본부는 한국기독교교회협의회 산하 6개 교단의 교단장 회의를 열고 KBS 시청료 거부운동에 적극 참여할 것을 당부하는 내용의 '목회서신'을 채택키로 결의했다. 운동본부측은 경과 보고에서 "지난 1, 2일 이틀 동안 열린 KBS 시청료에 관한 교육 세미나에서 전국 목회자 및 여성단체 대표 70여 명은 각 지부를 결성, 스티커와 전단배부를 결정한 뒤 지금까지 스티커 5만 장, 전단 5만 부를 제작, 배부했다고 밝혔다. 운동본부측은 또 **상업광고 편파보도 KBS-TV 시청료를 낼 수 없습니다**라고 쓴 새 전단 5만 부를 8일에 제작, 배부하고 계속 추가 제작할 예정이라고 말했다. 운동본부측은 그 동안 성금을 기탁해 온 독지가가 있었고 스티커 10만 장을 제작, 기부하겠다는 독지가가 2명이나 되며 이 운동에 참가하겠다는 자원봉사자가 쇄도하고 있다고 밝혔다."[66]

4월 18일 청와대에서 열린 수석 비서관회의에서 정무1 수석비서관 허문도는 전두환에게 다음과 같은 보고를 올렸다.

"KBS 시청료 거부는 각하의 임기 말 체제를 흔들려는 체제 도전의 저의로 봅니다. 일단 불합리한 점은 시정하고 반체제적 공세에는 의연하게 대응하겠습니다. 공영방송의 보완 발전을 위한 종합대책을 성안하겠습니다."[67]

허문도의 그런 보고에 따라, 5공 정권은 5월 6일 KBS 운영개선 방향

66) 『동아일보』, 1986년 4월 8일.
67) 김성익, 『전두환 육성증언』(조선일보사, 1992), 65쪽

을 마련하였지만, 그걸로 TV 시청료 거부운동이 애초에 시작되었던 이유로서의 KBS의 편파보도 문제가 해결되기는 어림도 없는 일이었다.

시청료 거부 가두 캠페인

5월 14일, 기독교범국민운동본부는 성명을 발표, 시청료 거부운동은 전국 1천만 대의 TV 수상기가 매일같이 현 정권을 비호, 선전, 찬양하고 민주화 애국운동을 왜곡, 비방, 비난하는 대중여론조작을 일삼고 있는 것을 바로잡기 위해 시작된 것이며, 민주화 실천운동의 터전을 열기 위해 이 운동이 더 이상 흥정의 대상이 될 수 없다고 밝혔다.

운동본부는 진정한 공영방송의 면모를 갖출 수 있도록 한국방송공사법을 전면적으로 개정 또는 폐기하는 근본대책을 강구하고, 공영방송은 상업광고 편파보도를 즉각 중단하고 시청료를 공과금에 포함시킨 불법적인 통합고지서 발부를 중지하라고 촉구했다. 운동본부는 지금까지 **KBS-TV 시청료를 낼 수 없습니다**라는 스티커 93만 장을 전국에 배포했고, 거부운동을 더욱 확산시키기 위해 오는 26일 서울시내 11개 지역에서 시민들의 거부운동 참여를 촉구하는 가두 캠페인을 벌이겠다고 밝혔다.

5월 15일, 추기경 김수환은 그 유명한 "언론자유가 민주화를 위해 가장 중요한 요소로 어느 의미에서는 개헌보다도 중요하다"는 발언을 하였다. 김수환은 기독교방송 대담 프로그램인 『오늘을 생각하며』에서 숭전대 교수 이삼열과의 대담에서 그같이 밝히고 "언론의 자유를 떼어놓고는 신앙의 자유를 비롯해 모든 다른 자유도 완전할 수 없다"고 강조했다. 김수환은 특히 공영방송의 운영문제에 대해 "현재 정부는 공영방송인 KBS나 MBC의 보도태도 때문에 신뢰를 잃고 있으며 정부가 참된 말을 전하고 싶어서 KBS를 통해 방송해도 국민들이 믿지 않아 큰 손해를 보

고 있다"면서, "영국의 BBC나 일본의 NHK처럼 공영방송답게 공정한
보도를 한다면 KBS나 MBC에 대한 믿음은 정부의 믿음으로 연결돼 정
부가 얻는 면이 더 클 것"이라고 말했다. 김수환은 이어 기독교방송의 보
도 기능이 부활돼야 하고 운영을 위한 상업광고도 회복돼야 한다고 말했
다.[68]

이런 일련의 움직임에 대해 5공 정권이 미봉책으로 대응하자, 7월 11일
범국민운동본부는 집행위원회를 열고 오는 30일 오후 1시부터 전국
26개 운동본부-지부와 산하 교회에서 시청료 거부 캠페인을 실시할 것
과 전국운동본부 및 지부에 **KBS는 왜곡 편파 조작보도를 즉각 중지하라**
는 현수막을 걸기로 결의했다.

운동본부 임원단 6명은 집행위원회를 마친 뒤 오후 1시 50분부터 1시
간 동안 서울역 대합실, 지하철 서울역과 종로 5가역, 지하철 1호선 열차
안 등 4곳에서 시청료 거부 가두 캠페인을 벌였다. 운동본부 임원들은
KBS-TV 시청료 거부라고 쓴 노란색 어깨띠를 두르고 승객 및 시민들
에게 시청료 거부 스티커 4천 장과 전단 1천 장을 나눠주었다.

'시청료 거부 및 언론자유 공대위' 결성

범국민운동본부의 시청료 거부 및 공정보도 캠페인은 여름 내내 계속
되었다. 가을부터는 종교 및 정치 단체들간의 공동 투쟁이 더욱 활성화
되기 시작했다.

86년 9월 6일, 범국민운동본부와 한국천주교 평신도사도직협의회 사
회정의위원회 대표 11명은 KBS의 공정보도를 촉구하는 내용의 성명서
를 발표했다. 이들 단체는 성명서에서 "국영방송으로 전락한 KBS의 근

---

68) 강준만, 『한국방송민주화운동사』(태암, 1990), 19쪽.

본적인 문제점을 지적한 KBS 시청료 거부 운동이 많은 국민들의 호응을 받았음에도 북구하고 KBS는 문제점 개선에 성의를 보이지 않고 행정조치와 징수원을 통한 강제징수로 시청료를 거두는 데만 급급하고 있다"고 비난했다.

또 이 성명서는 "KBS가 수금사원에 불과한 징수원을 동원해 시청자를 위협, 폭언, 폭행한 사례가 운동본부의 고발전화를 통해 수백 건 접수되었다"고 전하고, "동 운동의 확산을 막기 위해 사실 보도를 막는 등의 수단으로 시청자와의 격리를 꾀하는 KBS의 근본적 개혁을 위해 시민권리회복운동의 차원에서 이 운동을 강력 전개"할 뜻을 비쳤다.

9월 29일, 신민당과 민추협, 그리고 민통련 민주언론운동협의회, 천주교 정의평화위원회, KBS 시청료 거부 기독교 범국민운동본부, KBS 시청료 폐지운동 여성단체연합 등 재야 5개 단체들은 민추협 사무실에서 공동 기자회견을 갖고 '시청료 거부 및 언론자유 공동대책위원회'를 결성하기로 하고 "KBS 시청료 납부 거부와 언론자유 쟁취운동은 범국민적 연대와 투쟁의 일환"이라고 밝혔다.[69]

이처럼 TV 시청료 거부운동에 면면히 흐르던 민주화 투쟁 열기는 1986년 6월을 전후로 하여 기독교방송 뉴스 부활투쟁으로 옮겨갔으며, 궁극적으로는 87년 6월항쟁의 밑거름으로 적지 않은 기여를 하게 되었다.

---

69) 『한국일보』, 1986년 9월 30일.

도시빈민 울리는 '86 · 88'

5공의 3대 복지정책과 주택정책

1986년 9월, 5공 정권은 3대 복지정책(지역의료보험 확대 실시, 국민연금제도 실시, 최저임금제 도입)을 발표하였다.[70] 1980년대 중반까지 이렇다 할 사회보장정책을 실시하지 않았던 5공이 왜 갑자기 그런 결단을 내렸을까? 그 '정치경제적 토대'에 대해 '보건과 사회' 연구회의 김록호는 다음과 같이 말한다.

"이는 먼저 민중의 민주변혁투쟁과 생존권투쟁의 강화, 그리고 개헌 공방전을 통한 정치적 위기와 '종속적 자본주의 발전'의 경제적 위기를 극복하기 위한 파시즘 정권의 대응양식이었다고 볼 수 있다. 또한 개헌

---

70) 이후 1988년에 농촌지역의료보험과 노동자를 대상으로 하는 국민연금제도가 실시되었으며, 1989년에는 도시지역의료보험과 최저임금제가 실제적으로 실시됨으로써 한국 사회에서도 일정한 형식을 갖춘 사회보장제도가 본격적으로 자리잡기 시작했다. '보건과 사회' 연구회, 〈1980년대 한국 사회보장정책의 성격〉, 학술단체협의회, 『1980년대 한국사회와 지배구조』(풀빛, 1989), 116쪽.

공방전을 통해 가시화되는 정권의 비정통성을 무마하고, 민중운동 세력과 진보 세력을 분열시켜 대다수 국민대중을 회유 무마하려는 지배권력의 양보적 대응이었다고 할 수 있다."[71]

그러나 이런 비판적 견해마저도 일종의 과대평가인지도 모른다. 3대 복지정책 못지 않거나 그 이상으로 중요한 주택정책은 최악이었기 때문이다. 5공의 주택정책은 도시 영세민이나 무주택자들의 주거 마련보다는 '중산층 포섭 전략'의 일환으로 추진되었다. 그리하여 주택투기와 사행심을 조장하여 주택 가격을 앙등시키는 결과를 초래했다.[72]

투기 부추긴 합동재개발

1982년 말 이후 선보인 이른바 '합동재개발'은 '무허가 불량주거' 재개발사업에도 대규모 건설업체의 '큰손'을 끌어들임으로써, 대규모의 능률적인 재개발사업을 전개하겠다는 것이었지만,[73] 실상은 전혀 그렇지 못했다. 김형국은 다음과 같이 말한다.

"합동재개발은 복지투자가 필요한 불량촌 재개발에 상업자본을 유치한 결과, 통상적인 자본 시장에 영세민들의 주거를 개방함으로써 달동네 사람들의 희생을 대가로 집을 가질 만한 사람의 거주지역(상계동, 목동이 대표적인 보기이다)으로 달동네가 탈바꿈되었다. 한마디로 달동네 사람의 주거복지는 당국의 관심이 아니었다."[74]

중산층의 탐욕도 문제였다.

"달동네의 재개발에 당국이 생존권을 주장하는 세입자들을 위해 10평

---

71) '보건과 사회' 연구회, 〈1980년대 한국 사회보장정책의 성격〉, 학술단체협의회, 『1980년대 한국사회와 지배구조』(풀빛, 1989), 130쪽.
72) 양윤재, 〈도시의 민주화, 건축의 자유화〉, 『사회비평』, 1989년 여름, 23쪽.
73) 권태준, 〈한국도시정책의 공공성·공평성 비판〉, 『사회비평』, 1989년 여름, 56~57쪽.
74) 김형국, 〈불량촌 형성의 한국적 특수사정과 공간이론의 적실성〉, 『사회비평』, 1989년 여름, 72쪽.

미만의 소형 아파트 건설계획을 포함시키면 달동네의 옛터에 주로 세워질 중산층용의 아파트 입주 예정자들이 이를 반대한다는 것이다. 이웃한 소형 아파트가 중형 아파트의 시장가격 형성에 부작용을 안겨 준다고 믿기 때문이다."[75]

투기꾼들의 가세는 문제를 더욱 악화시켰다.

"합동재개발이 실시될 것이라는 정보가 계획발표에 앞서 알려지면 투기꾼들이 대거 불량촌에 몰려든다. 무엇보다 당국이 불하할 땅값과 재개발 뒤에 형성될 높은 지가와의 차액을 노리는 것이다. 투기꾼, 이른바 '불량주택 투기꾼'이 인수한 불량주택에서 서둘러 세입자를 퇴거시켜 공가를 만들거나, 합동재개발을 담당한 건설회사의 사주를 받는 이른바 '재개발조합임원'들이 앞장서 불량촌민들의 공동체적 지역사회를 붕괴시켜 재개발사업의 조속한 진행을 돕는다."[76]

목동 철거 반대투쟁

1983년 4월 12일 서울시는 토지공영개발방식을 시도해 신정동, 목동에 신시가지 140만 평을 조성한다고 발표하였다. 10여 년 이상을 그 지역에서 살아온 4천여 빈민 세대들은 70년대에 아현동 등에서 철거되어 그곳으로 쫓겨갔던 사람들인데, 이제 또 한번 내쫓길 위기에 처하게 되었다.[77]

아니 이미 60년대부터 다른 지역에서 쫓겨와 목동에서 살던 사람들도 많았다. 그런 사람들을 또 내쫓으려고 했으니 그건 죽으라는 소리와 다

75) 김형국, 〈불량촌 형성의 한국적 특수사정과 공간이론의 적실성〉, 『사회비평』, 1989년 여름, 80쪽.
76) 김형국, 위의 글, 80쪽.
77) 양연수, 〈도시빈민운동의 태동과 그 발전과정〉, 조희연 엮음, 『한국사회운동사: 한국변혁운동의 역사와 80년대의 전개과정』(한울, 1990, 재판3쇄 2001), 229쪽.

를 바 없었다. 이 경우엔 정부가 투기로 돈을 벌어 올림픽 재원을 마련하고자 하는 속셈이 숨어 있었다. 제정구의 증언이다.

"1963년부터 1965년 사이에 후암동·대방동·이촌동 등지에서 철거민을 쓰레기차에 싣고 와 갈대밭에 버린 일이 있다. 당시 서울시장이었던 윤치영 씨는 갈대밭에 내던(져)진 철거민들에게 이렇게 공언한 바 있다. '이곳만은 손대지 않을 테니 재주껏 살아보시오.' 도저히 사람이 살 수 없을 것 같은 그곳에서 갈대를 뽑고 땅을 고르고 루핑을 쳐서 갈대 대신 사람이 뿌리를 내린 곳이 바로 목동이었다. 애초 목동 신시가지 개발 계획은 서민주택을 값싸게 대량으로 공급하는 것이 그 목적이었다. 그러나 원래 계획은 변경되고 싼 땅에 고급 아파트를 지어 정부가 돈을 벌어 올림픽 재원으로 쓰겠다는 정부 주도의 부동산 투기사업으로 변질되고 말았다. 정부는 이 사업으로 1990년 가격으로 1조 원 이상의 이익을 챙겼다. 대책 마련을 위한 목동 주민들의 모임은 초전박살을 외치는 공권력에 여지없이 산산조각이 나곤 했다. 그러자 분노한 주민들은 양화대교를 점거하고 죽기살기로 싸웠다."[78]

빈민에 대한 아무런 대책이 없이 이루어진 서울시의 목동 공영개발은 이후 2년 간 1백여 차례의 크고 작은 주민 시위를 발생케 하는 파국을 초래하였다. 그러나 결국 당한 건 빈민들이었다. 84년 8월 이후 시위와 농성, 당국과의 충돌이 계속되었는데, 특히 여성이 많이 참여한 8월 27일의 목동 철거 반대투쟁은 '빈민여성운동의 가능성과 잠재력'을 표출시켰다.[79]

85년 1월엔 시청앞 농성으로 9명이 중상을 당하고 수백 명이 연행당하는 일까지 벌어졌지만, 힘없는 빈민들이 중산층과 투기꾼들과 합세한

---

78) 제정구를 생각하는 모임, 『가짐없는 큰 자유: 빈민의 벗, 제정구의 삶』(학고재, 2000), 191쪽.
79) 이승희, 〈인간해방·여성해방을 향한 80년대 여성운동〉, 조희연 엮음, 『한국사회운동사』(한울, 1990), 293~294쪽.

당국을 이겨낼 길은 없었다. 85년 봄 서울대 등 일부 대학 캠퍼스에선 목동 철거민에 대한 대책을 주장하는 대자보가 나붙고 구호가 외쳐졌지만 캠퍼스에만 머물고 말았다. 이 철거투쟁 과정에서 '도시빈민운동'이라는 용어가 처음으로 사용되었다.[80]

재개발정책의 기만성

당국의 재개발정책은 가난한 사람들에게 가장 먼저, 가장 큰 불이익을 안겨다 주었다. 특히 공간경제적인 관점에서 볼 때엔 도무지 말이 안 되는 것이었다. 가난한 사람의 일자리가 도매시장 같은 도심에 많이 분포되어 있는 만큼 그 일자리까지의 접근성이 매우 중요한 의미를 갖는 것임에 반해, 당국은 빈민들을 자꾸 도시 외곽으로만 내몰았던 것이다. 김형국은 이렇게 말한다.

"재개발정책은 으레껏 도시미화 등의 이유로 이들을 도시 외곽으로 계속 내몰아왔다. 이를테면 60년대 중반에 청계천 일대의 불량촌을 철거한 뒤 이들을 정착시킨 곳이 상계동인데 80년대 중반에는 그곳을 다시 재개발한다고 세입자의 일부를 다시 포천군으로 옮겨 놓는 일이 생겼던 것이다."[81]

'86·88'이라는 마법의 주문을 앞세워 추진된 강제이주 정책은 문자 그대로 외화내빈(外華內貧)이었다. 당시 한 관계자의 증언이다.

"88 올림픽 관계로 외형만을 꾸미려는 무리한 시한부적인 재개발 강행이 국민 모두를 물질적, 정신적 양면에서 파탄으로 몰고 있습니다. 이와 같은 식의 재개발을 한다고 해서 빈민이 없어지는 것도 아니고 이들

---

80) 제정구를 생각하는 모임, 『가짐없는 큰 자유: 빈민의 벗, 제정구의 삶』(학고재, 2000), 179쪽.
81) 김형국, 〈불량촌 형성의 한국적 특수사정과 공간이론의 적실성〉, 『사회비평』, 1989년 여름, 81쪽.

생존의 한계 상황에 몰리고 몰리며 도시를 일군 사람들은 다시 쫓겨나고 ……. '86·'88'의 영광과 중산층과 투기꾼들과, 제일 큰 투기꾼인 독재정권의 이권을 위해.

은 어디로 가도 빈민으로 남을 것입니다. 그러므로 국민의 현실적 삶을 외면한 채 눈가림이요, 겉꾸밈에 불과한 정책을 하는 것이 결국 이 사회를 파탄으로 몰고갈 것임은 뻔한 일입니다. 현재 진행되는 모든 재개발은 즉각 중지되어야 할 것입니다."[82]

그러나 재개발의 근간이라 할 강제이주에 재미를 붙인 5공은 심각한 공해 문제에 대해서도 그런 방식으로 대처하였다. 86년 10월 울산·온산 공해지역 이주계획이 바로 그것이다. 이주 대상자들은 다음과 같이 울부짖었지만, 당국은 마이동풍(馬耳東風)이었다.

"당국의 시행착오로 20년 동안 두 번씩이나 철거당하고 경제발전의

---

82) 〈"우리가 왜 대책없이 쫓겨나야 합니까?": 상계동 세입자들, 실력으로 철거 저지〉, 『말』, 1986년 9월 30일, 47쪽.

뒷전에서 공해로 인해 인체와 재산에 막대한 피해를 입은 우리는 무엇으로, 어떻게 보상을 받아야 합니까. 공해병에 시달리는 것도 억울한데 불과 몇 백만 원의 보상비로 삶의 터전을 떠나라니요. 이 가난하고 힘없는 백성들은 누구를 믿고 의지하며 어떻게 살아야 합니까!"[83]

'86, 88은 누구를 위한 것인가?'

노점상들도 '86 · 88'이라는 마법의 주문을 피해갈 수는 없었다. 철거 대상 노점상들은 한결같이 "86 아시안게임, 88 올림픽에 오는 외국인만 사람이고 서민들은 사람도 아닙니까?"[84]라고 항변하였지만, 국가의 영광을 위해선 그 정도 희생은 무조건 감내하게끔 강제되었다. '86 · 88' 이외에 83년 IPU 총회, 88년 IMF, IBRD 총회 같은 국제행사들도 끼어들어 노점상들의 생계를 위협하곤 했다.[85]

75년 잠실지역 주공아파트 단지조성과 동시에 형성되기 시작한 새마을시장 주변 노점상은 인근 주민들의 생활에 많은 도움을 주어왔지만, 이것 역시 무조건 철거 대상이었다. 한 주민은 다음과 같이 항변했다.

"국민들의 생계에 많은 보탬이 되는 곳을 육성하지는 못할망정 우리 형편에 맞지도 않는 초호화판 쇼핑센타만을 장려하는 정부측의 의도가 무엇인지 모르겠다."[86]

성남시의 모란장도 폐쇄 대상이었다. 시당국은 "모란장은 도로 무단 점용 및 거리질서 문란, 즉석 가축도살, 저질 상품판매 등의 문제점을 안

83) 〈"몇푼 주고 생활터전 떠나라니 …": 울산 · 온산주민, 외로운 공해보상요구 투쟁 벌여〉, 『말』, 1986년 12월 31일, 67쪽.
84) 〈노점상 철거 반대 집단항의 거세져〉, 『말』, 1986년 5월 20일, 50쪽.
85) 양연수, 〈도시빈민운동의 태동과 그 발전과정〉, 조희연 엮음, 『한국사회운동사: 한국변혁운동의 역사와 80년대의 전개과정』(한울, 1990, 재판3쇄 2001), 231쪽.
86) 〈노점상 철거 반대 집단항의 거세져〉, 『말』, 1986년 5월 20일, 50쪽.

고 있으며 궁극적으로는 86 아시안게임과 88 올림픽을 위해 폐쇄돼야 한다"고 주장했다.[87]

86년 4월 9일 모란시장 수호위원회는 다음과 같은 내용의 성명을 발표했다.

"지난 4일 새벽부터 들이닥친 시청직원, 전투경찰, 정화위원 등 300여 명은 골목마다 차를 세우고 상인들과 손님들을 쫓아보냈다. 이들은 모란 장은 더 이상 서지 않는다, 86 아시안게임이 170일밖에 남지 않았다는 성남시장 이름의 전단을 뿌렸고, 터미널 확성기를 통해 온종일 모란장 폐쇄를 외쳐댔다. …… 누구 위한 86 아시안게임, 88 서울 올림픽인가? …… 5월까지는 모란장뿐 아니라 성호시장, 종합시장 노점까지 86, 88 을 위해 폐쇄한다고 한다. 모란장, 성호시장, 종합시장의 영세상인이 모 조리 생계를 빼앗기고, 성남 50만 시민이 값싼 물건을 사는 시장을 빼앗 는 86, 88은 누구를 위한 것인가? …… 86, 88 빙자하여 모란장 뺏지 말 라!"[88]

'86, 88이 없는 사람 다 죽인다'

86년 10월 31일 신당6동 강제철거시 2명이 분신을 기도하였고 12월 4일 철거민 1명이 자살하는 일이 벌어졌는데, 철거 이유는 신라호텔이 바로 맞은 편에 있어 외국인들이 보는 서울의 도시 미관이 좋지 않다는 것이었다.[89]

강제철거는 대단히 폭력적이어서 수많은 사람들이 다치고 심지어 사 망하기까지 했다. 86년 한 해에만 철거 현장에서 숨진 도시빈민은 모두

---

87) 〈노점상 철거 반대 집단항의 거세져〉, 『말』, 1986년 5월 20일, 50쪽.
88) 김영석, 『도시빈민론』(아침, 1985), 206쪽.
89) 〈신당6동 유혈속에 강제철거〉, 『말』, 1986년 12월 31일, 54쪽.

5명이었으며,[90] 86년 4월부터 88년 2월까지 강제철거로 인한 사망자는 모두 14명이나 되었다.[91]

86년 서울의 철거 현장 곳곳에선 다음과 같은 절규가 터져 나왔다.

"허울좋은 86, 88 올림픽이 없는 사람 다 죽여요. 살고 있는 주민들 다 쫓아내고 어쩌겠다는 건가요? 이건 재개발이 아니라 투기개발이에요, 투기개발."[92]

---

90) 〈철거현장에서 숨져간 도시빈민〉, 『말』, 1987년 5월 20일, 74쪽.
91) 제정구를 생각하는 모임, 『가짐없는 큰 자유: 빈민의 벗, 제정구의 삶』(학고재, 2000), 180쪽.
92) 〈투기개발에 저항하는 오금동 세입자들〉, 『말』, 1986년 7월 31일, 49쪽.

86 아시안 게임

전두환의 끝없는 갑격

1986년 9월 20일부터 10월 5일까지 열린 86년 아시안 게임에서 한국은 우승한 중국의 금메달 94개에 1개가 모자라는 93개를 획득함으로써 2위를 차지하는 대성공을 거두었다.

5공 정권의 입장에선 그 누구보다 더 좋아 죽을 일이었다. 전두환은 그 흐뭇한 심정을 10월 17일 경기도 여주군 능서면 신지리에서 벼베기를 하고 나서 마을주민들과 점심을 먹는 자리에서 다음과 같이 토로했다.

"이번 아시안 게임에서 우리가 중공과 맞수가 되었어요. 5,000년 역사상 우리가 중공을 혼내주고 제압한 게 흔치 않은 일일 것입니다. 올해는 농사도 금메달, 국민 응원도 금메달, 경비도 금메달, 국민이 다 금메달입니다. 아시안 게임은 우리가 강한 민족인지 약한 민족인지 가늠하는 기회였어요. 우리가 그 동안 일본 사람한테 겁을 먹었어요. 우리는 지배당했던 나라이고 국력이 우리의 20배나 되니 우리가 일본을 이기려는 것은 욕심이라고 생각했어요. 우리가 아시안 게임에서 일본을 이긴 것은 선수만 노력해서 된 게 아니라 국민들의 응원이 영적인 무엇을 준 것 같아요. 텔레비전 보기에 바빠서 불고기 먹을 시간이 없어서 소값이 내렸다고 해요.(웃음)"[93]

전두환은 그 기쁨을 10월 22일 청와대에서 장관들과 저녁을 먹는 중에도 또 한번 만끽하고자 하였다.

"요새도 텔레비전에서 아시안 게임 장면이 나오는데 볼 때마다 내가 신이 나요."[94]

11월 1일 청와대에서 국회의장 이재형, 대법원장 김용철, 국무총리 노신영 등 3부 요인을 부부 동반으로 초청해서 저녁을 먹는 자리에서도 전두환은 그 기쁨을 다음과 같이 표현했다.

"이번 아시안 게임 때도 그래요. 사격에서 금메달이 제일 먼저 나왔어요. 단장이 내가 신임하는 오현근 대령이라고 내가 사단장 때 정보참모로 데리고 있었던 사람이예요. 그 날 저녁에 내가 전화를 했어요. 축하한다, 대통령으로서 지시하는데 사격에서 이제 금메달 그만 따라, 88 대비 연습삼아 하라고 했습니다. 오 대령이 알겠습니다라고 했어요. 그 이튿날 세 개를 더 따버렸어요. 내가 다시 전화를 해서 왜 따지 말라고 했는데 땄느냐고 했더니 죄송하다고, 연습하듯이 하니까 그리 되었다고 했습니다."[95]

11월 5일 기업인 16명을 청와대로 초청해 가진 저녁 자리에서도 전두환은 또다시 '아시안 게임 예찬론'에 열을 올렸다.

"내가 우리 국민은 위대하다는 걸 대통령하면서 실감했는데 입증할 기회가 없었어요. 아시안 게임이 그것을 입증하는 기회가 되었어요."[96]

---

93) 김성익, 『전두환 육성증언』(조선일보사, 1992), 201쪽.
94) 김성익, 위의 책, 204쪽.
95) 김성익, 위의 책, 211쪽.

전두환의 아시안 게임 예찬론은 12월까지 이어졌다. 그는 12월 17일 청와대에서 기술진흥심의회를 주재하면서 다음과 같이 말했다.

"총리 인사말대로 우리나라가 6년 연속 풍년, 외채 줄인 흑자수지, 저축 33%, 아시안 게임 …… 신화를 창조한 한 해였습니다. 어떤 재일교포 말이 내가 84년 일본 방문 때 천황을 만나는 장면을 보고 감격스러워서 울었다는 거예요. 이번에 아시안 게임에서 우리가 일본을 이겨버리니까 조센징이라는 말이 완전히 없어졌다고 해요."[97]

조선일보의 흥분

그러나 전두환보다 더 감격해 흥분한 건 『조선일보』였다. 『조선일보』는 86년 10월 7일자에 실은 〈장거(壯擧)의 행진을 88까지〉라는 제목의 사설에서 다음과 같은 웅변을 토하였다.

"금메달을 놓고 우리는 10억 인구의 중공과 1개 차이로 1, 2위를 다투었고, 얼마 전까지도 아시아 스포츠의 아성임을 자랑한 소위 1억2천만 경제대국 일본을 금메달 35개 차이로 밀어내버린, 스스로도 예상치 않은 경기실력 발휘에 환희와 감격과 자부심이 용솟음치지 않을 수 없다. 이번 서울 아시아경기대회에서 우리 선수들이 따낸 금메달 93개는 4년 전 제9회 뉴델리에서 얻은 금메달 28개의 3배를 훨씬 능가하는 것이고, 우리 스포츠사상 일찍이 못 본 금메달의 탑을 쌓아올린 것이다. …… 86 서울 아시안 경기대회는 88을 향한 값진 시금석이었고, 결과는 예상 외로 보람에 넘친 징검다리가 됐다. …… 각고의 일과를 선수들과 함께 해온 관계자들은 86의 기쁨을 즐길 겨를도 없이 바로 다시 88에 도전하는 더

---

96) 김성익, 『전두환 육성증언』(조선일보사, 1992), 224~225쪽.
97) 김성익, 위의 책, 279~280쪽.

한 시련의 일과로 들어가야 한다. …… 4천만의 성원과 이들 체육관계자 모두의 한결같은 지성이 서울 아시아경기대회에서 민족적 긍지와 자부심을 새롭게 창조해낸 것이다."[98)]

'민족적 긍지와 자부심'을 위하여

86 아시안 게임과 88 올림픽 게임의 유치는 광주 학살을 저지른 5공 정권이 그 '원죄'를 덮기 위한 최상의 카드였을 것이다. 『조선일보』가 열을 내고 떠들어댄 이른바 '민족적 긍지와 자부심'으로 모든 걸 감출 수 있을 것이라 믿었을 것이다.

'민족적 긍지와 자부심' 앞에선 '민주화'도 무력했다. 그래서 김영삼도 아시안 게임이 열리기 4일 전인 9월 16일 관훈클럽 연설에서 86 아시안 게임 기간중 학생들의 자제를 요구했을 것이다. 그런 이치를 잘 아는 신군부의 주역들은 '86·88'을 위해 그야말로 발 벗고 뛰었다.[99)] 5공 정권은 '스포츠 공화국'답게 두 게임을 여론 조작의 주무기로 활용하였다.

언론은 말할 것도 없고 교과서도 그러한 여론 조작에서 비켜갈 순 없었다. 81년 교과 과정의 개정과 함께 교과서가 전면적으로 개편되었는데, 체육 교과서는 모든 포커스를 86 아시안 게임과 88년 서울올림픽에 맞추었다. 중학교 체육 교과서에 실린 머리말의 일부는 다음과 같다.

"중학생들에게 현실에 부응하는 체육 교과서를 펴냄으로써, 중학생들

---

98) 조선일보사, 『조선일보 칠십년사 제3권』(조선일보사, 1990), 1798~1799쪽.
99) 1983년 9월과 10월 연이어 발생한 소련의 KAL기 격추사건과 미얀마 아웅산 폭파사건으로 인해 서울올림픽 안전 문제가 IOC 내에서 거론되기 시작하자 서울올림픽 조직위원장 노태우가 해결사로 나섰다. 노태우는 IOC 임원들을 서울에 초대해 공사 중인 올림픽 시설물들을 견학하게 했는데, 유학성의 증언에 의하면 노태우는 "IOC 위원들에게 '만약 올림픽 유치가 무산된다면 잠실 올림픽 스타디움은 IOC 위원들의 무덤이 되고 말 것'"이라는 말을 하기도 했다는 것이다. 김문, 〈유학성장군〉, 『장군의 비망록: 격동의 현대사를 주도한 장군들의 이야기 2』(별방, 1998), 233쪽에서 재인용.

의 체력 향상과 스포츠 활동의 기본 기능을 닦아 86 아시안 게임이나 88 올림픽 경기에 주역을 담당하게 하는 데 의의를 둔다."[100]

84년에 나온 고등학교 체육 교과서도 마찬가지였다.

"80년대의 우리나라 체육은 1988년 제24회 올림픽 대회의 서울 개최가 그 모든 것을 대변할 수 있을 것 같다. 이 올림픽 대회의 개최는 우리 민족의 우월성과 우리나라의 발전 상황을 국제사회에 내놓는 새로운 계기가 되는 셈이다. 이로써 우리나라는 세계에서 열여섯 번째로 올림픽 대회를 개최하는 나라가 되며, 수도 서울은 열여덟 번째로 올림픽 대회를 유치하는 도시가 되는 셈이다. …… 따라서 무엇보다도 올림픽 대회의 원동력이 학교 체육의 내실을 기하도록 노력하여야 할 것이다."[101]

초 · 중 · 고등학생은 동원, 대학생은 통제

5공 정권의 그런 여론 조작 시도로 인해 죽어나는 건 동원된 학생들이었다. 5공 정권이 언론사에 내려보낸 '보도지침' 86년 6월 18일자는 "'대통령 해외순방 7차례에 동원학생 182만명' 이란 기사는 보도하지 말 것"이라고 지시를 내릴 정도로 '학생 동원' 은 5공 여론 조작의 기본 축을 형성하고 있었다.

아시안 게임 식전 · 식후 행사 및 폐막식에 동원된 초 · 중 · 고등학생은 1만 명이 넘었다. 개 · 폐회식 마스 게임에 동원된 학생은 1만3천 명에 이르렀는데, 이들은 단 몇 분에서 몇 십 분에 해당하는 일회성 행사를 위해 거의 1년 정도 단체연습을 해야 했다. 강제동원은 학부모들에까지 영

---

100) 이긍세 외 2인, 『중학교체육 1』(금성출판사), 머리말 중에서; 고광헌, 『스포츠와 정치』(푸른나무, 1988), 270쪽에서 재인용.
101) 이광섭 외 2인, 『체육』(동아출판사, 1984), 25~26쪽; 고광헌, 『스포츠와 정치』(푸른나무, 1988), 272쪽에서 재인용.

향을 주어 강제동원 연습을 철회하라는 시위까지 발생하기도 했지만, 씨알이 먹힐 리 없었다.[102]

고광헌은 이렇게 말한다.

"이번 아시안 게임은 군사독재정권의 선전 내용대로 한국이 종합 2위를 하고 끝났다. 그리고 정권은 이번 아시안 게임을 자신들의 통치논리에 맞게 뜯어맞추어 대중조작을 서슴지 않고 있다. 관중 매너도 금메달감이라든가, 4천만이 11억의 중공을 이겼다 라든가 등의 경기 결과를 공동체 전체의 승리인 양 선전하고 있다. 그러나 이번 아시안 게임은 한마디로 권력의 획일적인 조직동원 능력이 만들어낸 타율적 잔치일 뿐이다. 비인기종목이 인기종목과 마찬가지로 관중이 많다고 하는데, 경기 중에 울려퍼지는 소리를 듣다 보면 낯익은 괴성들이 들린다. 그 소리는 마치 조용필이 노래 부를 때 들리는 환성인데 그 목소리들의 주인공이 전부 동원된 초ㆍ중학생들이다."[103]

반면 5공 정권은 대학생들에겐 겁을 냈다. 86년 9월 1일 청와대 수석비서관회의에서 나온 이야기를 좀 들어보자.

> 신극범(교문 수석): 아주 대회 경기의 장소가 되는 3개 대학에
> 　　　대해서는 특별 대책을 세우고 있습니다.
> 전두환: 어느 대학인가요.
> 신극범: 서울대, 한양대와 핸드볼 경기가 열리는 성균관대 수
> 　　　원 캠퍼스입니다.
> 박영수(비서실장): 아주 대회 기간중 학생 소요로 경기가 중단
> 　　　되거나 방해되는 일이 없도록 완전한 대책을 세우고 있
> 　　　습니다.

---

102) 「중앙일보」, 1987년 7월 9일; 고광헌, 「스포츠와 정치」(푸른나무, 1988), 275쪽에서 재인용.
103) 고광헌, 「스포츠와 정치」(푸른나무, 1988), 205~206쪽.

사실상 계엄을 방불케 하는 상태에서 치러진 86 아시안 게임. 언론과 교과서까지 동원된 여론조작, 수만 명이나 동원된 초·중·고등학생들, 대학생들의 강제연행, 기생 관광 그리고 전두환의 감격과 「조선일보」의 흥분.

> 전두환: 장소가 없으면 경기 기간 중 학교를 휴교하고 서울대
> 에서 탁구시합이 있는 기간 7일간 휴교하면 되지 않나
> 요. 학생들을 아예 넣지 않는 게 쉬울 것 같아요. 관람객
> 이 수만 명 올 텐데 학생들이 시끄럽게 해서 가스탄을
> 쏘고 하면 외국 선수들이 눈물을 흘리는 일이 있을 텐데
> 하루 전쯤 예고하도록 하시오.[104]

생존권 박탈하며 저자세 환대

5공 정권은 86 아시안 게임과 88 올림픽 게임의 분위기 조성을 위해

---

104) 김성익, 「전두환 육성증언」(조선일보사, 1992), 161~162쪽.

국제대회를 마구잡이로 끌어들였다. 체육부가 국회에 제출한 자료에 의하면, 81년에 3건의 국제대회를 국내에서 개최하면서 들인 비용은 9억 400만 원, 82년에는 4건에 20억900만 원, 83년에는 7건에 15억1천500만 원, 84년에는 8건에 22억2천100만 원, 85년엔 16건에 무려 61억8천 900만 원을 사용했다. 물론 이 액수는 철저하게 국내에서 개최된 스포츠 대회에 들어간 비용으로 외국 원정 비용까지 감안하면 이보다 훨씬 더 들어갔다.[105]

국제대회의 과잉 유치로 인해 85년에 열렸던 서울국제육상대회는 한 편의 코미디를 방불케 했다. 고광헌은 이렇게 말한다.

"특히 1985년 열렸던 '서울국제육상대회'는 올림픽을 개최하고 운영해야 될 담당자들의 자질을 의심하게 했을 뿐 아니라, 우리 국민들의 자존심마저 상하게 하였다. 주최측에서는 이 경기에 세계적인 육상선수인 칼 루이스와 메리 데커를 특별 초청했다. 그런데 막상 경기가 시작되자 칼 루이스는 자기가 출전할 종목에 단 한 번만 뛰기를 고집했다. 원래 육상경기는, 여러 명의 선수가 겨루는 종목이므로 각 조별 예선을 거쳐 1, 2위 입상자끼리 결선에서 다시 겨루어 최종 승자를 가리게 되어 있다. 규칙이 이러함에도 주최측은 그 선수의 주장을 받아들여 한 번만 뛰게 했을 뿐만 아니라, 결선을 하지도 못한 채 각 조별로 시상식을 실시했다. 그래서 한 종목에 금메달이 세 개씩 나오는 기상천외한 일이 벌어졌던 것이다. 칼 루이스는 대회 자체를 엉망으로 만들어 놓고서도 출전 대가로 약 10만 달러를 받았다."[106]

이러한 코미디는 86 아시안 게임 내내 계속되었다. 다시 고광헌의 말이다.

---

105) 고광헌, 『스포츠와 정치』(푸른나무, 1988), 189쪽.
106) 고광헌, 위의 책, 190쪽.

"그 축제는 사실상의 계엄을 방불케 하는 상태에서 이루어진 것이며, 국민의 자율적 참여가 철저하게 배제된 채 다른 때보다 더욱 더 심한 무자비한 인권침해 위에서 이루어졌기 때문이다. 아시안 게임이 열리기 몇 개월 전부터 하루 벌어 먹고사는 수만 명의 도시 영세 노점상들의 생존권이 박탈당해야 했고, 판자집에서 산다는 이유로 또 수만 명의 민중이 보금자리를 떠나야 했기 때문이다. 어디 그뿐인가. 이 나라에 태어나 대학생이 된 죄밖에 없는 사람들이 경기장 부근에서 무조건 연행되어야 하고 수십만 초·중등 학생들이 '현장학습'이라는 미명아래 자신의 의지와는 관계없이 경기장에 동원되어 귀중한 시간을 허비했기 때문이다. 자신의 형제요 핏줄인 이들에게서 이렇듯 부자유와 생존권을 박탈하면서도 저들이 외국인들에게 보이고 있는 저자세의 환대는 무엇을 말하는가. 생존권을 박탈당한 형제들의 외침이 저렇게 사무치고 있는데, 저들이 머리 조아려 환대하는 외국인들은 62평짜리 호화 아파트에서 푸짐한 뷔페식사를 하루에도 몇 번씩이나 할 수 있으며, 음료·수영·사우나·극장·디스코텍·놀이·오락시설을 공짜로 즐기고, 심지어는 몇 만 원씩 하는 안경과 콘텍트 렌즈를 무료로 받고 있는 것이다."[107]

기생 관광의 장려

올림픽 개최일이 다가오면서 전두환 정권은 고민에 빠져들기 시작했다. 적자재정 때문이었다. 올림픽 조직위원회는 TV 방영권료로 총 6억 달러 이상의 수입을 예상했지만, 협상 결과는 참담했다. IOC의 몫을 제외한다면 단지 2억 달러 수준에 그쳤기 때문이다.

적자재정에 대한 위기감에 시달리던 전두환 정권이 꺼내든 해결책은

---

107) 고광헌, 『스포츠와 정치』(푸른나무, 1988), 205~206쪽.

박정희 시대의 기생 관광이었다. 정부는 물론이고 올림픽 조직위원회까지 기생 관광을 위해 팔을 걷어붙이고 나섰다. 기생 관광을 위한 홍보도 다차원적으로 진행되었다.

매춘 관광을 위해 유명 여성 연예인들까지 동원한 혐의도 발견된다. 85년 1월 20일자 『한국일보』에는 〈일지日誌 선정 화보 파문-한국 연예인에 여대생 특집〉이라는 제목의 기사가 실렸는데, 이 기사는 일본의 주간지 『헤이본 펀치』에 실린 한국 관련 특집 기사가 큰 파문을 일으키고 있다며 이렇게 전하고 있다.

문제의 잡지는 1월 14, 21일자 합병 특대호로 2백 페이지 거의 전면을 한국 특집으로 꾸몄다. 여배우 이보희 양을 표지에 담은 이 잡지에는 이 양을 비롯, 안소영 유지인 오수비 금보라 나영희 이미숙 오혜림 오혜경 박영실 김혜경 김청도 정윤희 양 등의 화보가 실렸는데 정 양의 모습은 직접 촬영한 것이 아닌 영화 스틸 사진이며 나머지 12명은 직접 찍은 컬러 사진. 특히 오수비 양은 상체의 치부가 부분적으로 드러나는 대담한 포즈이며 다른 모델들도 선정적인 속옷 차림과 포즈를 보여주고 있다. 사진이 실린 연예인 중 금보라 양 등 5명의 모습에는 "부끄러워요" "저는 어때요" "한번 더" "사랑해" "좋아요" 등 선정적인 말들이 일본 글자로 적혀 있으며 김청도 양의 페이지에는 "여러분이 일본으로 돌아가신 후 마음이 대단히 허전했습니다. 사진은 예쁘게 나왔는지요. 멋진 잡지가 되었는지요. 다시 한국에 오실 기회가 있으면 기쁘겠습니다"는 한글 사연과 자필 사인도 소개했다.[108]

---

108) 이승호, 『옛날 신문을 읽었다』(다우, 2002), 254쪽에서 재인용.

같은 해 올림픽 조직위원회는 미국의 잡지 『더 스포팅 뉴스』(The Sporting News)에 별책부록으로 서울올림픽을 홍보하는 내용의 광고를 무려 46면에 걸쳐 내보냈는데, 그 중 한국의 젊은 여성들이 기생 관광의 메카라 할 요정에서 외국의 남성들에게 안주를 먹여주는 컬러 사진이 44면과 45면, 두 면에 걸쳐 천연덕스럽게 실렸다.[109]

단순한 음식 시중을 드는 것이 아니라 한 손님 옆에 한 사람씩 앉아 젓가락으로 외국인의 입에 음식을 넣어주는가 하면 자지러지게 웃는 모습을 보여주고 있어 이른바 '기생파티'를 연상시킨다는 것이 이 사진을 본 사람들의 공통된 소감이었다. 서울올림픽 조직위원회는 이 특집을 위해 스포팅 뉴스지에 거액을 지불했으며 취재팀이 1984년 11월 한국을 방문했을 때 모든 취재편의를 제공한 것으로 알려졌다.[110]

관광 수입은 크게 늘었지만

이에 분노한 교여연(한국교회여성연합회), 여성의전화[111] 등 여성단체들은 본격적인 기생관광 반대운동을 전개하기 시작했다. 여성단체는 공개질의서를 통하여 여성을 이용해 관광 수입을 올리려는 정부를 비난하며 정부당국과 서울올림픽 조직위원회의 해명, 사과를 요구하고 올림픽 정책의 시정을 요구했다.[112]

---

109) 고광헌, 『스포츠와 정치』(푸른나무, 1988), 114~116쪽.
110) 〈'기생파티' 이미지 주어 말썽〉, 『코리아 타임즈』, 1985년 10월 26일.
111) 여성의전화는 1985년 3월에 인신매매 조직이 대거 검거되자 이 문제를 사회 문제로 여론화하기 위한 작업으로 「인신매매를 고발한다」는 제목의 공개토론회를 처음으로 개최한 바 있다. 여성에 대한 모든 폭력을 '성폭력'으로 개념화하고 있는 여성의전화는 인신매매 과정 속에서 여성이 성적인 도구로 전락된다는 점을 강조하며 인신매매를 성폭력의 한 형태로 보았다. 토론회는 인신매매의 유형 사례 발표에 이어 당시 교여연에서 성매매 반대운동을 전개하고 있던 이우정이 성매매의 비인간성에 대해, 지은희가 '매춘의 사회구조적 원인'에 대해, 그리고 박인덕이 '매춘여성 문제를 여성의 힘으로' 해결하자는 취지의 발제를 하였다. 한국여성의전화연합 엮음, 〈한국 매춘여성운동사〉, 『한국여성인권운동사』(한울, 1999), 258~259쪽.
112) 교여연은 86년 10월 14일 「매춘 문제와 여성운동」 주제의 세미나를 개최하여 기지촌 여성들의 현장 증언,

그러나 전두환 정권은 그런 항의에 아랑곳하지 않고 86년 1월 기생 관광으로 이미 명성이 자자하던 11개 대형 요정업체에 총 20억 원이나 되는 돈을 특별융자 형식으로 지원해 주었고, 국제관광공사에서 발행하는 외래관광객용 지도에도 기생관광 장소인 요정의 위치를 각국어로 친절하게, 또 상세하게 밝혀놓기도 했다.[113]

기생 관광 이벤트는 주도면밀했다. 올림픽 개최일이 다가오면서 외국 관광객들의 숫자가 늘어나기 시작하자 접대부 아가씨들에게 이른바 소양 교육이라는 것을 실시했는데, 물론 이 소양 교육의 핵심 메시지는 국가를 위해 외국 관광객들에게 최대한의 편의와 서비스를 제공하라는 것이었다. 소양 교육을 담당한 강사들은 "아가씨들이 벌어들이는 외화가 우리 경제발전의 밑거름"이 되고 있다거나 "전후 일본의 경제 성장에는 일본 여자들이 자신들의 성을 팔아 벌어들인 달러의 덕"이라는 미담도 잊지 않았다.[114]

기생 관광과 매춘 관광을 통한 관광 수입은 크게 증가했다. 모두 기생 관광을 통한 수입이라고 할 순 없겠지만, 아시안 게임이 개최된 86년 한 해의 관광객은 85년에 비해 무려 16.5%가 증가했고, 이에 따른 수입은 97% 이상이 늘어났다.[115] 86년도 외래 관광객 수는 총 165만9천972명으로 85년에 비해 23만3천927명이 증가했고 지난 10년 간의 연평균 증가

제주도에서의 기생관광 실태와 매춘여성의 인권유린 현장, 동남아의 성매매와 여성인권 유린 현실의 심각성을 부각시켰다. 이 세미나에서 우리나라 성매매 반대운동 사상 처음으로 개념 정의가 이루어졌다. 이 세미나에 참석한 손덕수와 이미경은 종래의 '매춘'이라는 용어가 잘못되었다고 지적했다. 손덕수는 우리나라에서 처음으로 '매춘은 몸을 파는 사람과 몸을 사는 사람이 있을 때 성립하므로 賣春婦와 買春夫가 똑같이 문제가 되어야 한다. 그러므로 매춘을 매매춘(賣買春)이라 부르는 것이 마땅하다'고 하며 용어의 적확한 사용을 촉구했다. 이미경도 '사는' 남자 쪽을 강조하며 賣買春 혹은 買春으로 쓰기를 주장했다. 성을 사고 팔고 하는 행위에 대해서 여성 개인에게 초점을 맞추지 말고 사회구조적인 접근을 해야 한다는 주장에도 불구하고, 오랫동안 성을 파는 여자 쪽만을 강조해 온 용어상의 성차별에 쐐기를 박은 일대 사건이었다. 한국여성의전화연합 엮음, 《한국 매춘여성운동사》, 『한국여성인권운동사』(한울, 1999), 253쪽.

113) 『동아일보』, 1986년 11월 8일; 고광헌, 『스포츠와 정치』(푸른나무, 1988), 13쪽에서 재인용.
114) 고광헌, 『스포츠와 정치』(푸른나무, 1988), 13쪽.
115) 고광헌, 위의 책, 14쪽.

율인 7.4%의 두 배가 넘는 16.4%의 성장세를 보였다.[116]

---

116) 교통부, 한국관광공사, 『한국관광통계』(1986), 11쪽; 고광헌, 『스포츠와 정치』(푸른나무, 1988), 15쪽에서 재인용.

유성환의 국시론 파동

반공과 통일

1986년 10월 14일 신민당 의원 유성환은 제131회 정기국회 본회의에서 다음과 같은 내용의 대정부 정책 질문을 던졌다.

"우리나라의 국시를 반공으로 해두고 올림픽 때 동구 공산권이 참가하겠나. 또 모든 나라와 무역을 하는데 반공을 국시로 하는 게 합당한가. …… 나는 반공정책을 발전시켜야 된다고 보는 사람이다. 그러나 이 나라의 국시는 반공보다 통일이어야 한다. 오늘날의 강대국들의 한반도 현상 고착정책에 많은 국민들이 우려를 표시하고 있다. 적어도 분단국가에 있어서 통일 또는 민족이라는 용어는 이념으로까지 승화되어야 한다. …… 통일이나 민족이라는 용어는 그 소중함으로 생각하면 공산주의나 자본주의라는 용어보다 그 위에 있어야 한다. (마이크가 꺼진 뒤) 통일원의 예산이 아시안 게임 선수후원비와 기타 경비보다 적은 것은 이 정부가 통일정책에 너무 소극적인 것이 아닌가."[117)

이러한 발언이 나오자 민정당 의원들의 고함과 함께 의장의 발언중지로 본회의가 정회되었고, 민정당은 유성환의 발언이 신민당의 공식 당론인지 밝혀줄 것을 공개적으로 요구했다. 이에 신민당은 유성환이 대정부 질문에서 "우리의 통일이 자유민주주의 통일이어야 한다는 점을 명백하게 밝혔다"며 여당의 주장에 대해 분노와 경악을 금할 수 없다고 밝혔다.[118]

이 발언을 두고 반응은 양쪽으로 선명하게 갈라졌다. 그의 발언이 신문을 통해 알려지자 반공연맹을 비롯해 재향군인회, 상이군경회 등이 들고 일어섰다. 이들 단체들은 곧 유성환에게 '용공분자' '공산당의 앞잡이'라는 딱지를 붙인 채 '즉각 처단' 하라는 과격한 주장을 폈던 데 반해, 대학생들은 "같은 분단국가인 서독에서도 통일을 국시로 삼고 있는 사실에 주목한다"며 유성환의 발언을 지지하는 시위를 벌이기도 했다.[119]

이 사건을 개헌 논쟁에 찬물을 끼얹을 수 있는 호재로 판단한 전두환 정권은 귀가한 유성환을 즉각 자택에 연금시킨 뒤 유성환의 발언을 용공 발언으로 규정해 구속절차를 밟기 시작했다. 법무부는 86년 10월 15일 오후 대통령 명의로 된 유성환 체포동의요구서를 국회에 접수시켰는데, 적용된 법규는 국가보안법 제7조 1항 (반국가단체 찬양고무)이었다.

전두환의 기쁨

10월 16일 정오 청와대에서 열린 수석비서관회의에선 어떤 말이 오고 갔던가?

---

117) 김삼웅 편저, 〈유성환 '국시론'〉, 『통일론 수난사』(한겨레신문사, 1994), 209쪽 재인용.
118) 허문영, 〈국시 논쟁〉, 『80년대 한국사회 대논쟁집: 월간중앙 1990년 신년호 별책부록』(중앙일보사, 1990), 333쪽에서 재인용.
119) 허문영, 위의 글, 334쪽에서 재인용.

김윤환(정무1수석): 이 총재가 신민당 당론이 유(성환)의 발언 내용과는 다르다고 분명히 하면 구속하지 않고 제명만 하는 방법도 있습니다.

전두환: 사표를 낼 테니 처벌하지 말라는 건 안 되지. 이번에 신민당이 잘 걸려들었어요. 국민들 보기에도 그래요. 신민당이 당론으로 유성환 발언을 지지한다면 내무장관, 법무장관으로 하여금 선거관리위원회에다가 당 해체 건의를 하도록 해야 해요. 자유민주주의 체제를 부정하는 정당은 해체하도록 되어 있으니 연구를 해두었다가 관례에 따라 조치를 해야 돼요.

김윤환: 유성환이 구속되면 신민당은 의원직 사퇴를 할 것입니다.

......

전두환: 유성환 문제가 적절한 시기에 잘 터진 셈이야. ...... 내가 정국을 주도해서 긴장시킬 수 있는 방안이 없겠느냐 생각해오던 차였는데 유성환이 들어서 도와주는 셈이예요. 아시안 게임이 잘 된 거나 마찬가지로 유성환이 정치가 잘 되어나가게 길을 열어준 거요.

김윤환: 신민당이 살기 위해서 태도가 달라질지 모릅니다.[120]

그 정권에 그 사법부

10월 16일 밤 10시 40분 국회에선 경호권이 발동된 가운데 유성환 체포동의안이 민정당 의원 146명과 무소속 의원 이용택을 포함해 147명이

---

120) 김성익, 『전두환 육성증언』(조선일보사, 1992), 197~199쪽.

모인 가운데 부의장 최영철의 사회로 만장일치로 통과되었다. 유성환은 17일 새벽 2시 30분께 구속 송치되었다. 이는 국회의원이 회기 중 원내 발언으로 구속된 첫 사례였다.

1987년 4월 13일 열린 유성환 사건 선고공판에서 재판부는 통일국시론이 "적화통일을 용인하는 것으로 해석하는 것이 논리적으로 불가능하지는 않으나 유 의원이 이와 관련해 다른 부분에서 한 말과 종합해 볼 때 이 자체가 용공이라고 판단되지는 않는다"며 무죄 취지로 설명했으나, 유 의원의 5·3 인천사태에 관한 평가와 삼민이념에 관한 주장에 대해 유죄를 인정, 징역 1년을 선고했다. 유성환 의원은 의원직을 상실하고 270일 간 감옥생활을 해야 했다.[121]

그 정권에 그 사법부였다. 훗날, 유성환은 "연설문은 이미 제출된 상태여서, 여당 쪽으로부터 '연설내용을 바꾸지 않으면 구속될 것'이라는 경고를 받고 있었"지만, "수십 년 동안 가슴에 담아온 믿음을 철회할 수 없었다"고 말했다.[122]

121) 김삼웅 편저, 〈유성환 '국시론'〉, 『통일론 수난사』(한겨레신문사, 1994), 209~211쪽.
122) 안영춘, 〈'국시' 발언옥고 유성환 전 의원: 좌경매도 앞장선 이들 방북환영에 "담담해요"〉, 『한겨레』, 2000년 6월 15일, 18면.

건국대 사태와 NL-CA 논쟁

1290명 구속이라는 세계 기록

1986년 10월 28일 오후 1시부터 건국대 민주광장에선 전국의 29개 대학 학생 2천여 명이 모여 '전국 반외세·반독재 애국학생투쟁연합'(애학투련) 발족식을 열었다. 3시 20분쯤 학생들은 레이건 미국 대통령과 나카소네 일본 수상 등에 대한 화형식을 거행하였는데, 이때 학교 주변에 포위하고 있던 1천5백여 명의 경찰들이 불시에 최루탄을 난사하며 밀려들었다. 학생들은 돌과 화염병으로 맞섰으나 힘에 밀려 건물 안으로 피신하였고, 경찰은 건물을 에워싸고 물샐틈없는 경비를 폈다. 이런 상황이 되자 학생들은 건물 안에서 농성을 시작했다.

학교측은 학생들이 '안전한 귀가를 보장하면 자진 해산하겠다'는 입장이라며 경찰의 철수를 요구하였으나, 전두환 정권은 이 요구를 묵살하고 언론을 동원해 이 학생들을 '친북 공산혁명분자'로 매도하였다. 학생들이 단수와 단전 그리고 초겨울의 한파를 버텨내며 농성에 돌입한 지나흘째 되던 10월 31일 오전 10시, '황소 31 입체작전'이라 불리운 경찰의 대규모 진압작전이 시작되었다.

이때에 동원된 경찰 병력만 해도 8천5백 명에 이르렀다. 학생들이 농성을 벌이고 있던 건물은 1시간 동안 헬기에서 쏘아대는 최루탄과 소이탄, 고가사다리에서 소방호스로 뿌려대는 최루액, 그리고 지상에서 쏘아올린 최루탄으로 아수라장이 되었다. 이 진압작전으로 1천5백25명의 학생이 연행되었고, 그 중에서 1천2백90명이 구속되었는데, 이는 단일 사건 구속자 수로는 당시 세계 최고의 기록이었다.[123]

'공산혁명분자의 폭력난동'

11월 3일 청와대 수석비서관회의에선 다음과 같은 말이 오갔다.

> 강우혁(정무2수석): 건국대 사건은 '공산혁명분자 폭력난동사
> 건'으로 명칭을 통일해서 쓰겠습니다. 이 사건과 관련,
> 부상자 49명을 제외하고 1,274명을 구속 처리했습니다.
> 전두환: 어느 병원에 수용하고 있나요. 임상신문은 계속하도록
> 하시오. 이번 경우에는 학생들을 집회 및 시위에 관한
> 법률로 걸지 말고 방화, 파괴, 침입 등의 죄목을 적용토
> 록 해요. 집시법을 적용하면 정치성을 띠게 되어 정치범
> 이 되고 말아요.[124]

---

123) 박세길, 〈다시 일어서는 민중〉, 『다시 쓰는 한국현대사 3』(돌베개, 1992), 173~174쪽. 너무도 기막힌 사건인지라 1994년에 제작된 김진해 감독, 정보석 이보희 주연의 영화 『49일의 남자』는 이 사건을 영화적 배경으로 사용하였다.
124) 김성익, 『전두환 육성증언』(조선일보사, 1992), 213쪽.

11월 4일의 검찰 발표문은 청와대 회의 내용을 그대로 반영했다. 발표문 제목이 〈공산혁명분자 건국대점거난동사건〉이었다. 검찰은 주동학생 29명에게 국가보안법을 적용했다. 이 사건에 대해 이경재는 이렇게 말한다.

사실 건국대에 붙은 대자보에는 과격한 주장이 들어 있어 사람들을 놀라게 했다. "도대체 남녘 땅 민중에게 반공 이데올로기는 무엇입니까. …… 쪽발이 양키놈을 더 좋아하고"라든가 "까부수자" "진달래꽃 머리에 꽂고" "민족의 원수 미제국주의자" 등 북한의 용어가 그대로 사용되기도 했다. 누가 이 대자보를 붙였는지 수수께끼로 남아 있다.

그러나 이날의 모임은 5·3 인천사태에 대한 자체 반성과 대통령 직선제 등 대중성 회복을 위한 신민당과의 연대투쟁을 모색하려던 것이었다는 분석도 있었다. 경찰은 이들이 모이는 것을 방치했다가 퇴로를 막아 결국 사흘 간 농성토록 유도했을 것이라는 분석도 나오고 있다. 어쨌든 이로 인해 학생운동권은 투망작전에 말려 심대한 타격을 받게 된다.

신민당은 학원대책위에서 건국대 사태는 "당국에 의해 조장된 것"이라면서 "학생들의 본류는 애국적 민주화 투쟁에 있었다"고 결론을 내렸다. 그러나 과격한 용어사용으로 탄압의 빌미를 주어서는 안 된다고 경고했다. 민추협 대변인 한광옥 씨도 "건국대 집회는 현정권의 장기집권음모 분쇄와 직선제에 의한 민간정부 수립을 주장하기 위한 것"이라고 성명을 발표했다가 보안법 위반으로 구속되기에 이르렀다.

이러한 일련의 강경 조치는 신민당과 재야 운동권을 분리시키려는 선제작전으로 볼 수 있었다. 뿐만 아니라 11월 4일을 전후하여 중대 조치가 있을 것이라는 소문도 돌았다. 미국무성 '클라크' 부차관보가 급거 내한한 것도 이 소문과 무관하지 않다. 김대중 씨는 11월 5일 대통령 불출마를 선언했다. …… 김씨의 이 같은 선언은 개헌정국으로 돌려보려는 희생적인 결단으로 평가되기도 했지만 정부의 비상조치설과도 무관하지 않다는 소문도 있었다.[125]

NL-CA 논쟁

건대 애학투련 사태가 발생한 86년은 학생운동 및 노동운동 진영에서 한국 사회의 모순 구조와 변혁론을 둘러싼 뜨거운 이론 투쟁이 벌어진 해였다. 85년 하반기에 대체로 민추위 그룹의 NDR론과 그 전술적 지침인 '파쇼헌법철폐투쟁'으로 어느 정도의 통일성을 갖추고 있던 학생운동진영은 86년 들어 새로 등장한 '반제그룹'이 민족해방(NL)론을 내세우면서 새로운 재편 과정에 접어들게 되었다.[126]

이 그룹이 86년 초에 배포한 〈반제민중민주화운동의 횃불을 들고 민족해방의 기수로 부활하자〉(일명 '해방서시')라는 팜플렛은 "19세기 말부터 지금까지의 한반도 근대사 100년은 제국주의 침략의 역사요 제국주의에 대한 민중의 투쟁의 역사"이며, "한국 사회는 미 제국주의와 그 앞잡이가 파쇼적으로 지배하는 신식민지사회"라고 규정하면서 미 제국주의에 대한 민족해방운동을 전개할 것을 주장하였다.[127]

NL 계열은 86년 1학기 개강과 함께 '자민투'(반미자주화 반파쇼민주화 투쟁위)를 결성해 팀스피리트 반대투쟁, 전방입소 거부투쟁, 반전반핵

125) 이경재, 〈민중의 승리: 5·17에서 6·29까지〉, 「신동아」, 1987년 8월, 199쪽.
126) 이용기, 〈6월항쟁 시기 NL-CA 논쟁〉, 역사비평 편집위원회, 「논쟁으로 본 한국사회 100년」(역사비평사, 2000), 361쪽.
127) 이용기, 위의 글, 362쪽.

운동 등에 주력하면서 자신들의 이념과 노선을 NLPDR(민족해방민중민주주의혁명)로 정식화했다. 반면 기존의 학생운동 주류 세력은 NDR론을 체계화하는 동시에 당면 전술지침으로 '헌법제정 민중의회' (후에 '제헌의회 Constituent Assembly: CA'로 전환) 소집투쟁을 주장하면서 '민민투' (반제반파쇼 민족민주화 투쟁위)를 결성하였다. 이렇게 하여 자민투-민민투 혹은 NL-CA 구도가 형성되었다.[128]

건대 애학투련 사태는 바로 이런 구도하에서 일어난 것이었는데, 이에 대해 이용기는 다음과 같이 말한다.

"NL 진영은 자신의 역량을 총동원한 애학투 결성식(소위 '건대항쟁')에서 반공이데올로기 분쇄투쟁과 조국통일 촉진투쟁을 중심적 이슈로 제기했지만 일반 대중의 호응을 얻지 못하고 오히려 조직 역량에 궤멸적 타격을 입었다. CA 진영 역시 이 무렵 시가전을 방불케 하는 신길동 가두시위를 통해 '제헌의회 소집'을 높이 외쳤지만 마찬가지로 일반 대중의 호응을 얻지 못하고 오히려 지도부가 와해되는 시련을 겪게 되었다."[129]

87년 들어 CA는 여전히 '제헌의회 소집'을 구호로 내걸었지만, NL은 자기 변신을 꾀해 '대중노선'을 표방하며 '직선제 개헌쟁취'에 주력하였다. NL은 직선제 개헌론을 가장 광범위한 대중이 투쟁의 주체가 될 수 있는 민주권리 획득 투쟁이며, 전두환 정권을 고립시키는 투쟁으로 파악하면서, 이는 반미투쟁으로서의 발전을 위한 매개물이 될 수 있고 김영삼과 김대중을 투쟁으로 견인할 수도 있는 사안이라고 주장했다.[130]

올림픽에 대해선 NL은 민족 대단결을 위한 남북 공동 올림픽 쟁취투

128) 이용기, 〈6월항쟁 시기 NL-CA 논쟁〉, 역사비평 편집위원회, 『논쟁으로 본 한국사회 100년』(역사비평사, 2000), 362쪽.
129) 이용기, 위의 글, 364쪽.
130) 박사인, 〈NL-CA 논쟁〉, 『80년대 한국사회 대논쟁집: 월간중앙 1990년 신년호 별책부록』(중앙일보사, 1990), 250쪽.

쟁을 주장한 반면, CA는 파쇼 정부 아래 올림픽 반대 또는 독재올림픽 결사 반대를 주장하는 차이를 보였다.[131]

---

131) 김광 외, 『학생운동논쟁사 2』(일송정, 1991), 33쪽.

TV가 '앵벌이'로 나선 '평화의 댐' 사건

5공이 연출한 공포의 드라마

1986년 말 전두환 정권은 말할 것도 없고 모든 사람들이 제 정신이 아니었다. 그걸 극명하게 보여준 사건이 바로 86년 10월 30일 정부 발표로부터 시작된 '평화의 댐' 사건이었다. 북한이 건설한다는 금강산댐은 정부 발표와 언론의 부풀리기 보도에 의해 순식간에 남한 사회에 공포를 몰고 왔다.

국방부 군사정보팀은 당시 금강산댐 주변의 지형 등을 찍은 항공사진을 판독해본 결과 "안기부가 댐의 담수 및 방류량을 실제보다 부풀려 잡은 사실을 알고 있었음"에도 불구하고 안기부의 꼭두각시 노릇을 했었으니 더욱 기가 막힌 일이었다.[132] 국방부 군사정보 고위 당국자의 다음과 같은 증언은 5공 정권이야말로 정권의 사욕(私慾)을 위해 국가안보를 위

---

132) 채의석, 『99일간의 진실: 어느 해직 기자의 뒤늦은 고백』(개마고원, 2000), 209쪽.

협하는 주범이었음을 잘 말해주고 있다.

"모든 대북정보와 정책은 안기부가 장악하고 있어 의도가 무엇이든 안기부가 맘만 먹는다면 국방부의 순수 군사 전략적 판단이 먹혀들 여지가 없었다."[133]

국방부장관 이기백에게 맡겨진 역할은 '연기(演技)'였다. 그는 다음과 같은 대사를 읊조렸다.

"금강산댐의 저수용량이 9억 톤이 될 때부터 우리 안보는 중대 위협 앞에 노출되며, 이 물을 일시에 방류한다면 서울의 경우 등고선 20미터까지 물에 잠기고 2백억 톤 방류 때는 등고선 50미터까지 잠기는 등 중부 일원이 황폐하게 된다."[134]

정부의 발표 시점도 이상했다. 북한이 금강산 발전소를 건설하겠다고 발표한 시점은 7개월이 앞선 86년 4월 18일이었고, 건설공사 착공을 발표한 건 10월 21일이었는데, 왜 정부는 하필 10월 30일에 발표한 것이었을까? 그 날이 건국대에 경찰병력 8천5백 명을 투입시켜 농성자 전원을 연행하기 하루 전이었다는 것 이외엔 달리 설명할 길이 없었다.[135]

'앵벌이'로 모은 7백억 원

이 대대적인 연기 행각엔 주연과 조연의 구분이 없었다. 언론과 일부 지식인이 5공에 대한 충성 경쟁에 돌입하면서 공포는 더욱 증폭되었다. 언론은 "2백억 톤의 물이 서울을 덮친다. 63빌딩의 절반 가까이 물에 잠기고" "남산 기슭까지 물바다, 원폭 투하 이상의 피해" "수도권까지 물바

---

133) 채의석, 『99일간의 진실: 어느 해직 기자의 뒤늦은 고백』(개마고원, 2000), 210쪽에서 재인용.
134) 채의석, 위의 책, 210쪽에서 재인용.
135) 한대광, 〈평화의 댐 성금: 매카시즘 광풍속에 걷고, 무책임하게 '방치'〉, 『노동자신문』, 1993년 8월 3일, 3면.

평화의 댐은 정략의 댐. 건국대 사태에 쏠린 사람들의 눈과 직선제 개헌 요구를 돌리는 데 한몫을 한 '평화의 댐' 사건. 언론과 일부 지식인이 5공에 대한 충성 경쟁에 돌입하면서 공포는 더욱 증폭되었다.

다, 잠실 올림픽 시설은 물론이고 한강변 아파트군은 완전히 물속에 잠겨" 운운하는 보도를 해댔다. 북한이 왜 그런 짓을? 이때에도 답은 서울 올림픽이었다. 북한은 서울올림픽을 방해하기 위해서 그런 짓을 하고도 남는다는 것이었다.

신문, 방송 할 것 없이 모두 미쳐 돌아갔는데, 당시 상황에 대해 MBC 아나운서 손석희는 다음과 같이 말하고 있다.

"나는 지금도 내가 뉴스를 진행하던 그때, 스튜디오 한쪽에 잉크를 풀어놓은,(그래야 더 실감이 났으므로) 수돗물로 찰랑대던 여의도 일대의 모형이 있었던 것을 기억한다. 당연히 거기엔 63빌딩이 있었고 파란 잉크물은 그 빌딩의 허리께까지 차올라 넘실대고 있었다. 그것은 장난이 아니었다. 아니 장난처럼 하면 안 되었다는 표현이 맞을 것이다. 우리는 63빌딩의 중간까지 물이 찬다는 건 좀 너무 하지 않느냐, 2층 정도까지로 줄이자 어쩌자 하면서 제멋대로들 기준을 정하다가 누군가 '겁을 주려면 확실하게 줘야지' 하는 말에 훅훅거리며 웃기까지 하였다. 그 광란의 시기에 과학적 사고는 오히려 장애물이었다. 우리가 내뱉은 웃음에는 무기력한 자조도 섞여 있었겠지만 그 한구석엔 또 어떤 광기도 있었던 게 아닐까. 거짓말도 계속하면 그 자신은 참말로 느껴지는 것처럼 우리는 그때 이미 자기 제어 능력을 상실하고 있었는지도 모른다."[136]

정말 그랬다. 애국심으로 똘똘 뭉친 대규모 규탄대회들이 열렸다. 규탄만 한다고 되는가? 대안이 필요했다. 언론이 앞장서서 조작한 공포는 '평화의 댐'이라는 대안(?) 모색으로 나타났고 언론은 12월 6일부터 그 댐을 건설하기 위한 모금운동에 앞장섰다. 어린아이, 해외 동포, 심지어 교도소 재소자들에게까지 성금을 거둬들였다.[137] 손석희는 그걸 '앵벌이'라고 불렀다고 말한다.

"그 춥고 엄혹했던 겨울, 우리는 아나운서, 기자, PD 할 것 없이 모든 탤런트, 코미디언, 가수까지 다 동원돼서 시내로, 학교로, 절로, 교회로 뛰었다. 코흘리개들은 저금통을 깼고, 할아버지 할머니들은 속주머니에서 꼬깃꼬깃해진 용돈을 모았다. 우리는 그것을 '앵벌이'라 불렀다. 명동·서울역·광화문에 중계차를 대놓고 추위에 코끝이 빨개지도록 서 있으면서 '손님'들의 주머니돈을 긁어모았던 것이다. 모금방송이 있던 날 그 '앵벌이'에 배당된 사람들의 얼굴은 난감함 그 자체였다. 그것도 단지 추위가 싫어서 그랬던 것만은 아닐 것이다."

그리하여 6개월여 만에 7백억 원이 넘는 엄청난 돈을 모았다.

---

136) 손석희, 〈부끄러운 언론의 얼굴〉, 『노동자신문』, 1993년 9월 10일, 9면.
137) 김희경 외, 『어처구니없는 한국현대사』(지성사, 1996), 128~129쪽.

'민족 기상의 모범이 되신 분'을 위해

시인 서정주는 87년 1월 18일 〈전두환 대통령 각하 제56회 탄신일에 드리는 송시〉를 지어 전두환의 '평화의 댐' 업적을 다음과 같이 찬양했다.

"1986년 가을 남북을 두루 살리기 위한/평화의 댐 건설을 발의하시어서는/통일을 염원하는 남북 7천만 동포의 기대를 얻으셨나니/이 나라가 통일하여 흥산할 발판을 이루시고/쉬임없이 진취하여 세계에 웅비하는/이 민족 기상의 모범이 되신 분이여!/이 겨레의 모든 선현들의 찬양과/하늘의 찬양이 두루 님께로 오시나이다."[138]

그렇게 '민족 기상의 모범이 되신 분'을 위해 기획된 평화의 댐은 착공 15개월 만인 88년 5월에 1단계 공사를 끝냈다. 이후 모든 언론매체에서 평화의 댐 관련 뉴스는 사라졌다. 가끔 외국 언론만 관심을 기울였다. 미국의 『워싱턴 포스트』 88년 8월 1일자는 "평화의 댐은 불신과 낭비의 사상 최대의 기념비적 공사"라고 비꼬았다.[139]

93년 6월 감사원이 전면 특감에 들어가면서 평화의 댐은 완전히 조작된 정보에 따라 꾸며진 허구임이 드러났다. 5공 정권이 엉터리 금강산댐을 들고 나온 배경은 86년 대통령 직선제 요구로 뜨겁던 개헌정국을 돌리기 위한 정략적 목적이었던 것이다.

---

138) 이영미, 〈전두환씨에게 바친 문인들의 찬사〉, 『샘이깊은물』, 1996년 3월; 김종철, 『마침내 하나됨을 위하여: 김종철 사회문화에세이』(개마고원, 1999), 103쪽에서 재인용.
139) 특별취재반, 〈심층해부 언론권력: 5·6공 왜곡보도-"서울 물바다 …" "급진세력 성 도구화 …" 안보상업주의 '굵은 펜'〉, 『한겨레』, 2001년 4월 7일, 1면. 88년 임시국회에서 국회의원 김운환도 "평화의 댐 건설은 5공 정권이 위기 탈출 수단으로 북한의 수공 위협을 조작해 만들어낸 대국민 사기극이다"고 말했다. 김희경 외, 『어처구니없는 한국현대사』(지성사, 1996), 129~130쪽.

김대중의 대통령 불출마 선언

김수환과 김동길의 발언

1986년 10월 20일, 추기경 김수환은 로마에서 정가에 큰 파장을 몰고 온 중요한 발언을 했다.

"88년 초 전 대통령이 물러난 후 전 대통령과 그의 측근들이 어떤 형태로든 권력에 밀착하려는 욕심을 버려야 하며 두 야당인사인 김대중·김영삼 씨도 대통령이 되겠다는 욕심을 포기해야 국가적 비극을 피할 수 있다."

김수환은 무언가 위기의식을 느끼고 나라를 생각하는 충정에서 그런 발언을 했을 것이다. 그러나 이미 85년 4월 이른바 '낚시론' 으로 3김의 퇴진을 주장한 바 있었던 연세대 교수 김동길의 김수환 발언 지지는 이후 그의 행보가 말해주듯, 좋게만 보기는 어려운 것이었다. 김동길의 발언은 전두환을 기쁘게 만들어 주었다.

86년 11월 1일 청와대에서 국회의장 이재형, 대법원장 김용철, 국무총리 노신영 등 3부 요인을 부부 동반으로 초청해서 저녁을 먹는 자리에서 전두환은 그 기쁨을 다음과 같이 표현했다.

"김동길 교수라고 있지요. 그 사람이 어느 잡지에 쓴 모양인데 김수환 추기경이 쓴 걸 지지하는 내용인 모양이예요. 그 사람 얘기가 재미있는 게, 하여튼 우리나라 경우는 군이 60만이다, 군대가 필사적으로 싫다는 사람이 어떻게 대통령이 되나, 그러면 군대가 가만 있을 수 있나, 군대보고 정치 개입 말라고 하나, 그러지 않도록 여건을 만들어 주어야 할 거다 하는 얘기였다고 해요. 두 김씨가 물러가면서 새 사람 잘해보라고 하면 될 텐데 자꾸 대통령 꿈을 꾸고 있으니 절대 실현이 불가능하다, 두 김씨가 물러가는 게 정치 발전에 도움이 된다는 내용으로 썼다고 해요. 전(두환)은 88년 임기 끝마치고 물러갈 용의가 있는 것으로 자기가 확신하고 있는데 두 김씨가 안 물러가고 정국을 혼란하게 하면 자유스런 말도 못하는 시기가 또 올 것이다, 두 김씨가 안 들어가면 전(全)도 물러날 수 없다는 뉘앙스라고 해요. 나도 임기를 마치면 물러가고 두 김씨도 물러가라는 내용이라고 해요. 군대라는 데가 이상한 뎁니다. 내가 대통령이 되고 난 지금도 솔직히 무서운 단체가 군대입니다. 장군들은 내가 잘 아니까 그렇지만 젊은 간부들은 패기가 대단해요. 그래야 전투를 하거든요. 저 사람들이 꿈틀하면 막을 길이 없습니다."[140]

'난국 타개를 위하여'

1986년 11월 5일 민추협 공동의장 김대중은 돌연 대통령 불출마를 선언해 세상을 깜짝 놀라게 만들었다. 그 핵심은 "대통령 직선제를 현 정권이 수락한다면 비록 사면복권이 되더라도 대통령 선거에 출마하지 않겠

---

140) 김성익, 『전두환 육성증언』(조선일보사, 1992), 209~210쪽.

다"는 내용이었다.

김대중은 이날 불출마 선언에서 "최근 권력이 휘몰아친 한파는 온 국민을 극도의 긴장과 불안 속에 떨게 하고 있다"면서 "이것이 민주화로 가는 마지막 시련이라 할지라도 내가 처해있는 여러 모로 제한된 상황 아래서 난국 타개를 위한 뚜렷한 역할을 할 수 없는 나는 안타깝고 초조한 심경으로 요즘의 정국을 바라보고 있었다"고 불출마 선언의 배경을 밝혔다.

김대중은 이어 "특히 최근에 일어난 건국대학교에서의 사태에서 우리 젊은이들이 무더기로 희생되는 것을 볼 때, 그리고 또 앞으로 이러한 사태가 다시 일어날 수도 있는 현실을 감안할 때 나의 마음은 천갈래 만갈래로 찢어지는 심정"이라면서 다음과 같이 말했다.

"이러한 미증유의 중대국면에 처하여 나는 스스로를 희생하는 한이 있더라도 무언가 해결에의 돌파구를 찾아보려고 애써 모색해 왔다. 이러한 나의 노력에 있어서 지난 10월 20일 로마에서 행한 김수환 추기경의 발언은 나에게 결단을 위한 귀중한 시사점을 제공해주었다. 나는 김 추기경의 나 개인의 권리회복에 대한 특별한 관심과 나의 거취를 위한 충언에 감사해 마지않는다. 나는 이제 결심을 가다듬고 국민 여러분과 이 정권에 나의 소신을 피력하는 바이다."

김대중은 선언문의 마지막에서 "나의 오늘의 결단이 지역과 지역, 부자와 가난한 자 그리고 민과 군의 대립과 갈등을 해소하는 민주화라는 공동의 기반 위에 전 국민이 화해와 단결을 이룩하는 계기가 되기를 충심으로 바란다"고 덧붙였다.[141]

---

141) 김삼웅, 〈'대선' 앞두고 양김이 적전분열한 속사정은?〉, 『한국현대사 뒷얘기』(가람기획, 1995), 198~199쪽.

김영삼의 화답

김대중의 대통령 불출마 선언 당시 서독을 방문 중이던 김영삼은 '김대중 불출마 선언'과 관련하여 내외신 기자회견을 가졌는데, 그 내용은 다음과 같다.

- 김대중씨의 선언에 대해 어떻게 생각하는가?

"김대중 의장의 난국수습을 위한 고심과 충정에서 나온 것으로 본다. 이 시점에서 현 정권은 대통령 직선제를 대담하게 결정하고 김 의장 사면복권과 구속자 석방을 단행해야 한다. 김 의장이 망명에서 돌아온 뒤 나는 김 의장에게 '당신이 나이도 위이고 하니 사면복권이 되면 대통령 후보로 지지하겠다'고 얘기했으며 지금도 그 생각에 변함이 없다."

- 김대중 씨의 선언이 직선제 개헌 관철에 긍정적 영향을 미칠 것으로 보는가?

"영향이 있으리라고 본다. 정부가 대담하게 직선제를 받아들여야 한다. 이것이 난국해결의 유일한 길이다. 적절한 시기에 김대중 의장에게 직접 전화하겠다."

- 평소 두 사람 사이에 그런 얘기가 있었는가?

"이번과 같이 구체적인 얘기는 안 했지만 이런 일은 있었다. 지난해 나는 김대중 의장이 돌아왔을 때(귀국) '나는 민주화될 때까지 뿐만 아니라 그 이후까지도 당신과 협력하겠다. 투표로 경쟁하는 등 국민에게 걱정 끼칠 일은 않겠다. 80년에는 그것을 구실로 해서 5·17이 일어났는데 이제는 그런 구실도 주지 않겠다'고 얘기했다. 이에 김대중 의장은 '대통령 하고 싶다고 누가 되느냐. 하늘이 주어야지. 이 사람들(정

부 여당)이 나를 대통령병에 걸린 사람이라고 선전하는데 나
는 그런 욕심 없다. 나는 김 고문과 똑같은 심정이다. 민주화
가 되면 더 바랄 것이 있겠느냐'고 했다."

– 김대중 씨가 불출마를 선언했는데 그러면 김 의장이 출마할
것인가?

"내가 말한 그대로이다. 민주화를 위해 필요한 일이면 무엇
이든지 하겠다는 말로 답변을 대신하겠다."

– 직선제가 되면 김대중 씨가 출마할 수도 있는 것이 아니냐?

"직선제가 되면 생각할 수도 있을 것으로 본다. 내가 답할 성
질의 것이 아니다."

– 김대중 씨가 끝내 나서지 않겠다면 김 의장이 나설 것인가?

"김 의장에게 '사면복권이 되면 당신을 후보로 지지하겠다'
고 말했다. 나는 김 의장과 똑같이 민주화만 된다면 모든 것
을 희생해도 좋다고 생각한다."[142]

전두환이 마음먹은 11·7 계엄령 이틀 전에

그렇다면, 김대중은 왜 그런 불출마 선언을 하게 된 것이었을까? 후일
『국민일보』(1995년 6월 17일)는 다음과 같은 분석을 제시했다.

"당시 전두환 정권은 86년 가을 서울 아시안게임이 여야의 '정치휴
전' 속에 성공리에 폐막되자마자 야당 및 학생운동권에 대한 일련의 강
경조치를 취하기 시작했다. '국시 파동'을 일으킨 신민당 의원 유성환의
구속, 북한 금강산 댐 건설 발표 등 안보 위기상황 조성에 이어 대학생들

---

142) 김삼웅, 〈'대선' 앞두고 양김이 적전분열한 속사정은?〉, 『한국현대사 뒷얘기』(가람기획, 1995), 199~
200쪽.

이 철야농성 시위를 벌이던 건국대에 경찰 병력을 투입, 학원 소요 사상 최대 규모인 1천2백여 명을 구속한 10월 31일의 '건국대 사태' 등은 한마디로 '한파 정국'을 의미했다. 이와 동시에 시중에는 '비상조치 선포' '친위 쿠데타' '김대중 재수감' 설 등 '위기설'이 팽배했다. …… 사실 그 무렵 대통령 전두환은 비상조치 선포 여부를 검토하고 있었다. …… 전두환이 검토했던 비상조치 선포 날짜 이틀 전에 김대중이 조건부 불출마 선언을 한 것은 참으로 묘한 일이다."

이 기사는 당시 신민당 동교동계 부총재인 양순직의 다음과 같은 증언도 소개하였다.

"그 무렵 여권의 표적이 DJ와 그 동조 세력에 있고 DJ 제거를 위한 시나리오가 꾸며져 있다는 정보가 들어왔어요. 당시 나는 DJ가 일보 후퇴해 이 같은 위기 국면을 타개해야 한다고 판단, 직언키로 마음먹었죠. …… 처음엔 DJ가 듣지도 않더군요. 그 후 카톨릭 신부들이 DJ를 만나 대권 포기를 요청한 일이 있었는데 그때에도 DJ는 못마땅해 했어요. 선언 며칠 전 다시 DJ를 만났어요. 우선 고비를 넘기는 고차원적인 결단을 내려야 한다며 재차 불출마 선언을 건의했죠. 그러자 DJ가 긍정적인 반응을 보이며 그 방향으로 생각하고 있다고 말하더군요."

김대중의 불출마 선언은 절묘한 선택이었다. 실제로 전두환은 11월 7일에 비상조치와 계엄령을 선포하려고 했었기 때문이다.[143]

그러나 다음해 대선에서 이 불출마 선언은 대통령 후보 김대중의 발목을 잡는 족쇄가 되었다. 그의 정적(政敵)들이 김대중을 '거짓말 잘하는 정치인'으로 매도하는 데에 이 선언을 이용하였기 때문이다. 김대중은 "불출마 선언은 전두환 씨가 직선제 제의를 즉각 수락하고 건국대 사태 관련 학생들을 용공으로 몰아 탄압하는 것을 중지하면 내가 안 나갈 수

---

143) 김성익, 『전두환 육성증언』(조선일보사, 1992), 260쪽.

있다고 한 것인데, 상대방이 즉각 이를 거절했으므로 내가 약속을 어겼다고는 생각하지 않는다"고 주장하였지만, 그는 그런 해명을 수없이 반복해야 하는 곤욕을 감수해야만 했다.[144]

김대중의 조건부 불출마 선언을 특종으로 보도한 『조선일보』 기자 이혁주는 "김대중 씨의 당시 선언은 불출마보다는 직선제 쪽에 무게가 실려 있었던 것"이라면서 "그때 만일 전두환 대통령이, 실제 그럴 의사는 전혀 없었지만, 직선제 개헌을 수용했다면 김대중 씨는 다음해 대선에 출마하지 않았을 것으로 본다"며 이렇게 말한다.

"김대중 씨가 1986년 11월에 조건부 불출마 제의를 했는데, 만일 전두환 대통령이 이를 즉각 받았다면 그것은 수락일 것이다. 그러나 전두환은 어떻게든 직선제 개헌을 하지 않으려 버텼고 이듬해 4·13 호헌조치까지 했다. 그런 태도가 결국 국민적 저항에 부딪혀 6·29라는 형태로 굴복하고 만 것인데, 이를 두고 김대중 씨가 약속을 안 지켰다, 거짓말을 했다고 비판하는 것은 부당한 것이다."[145]

그러나 그런 부당한 비판이 『조선일보』를 위시한 언론에 의해 대대적으로 저질러졌다. 반면 김영삼은 그런 추궁으로부터 자유로웠다. 김영삼도 85년 3월 7일 신문과의 인터뷰에서 "83년 단식 투쟁을 통해 대통령을 하겠다는 욕심을 완전히 버렸다"고 말했으며, 그 이후로도 "마음을 비웠다"는 말을 공개적으로 여러 번 되풀이했다. 또 김영삼은 앞서 소개한 서독에서의 발언에서도 " '당신이 나이도 위이고 하니 사면복권이 되면 대통령 후보로 지지하겠다' 고 얘기했으며 지금도 그 생각에 변함이 없다"고 말하였다. 그러나 김영삼은 87년 10월 10일 대통령 후보 초청

---

144) 정치평론가 이상우는 김대중의 해명이 "논리상 타당성이 없는 것은 아니지만 국민의 뇌리에는 불출마 선언이 워낙 부각돼 있어 식언이라는 비난을 면치 못했다"고 말한다. 강준만, 『김대중 죽이기』(개마고원, 1995), 52쪽.
145) 허용범, 〈김대중씨 대통령 조건부 불출마 선언〉, 『한국언론 100대 특종』(나남출판, 2000), 249쪽에서 재인용.

관훈토론회에서 "마음을 비웠다는 말은 정말 이 국민에게 봉사하겠다는 말"이며, "비록 내가 대통령이 된다고 하더라도 욕심을 절대 안 낸다는 뜻"이라고 말을 뒤집었다.[146] 그러나 이후 계속 불출마 발언 번복의 장본인으로 김대중만 지목되었다.

---

146) 강준만, 『김대중 죽이기』(개마고원, 1995), 53~54쪽.

김일성 사망 오보 사건

'세계적 특종'에서 '세계적 오보'로

1986년 11월 16일 『조선일보』는 '김일성 사망'을 전하는, 다음과 같은 내용의 호외를 뿌렸다.

"북괴 김일성이 총 맞아 피살됐거나 심각한 사고가 발생, 그의 사망이 확실시된다. 휴전선 이북의 선전마을에는 16일 오후부터 반기(半旗)가 게양됐으며, 휴전선의 북괴군 관측소 2개소에선 이 날 '김일성이 총격을 받아 사망했다'고 했고, 4개소에선 '김정일을 수령으로 모시자'는 대남 방송을 했다."[147]

이 호외 기사는 세계적인 뉴스로 주목받았으며, 이에 우쭐해진 『조선일보』는 처음엔 〈피격설〉이라는 제목을 달았지만 이틀 뒤인 18일부터 〈김일성 피격 사망〉이라고 단정해 보도했다. 신문 12면 중 7면을 관련

---

147) 정운현, 〈'김일성 사망' 오보 소동, 1986년 11월 17일〉, 『호외, 백년의 기억들』(삼인, 1997), 233쪽 재인용.

기사로 채운 『조선일보』는 〈주말의 동경급전 … 본지 세계적 특종〉이라고 자화자찬했다.[148] 그러나 이 '세계적 특종'은 첫 보도 이후 48시간 만에 오보인 것으로 밝혀짐에 따라 '세계적인 오보'로 기록되고 말았다.

이 오보는 11월 15일 일본 공안조사청이 김일성이 암살됐다는 첩보를 입수한 것에서 비롯되었는데, 이 소식이 일본 증권가와 외교가에 전해져 관심을 끌던 중 11월 16일 『조선일보』가 '김일성 피살설'을 도쿄발로 보도한 것이었다.

다음날인 17일 오전에는 국내의 각종 언론들이 앞다투어 이 사건을 보도하기 시작했다. 그러나 다음날인 18일 오전 10시에 김일성이 몽고공산당 서기장 잠빈 바트문흐를 영접하기 위해 평양공항에 나타나면서 이 소식은 '세계적인 오보'로 전락하고 말았다. 이 해프닝은 '헤이그 밀사 사건' 당시 이준 열사가 현지에서 분사(憤死)했다고 보도한 『대한매일신보』의 오보에 이어 한국 언론사에서 최대의 오보로 간주되었다.[149]

두 미군 병사의 착각과 실수

그렇다면, 김일성 사망설은 어떻게 해서 만들어진 것이었을까? 김일성 사망설은 11월 14일 밤, 당시 오산공군기지 아래에 자리잡고 있던 미 통신정보부대(NSA)의 감청소에서 상황근무를 서고 있던 한 미군 병사의 실수에 의해 일어난 것이었다. 당시 그는 한반도의 통신을 청취하던 중 휴전선 이북으로부터 '임은 가시고 …'라는 멘트와 함께 장송곡이 흘러나오는 것을 듣고, 혹시 김일성이 사망했을지도 모른다는 예감을 했다.[150]

---

148) 특별취재반, 〈심층해부 언론권력: 5·6공 왜곡보도-"서울 물바다 …" "급진세력 성 도구화 …" 안보상업주의 '굽은 펜'〉, 『한겨레』, 2001년 4월 7일, 5면.
149) 정운현, 〈'김일성 사망' 오보 소동, 1986년 11월 17일〉, 『호외, 백년의 기억들』(삼인, 1997), 234~235쪽.
150) 김문, 〈이기백장군〉, 『격동의 현대사를 주도한 장군들의 이야기 II : 장군의 비망록』(별방, 1998), 52쪽.

그러나 그건 그 병사의 착각이었다. 박보균은 다음과 같이 말한다.

"방송에서 읊은 '김일성 주석이 가셨던 길을 김정일 지도자가 따라 가시고 있다'는 내용이 '어버이 가신 길을 따라'라는 찬양시의 한 구절이라는 것을 그 병사는 몰랐다. 한국 말을 배웠지만 미묘한 뉘앙스에 서투를 수밖에 없었다. 이 미군은 배경음악을 장송곡이라고 느꼈고 '가셨다' '가신 길'이란 표현에서 김일성의 죽음을 연상했다."[151]

곧바로 그 병사는 미국 본토의 NSA 본부에 확인을 요청했다. 그런데 NSA의 상황병은 백악관과 CIA에 자동적으로 연결된 코드를 누르면서 '확인을 요하는 정보'를 의미하는 두 번째 입력코드 대신 실수로 '확인필'을 의미하는 첫 번째 입력코드를 눌러 버리고 말았다. 곧 일본 주둔 미군기지 사령부와 한·미 연합사령부에도 '김일성 사망'이라는 메시지가 수신되었다. 그리고 우연찮게도 15일 아침 10시 일본은 일부 군인들이 김일성을 암살한 채 중국으로 도피했고, 중국이 이들의 송환을 요청한 북한의 요구를 거절했다는 내용의 첩보를 제공해 김일성 사망설은 확대되었다.[152]

살 붙여 발표한 5공 정권

한·미 연합사로부터 김일성이 사망했다는 이야기가 흘러나오자, 전두환은 즉각 비상회의를 소집했다. 저녁 8시부터 시작된 비상회의에서 전두환은 "김일성이 죽었다면 극도로 보안을 유지할 텐데 이상하다"며 대책 마련에 들어갔다. 새벽 1시까지 회의가 진행되었지만, 북한이 도발할 가능성에 대비해 경계 태세를 강화한다는 결정만 내렸을 뿐이었다.[153]

---

151) 박보균, 『청와대 비서실 3』(중앙일보사, 1994), 230쪽.
152) 김문, 〈이기백장군〉, 『격동의 현대사를 주도한 장군들의 이야기 II : 장군의 비망록』(별방, 1998), 52쪽.

그러나 다음 날 오전 9시 국방부는 "16일 휴전선에서 북한 군부대 확성기에서 김일성이 총격으로 사망했다"는 전파방송이 있었다고 발표해 '김일성 사망설'을 공식 확인해 주었다.[154] 전두환은 김일성 사망 건을 최대한 활용하고자 했는데, 국방부가 김일성의 사망을 공식 발표하던 바로 그 시각에 야당 당수는 정무제1장관 정재철로부터 브리핑을 받고 있었다. 당시 국방부 장관 이기백의 증언이다.

"당시 여당 쪽에서는 '김일성 사망' 건으로 야당 쪽에 전쟁이 난다고 위기의식을 심어줘야 한다는 목소리가 있었습니다. 그래서 정재철 장관이 브리핑할 때 살을 더 붙여 설명했지요."[155]

오보에 대해 11월 20일 국무총리 노신영은 "북한 당국이 고도의 전략적인 책동으로 허위방송을 보내면서 우리 정보의 능력을 테스트 해보기 위한 책략에 의해 ……"라고 발표할 수밖에 없었다.[156] 이와 관련, 이기백은 이렇게 말한다.

"결국 미국 병사의 실수로 세계적인 해프닝이 벌어졌지요. 그래서 미국 정부에 항의를 했지만 딱 잡아떼는 것이었습니다. 우리의 정보력이 미국에 의존하고 있어서 더 이상 항의할 수도 없고 난감했지요. 할 수 없이 북한의 대남술수로 인해 그렇게 되었다는 궁색한 해명을 하게 된 것입니다."[157]

소주 판매 최고 기록만 남아

이틀 간의 해프닝이 한국 사회에 미친 영향은 매우 컸다. 무엇보다도

---

153) 김문, 〈이기백장군〉, 『격동의 현대사를 주도한 장군들의 이야기 Ⅱ: 장군의 비망록』(별방, 1998), 50~51쪽.
154) 김문, 위의 책, 51쪽에서 재인용.
155) 김문, 위의 책, 51쪽에서 재인용.
156) 김문, 위의 책, 49쪽에서 재인용.
157) 김문, 위의 책, 52쪽에서 재인용.

술이 많이 팔렸다. 김문은 다음과 같이 말한다.

> 이 같은 보도를 접한 시민들은 "야 김일성이 죽었대!" "이거 통일되는 거 아냐?" 하고 저마다 한마디씩 던지며 크게 반기면서도 한편으론 "김정일이가 쳐들어올지도 모른다"고 경계의 고삐를 늦추지 않았다. 김일성의 사망 소식은 그 날 주당들에게는 단연 최고의 '안주거리'였다. 심지어는 '오늘은 공짜'라는 간판을 내건 술집도 더러 있었다. 이 날 비워진 소주병은 소주 판매사상 최대를 기록했을 정도였다.
>
> 국민들을 들뜨게 만든 '김일성 사망 보도'는 그러나 이틀 만에 '오보'임이 판명되었다. …… 시민들은 또다시 술집에 모여 "아니 어떻게 그런 일이 ……" "우리를 갖고 노는 거야 뭐야?"라는 등 실의와 허망, 그리고 분노로 이어지면서 홧김에 연거푸 술잔을 기울였다. 16일에 이어 또 한번 많은 소주병을 비운 날로 기록되었다(당시 주류업계의 통계에 따르면 1일 판매고가 16일과 18일 이틀 간 최고치에 달했다).[158]

그러나 『조선일보』는 오보에 대해 독자들에게 사과하지 않았다. 오히려 그 책임을 북한에 떠넘기면서 다음과 같이 주장했다.

"그들 수령의 죽음까지 고의로 유포하면서 그 무엇을 노리는 북괴의 작태에 서방 언론들은 정말 놀라고 있다. 정상적 사고로는 도저히 이해할 수 없는 집단이라는 것을 다시 한번 세계적으로 알린 셈이 되었다."[159]

---

158) 김문, 〈이기백 장군〉, 『격동의 현대사를 주도한 장군들의 이야기 II : 장군의 비망록』(별방, 1998), 49쪽.
159) 특별취재반, 〈심층해부 언론권력: 5 · 6공 왜곡보도-"서울 물바다 …" "급진세력 성 도구화 …" 안보상업주의 '굽은 펜'〉, 『한겨레』, 2001년 4월 7일, 5면에서 재인용.

'단군 이래 최대 호황'

저금리 · 저유가 · 저달러의 '3저 호황'

1986년 1월 22일 민정당 대표 노태우는 "86 아시안 게임과 88 서울 올림픽의 국가대사(國家大事)를 위해 정쟁을 지양하고 개헌 논의는 대사 (大事) 뒤에 하자"고 제안했다. 신민당은 이 제안을 거부하였지만, 5공 정권은 크게 염려할 필요는 없었다.

1985년 9월 G5 정상회담을 계기로 달러와 국제금리, 유가가 동시에 하락하는 이른바 '3저 시대'의 서막이 열렸기 때문이다. 미화 1달러에 대한 일본 엔화의 교환비율로 보자면, 85년 200엔이던 것이 86년에는 160엔 87년에는 122엔으로까지 하락했으며, 미국의 프라임레이트는 85년 9.5%, 86년 7.5%로 인하되었다. 85년 말 배럴당 28달러였던 OPEC(석유수출국기구)의 평균 원유수출가격은 세계경제의 침체로 인한 석유수요 감퇴와 주요 석유 소비국들의 탈석유 중심 산업구조 조정으로 86년에 13.8달러로 급락하였다.[160]

이 같은 3저 현상은 수출에 목을 걸고 살아가거니와 외채 상환과 석유의 전량 수입 부담을 지고 있는 한국과 같은 나라에겐 엄청난 행운으로 작용했다. 85년 GNP 성장률은 6.6%로 83년의 12.2%, 84년의 8.5%에 비춰 크게 낮았지만, 86년에 12.9%의 고성장을 기록했다. 85년 해외 순부채는 467억 달러였지만, 86년 46억 달러의 경상수지 흑자를 기록함으로써 파국적인 외채 위기 상태로부터도 벗어날 수 있었다. 1인당 GNP도 80년 1592달러에서 87년엔 3천 달러 선을 넘어서 3110달러를 기록하였다. 그리하여 '단군 이래 최대 호황'이라는 말까지 나오게 된 것이다.[161]

게다가 86년 1월부턴 쌀이 남아돌아 한 해 비축미 재고가 1천만 섬에 이르게 되었고, 미국의 시장 개방 압력으로 86년 9월 1일부터 양담배 시판이 허용되었으니, 이 모든 게 호황 심리에 일조하였을 것이다.

'분수를 모르는 소비열풍'

호황 심리는 과연 어느 정도였을까? 5공 정권의 대변인 노릇을 했던 『조선일보』마저도 자제를 외칠 정도였다. 『조선일보』 86년 7월 17일자는 1면 〈소비 … 분수를 넘고 있다〉는 제목의 기사를 통해 경제성장력을 앞지른 과열 소비풍조가 '큰 일'이라며, 고소득 계층의 무절제와 중산층의 '환상소비' 태도를 비판하면서 고가쇼핑, 에너지 낭비, 불로(不勞) 사치를 '3 악(惡)'으로 규정했다. 이후 『조선일보』는 과소비 현상을 계속 시리즈로 다뤘다.[162]

그러나 '분수를 모르는 소비열풍'으로 말하자면, 그건 5공 정권이 앞

160) 이한구, 『한국재벌형성사』(비봉출판사, 1999), 323~324쪽.
161) 주태산, 『경제 못살리면 감방간대이: 한국의 경제부총리, 그 인물과 정책』(중앙 M&B, 1998), 226~227쪽; 이한구, 『한국재벌형성사』(비봉출판사, 1999), 328쪽.
162) 조선일보사, 『조선일보 칠십년사 제3권』(조선일보사, 1990), 1790쪽.

장서는 것이었다. 이미 1985년 미국의 스포츠 전문지인 『스포팅 뉴스』는 88 서울올림픽 준비 상황을 보도하면서 표제를 〈분수를 모르는 호화판 잔치〉로 내걸었다. 이 기사에 따르면 8천 석의 실내수영장이 있는데도 1만2천 석의 수영장이 새로 건립될 예정이며, 요트 경기장에만 1억 달러를 투입하는가 하면 2만 석의 체육관이 배구경기 한 종목만을 위해 사용될 것이라고 보도하면서, 시설이야 '믿기 어려울' 정도의 최상급이지만 아무래도 과잉 투자가 아니겠느냐고 꼬집었다. 또 이 기사는 체육부 장관 이영호의 말을 인용, "뮌헨올림픽에서는 한 방에 8명 LA에서는 한 방에 4명씩 수용하던 선수촌 시설도 서울올림픽에서는 한 방에 2명씩만 묵게 되고 취재기자들에게는 1명에 한 방씩 제공될 것"이라고 소개하는 한편, 1만2천 석의 수영장을 새로 지을 필요까지 있느냐는 질문에 대해 이영호는 "우리나라에서는 매일 아침 2천여 명의 가정주부들이 수영을 하기 위해 실내수영장을 찾고 있다. 따라서 실내수영장은 올림픽뿐만 아니라 서울시민의 여가선용을 위해서도 반드시 필요하며 돈벌이도 잘 될 것이다"고 답변한 것으로 보도했다.[163]

　　5공 정권이 85년에 작성한 「중산층 육성계획」이 시사하듯이 5공 정권은 적어도 83년 말 이른바 '유화 조치' 이래로 집요하게 중산층을 포섭하려는 전략을 구사하였으며,[164] 이러한 관점에서 보자면 '올림픽 과소비'는 그런 전략에 부응하는 것이었다.

증권, 부동산, 관광 붐

　　'비판'과 '장사'는 별개인 법. 87년 3월 20일 사상 처음으로 하루 주

---

163) 〈아아! 대한민국〉, 『말』, 1985년 12월 20일, 38쪽.
164) 윤상철, 〈6월민주항쟁의 전개과정〉, 학술단체협의회, 『6월민주항쟁과 한국사회 10년 I: 6월민주항쟁 10주년 기념 학술대토론회 자료집』(당대, 1997), 114쪽.

식거래량이 1억 주를 돌파하는 등 증권사의 호황이 절정에 달하자,[165] 과열 자제를 외치던 『조선일보』는 87년 5월 24일자부터 '주식(株式) 시세표'를 매일 게재하면서 호황 심리에 편승하였다. 일본의 언론 매체들은 "마침내 한국에서도 증권 붐이 일게 되었다"고 보도했다.[166]

그러나 그러한 증권 붐은 곧 개미 투자자들의 파탄을 예고하는 신호탄이었고, 그 와중에서 재미를 본 건 앞다투어 증권업을 비롯한 전반적인 금융업에 뛰어든 재벌기업들이었다. 증권업은 '80년대 재벌들의 효자기업'[167]으로 기능하였다.

어찌 증권뿐이었으랴. 거품이 낀 호황으로 생겨난 잉여자본은 갈 곳을 몰라 헤매게 되었는데, 이에 대해 원용진은 다음과 같이 말한다.

"잉여자본이 흘러 들어간 곳은 부동산업과 유통업 등의 서비스 산업이었다. 서비스 산업의 확충은 3저 호황으로 얻은 소득 증대를 소비로 연결하는 노릇을 한다. 신세대 담론이 등장하고, 소비 시대가 온 것처럼 적극적으로 논의되던 것도 이 즈음이다. 광고시장이 커지자 언론은 전에 없던 호황을 누리며 방송 시간을 늘리고, 증면하는 등 광고를 유치하기 위한 노력을 기울인다. 소비를 향한 새로운 욕망을 언론이 내용을 통해서, 즉 광고를 통해서 주도하고 배치하기 시작한 것이다."[168]

재벌들은 증권업 진출과 동시에 '86·88'이라는 5공 정권의 구호에 발맞춰 관광호텔업, 운수업, 관광알선업, 관광시설 운영업 등 다양한 형태의 관광사업에 진출하였는데, 이 또한 정상적인 형태로 이루어진 건 아니었다. 이한구는 다음과 같이 말한다.

"국내 관광업 특수는 전국의 부동산 값의 폭등을 초래하여 부동산 투

165) 이한구, 『한국재벌형성사』(비봉출판사, 1999), 328쪽.
166) 조선일보사, 『조선일보 칠십년사 제3권』(조선일보사, 1990), 1843쪽. 『중앙일보』는 '석간 최초'로 87년 9월 1일부터 주식 시세표를 매일 게재하였다.
167) 이한구, 위의 책, 347쪽.
168) 원용진, 『한국 언론민주화의 진단: 1987~1997년을 중심으로』(커뮤니케이션북스, 1998), 57쪽.

기가 기승을 부리는 결과를 초래하였다. 일부 재벌들은 이에 편승하여 막대한 부동산 인플레 소득을 올리기도 하였다. 뿐만 아니라 재벌들은 전국을 무대로 골프장 건설허가를 받기 위해 정치권에 접근하여 뇌물수수를 자행하기도 하였다. 또한 관광수입의 제고에만 초점을 맞춘 관광업체들간의 과당 경쟁은 한국 관광산업의 기형적 성장과 자연파괴 및 공해지역의 전국적 확대, 퇴폐적인 관광행태 정착 등 많은 문제를 잉태하기도 하였다."[169]

이처럼 거품 낀 호황은 경제력의 재벌 집중이라는 문제를 낳았다. 단적으로, 86년 국내 총여신 55조 원 가운데 30대 재벌에 대한 여신은 전체의 34.3%에 이르렀다. 재벌들은 "상호간에 치열한 경쟁을 통해 지나친 몸 부풀리기를 감행하면서 우리나라 경제의 버블화를 선도하였"으며 "철저하게 대마불사론(大馬不死論)의 신화(神話)를 맹종하는 거대한 괴물로 변신"하게 된다.[170]

'경제개발 시대의 마지막 축제'

'단군 이래 최대 호황'이라는 과장법에 동의할 필요까지는 없겠지만, 이것이 광주 학살에 대한 망각을 부추기고 민주화 열기를 잠재우는 데에 큰 기여를 했다는 것까지 부인하기는 어려울 것이다. 김대중의 말이다.

"나는 전두환 대통령 시절의 정치는 평가할 가치도 없는 암흑기였다고 생각한다. 강권정치였는데도 불구하고 세상이 조용했던 것은 '3저 현상'의 호기를 맞았기 때문이다. 그 시기엔 유가, 금리, 외환 시세가 모두 낮았기 때문에 물가가 안정되었다. 노동자에게도 일자리가 있고, 임금도

---

169) 이한구, 『한국재벌형성사』(비봉출판사, 1999), 349쪽.
170) 이한구, 위의 책, 360쪽.

상대적으로 높았다."[171]

3저 호황은 "1960년대 이래 국가가 자본 축적을 선도하던 시대를 마감한다는 의미에서 '경제개발 시대의 마지막 축제'"였다.[172] 3저 호황은 89년을 고비로 사라졌지만, 논쟁은 남게 되었다. 5공이 끝난 뒤, 적잖은 경제관료와 전문가들이 전두환 정권의 경제치적을 높이 평가했다. 최악의 경제 상태에서 정권을 맡아 10%가 넘는 고도성장과 한 자릿수의 물가상승률, 140억 달러에 달하는 국제수지 흑자를 기록한 공로를 인정해야 한다는 것이다. 전두환 정권에서 재무장관과 대통령 비서실장을 지낸 강경식은 이렇게 말했다.

"사람들은 한국 경제를 박 대통령이 다 이룬 것처럼 말한다. 그러나 5공은 1980년 '무(無)의 상태'에서 새로 시작했다. 왜 감사해 하지 않는가?"[173]

이런 주장에 대한 강한 반론을 제기한 사람은 박정희 시절 경제부총리였던 남덕우였다. 심지어 "제비다리를 분질러놓고 나서 고쳐준 것이 대단한 일이냐?"는 반대 논리도 있다. 이 논리는 1979년부터 1980년에 걸쳐 확대재생산된 정치 상황의 불안정성, 특히 신군부의 권력장악 과정이야말로 80년대 초 경제난의 주범이라는 것이다.[174]

이 논쟁은 아전인수(我田引水)의 극치를 보이고 있어 판단하기가 쉽지 않다. 논쟁의 주요 당사자들이 정권을 내세우곤 있지만 모두 자신이 옹호하는 정권 밑에서 경제를 책임졌던 사람들이기 때문이다. 사실상 자기가 더 잘 났다는 경쟁이 아니고 무엇이랴.

---

171) 일본 NHK 취재반 구성, 김용운 편역, 『역사와 함께 시대와 함께: 김대중 자서전 2』(인동, 1999), 225쪽.
172) 주현, 〈한국경제의 구조적 변화와 경제민주화〉, 학술단체협의회, 『6월민주항쟁과 한국사회 10년 II: 6월민주항쟁 10주년 기념 학술대토론회 자료집』(당대, 1997), 96쪽.
173) 주태산, 『경제 못살리면 감방간대이: 한국의 경제부총리, 그 인물과 정책』(중앙 M&B, 1998), 187~188쪽.
174) 주태산, 위의 책, 188~189쪽.

제8장

6월항쟁과 대통령 선거

● '이민우 구상' 파동
● 4 · 13 호헌 조치와 통일민주당 창당
● 박종철 고문치사 사건
● 6 · 10 항쟁과 '중산층의 반란'
● 6 · 29 민주화 선언
● 노동자 대투쟁
● 40만부를 파는 월간지의 '폭로 저널리즘'
● 노래를 찾는 사람들
● 언론기본법 폐지와 언론노조 결성
● KAL 858기 폭파 사건
● 1987년 대통령 선거
● 김대중과 김영삼의 변명
● 1987년 대선과 지역감정

'이민우 구상' 파동

'얼굴 마담'의 '쿠데타'?

신민당 총재 이민우는 이른바 '실세'는 아니었다. 속된 말로 '얼굴 마담'에 가까웠다. 그러나 민주화 열기를 타고 한때 그의 인기는 대단했다. 그는 개헌현판식을 위해 지방 도시를 순회할 때마다 국민의 환호와 박수 갈채를 받으면서 '민주화의 화신'처럼 여겨졌다.[1]

그런데 이민우가 점점 '실세' 행세를 하게 되면서 김영삼 및 김대중과 갈등을 빚게 되었다. 김영삼이 이민우의 퇴진을 은밀히 추진하자, 이민우는 1986년 크리스마스 전날에 송년 기자회견을 갖고 이른바 '이민우 구상'을 돌연 발표하였다. 이 구상이란, '선민주화 후내각책임제 협상'을 핵심으로 하는 것으로서, 지방자치제 실시, 언론자유 보장, 공무원의 정치적 중립, 구속자 석방과 사면복권 등 실질적 민주화 7개항을 전두환

---

1) 김삼웅, 〈'이민우 구상' 배후는 있는가?〉, 『한국현대사 뒷얘기』(가람기획, 1995), 63쪽.

정권이 받아들인다면 내각책임제 개헌 협상을 긍정적으로 검토할 수 있다는 내용이었다.

처음에는 이러한 구상이, 직선제 불포기 입장을 강조한 것에 불과한 것으로서 당론 변경은 아닌 것으로 알려졌으나, 회견 후 홍사덕 대변인의 "이 총재의 참뜻은 권력구조 논쟁에서 '선민주화' 쪽으로 선회해야 할 필요성이 있다는 뜻으로 이해할 수 있다"는 보충설명으로 인해 파문이 일게 되었다. 홍사덕의 발언으로 이민우 구상이 '당론변경'을 시사하는 것으로 알려지자 문제는 심각해졌다.[2]

이민우 구상은 양김에겐 사실상 '쿠데타'인 동시에 '믿는 도끼에 발등 찍힌 꼴'이었다.[3] 가만있을 양김이 아니었다.

12월 26일 민권회 송년모임에서 김대중은 "일부에서 마치 직선제를 주장한 것이 잘못이고 7개항의 선행조건을 말하지 않은 것은 잘못된 것같이 이야기하고 있는데, 직선제 없이 7개항만 있으면 민주주의가 된다는 것은 어림없는 소리다"며 이민우 구상을 비판하였다.

87년 1월 7일 김영삼과 김대중은 회동을 갖고 "이민우 구상이 내각책임제 협상 용의를 담고 있는 듯한 세간의 오해를 불식시켜야 하며 '직선제와 7개항의 병행투쟁'이란 용어가 마치 직선제와 민주화는 대립적 개념을 줄 수 있다는 점에서 이를 조정해야 한다"는 데 인식을 같이 한다고 발표하였다.

이철승의 지원 사격

양김 회동의 내용을 전해들은 이민우는 이에 반발해 "연말 확대간부

---

2) 이영훈, 『파벌로 보는 한국야당사: 정치파벌에 대한 심층적 분석』(에디터, 2000), 186～187쪽.
3) 김삼웅, 〈'이민우 구상' 배후는 있는가?〉, 『한국현대사 뒷얘기』(가람기획, 1995), 63～64쪽.

회의에서 결정한 직선제 당론 확인 및 민주화 7개항의 병행추진이 받아들여지지 않으면 더 이상 당을 이끌어갈 수 없다"며 이 날 예정된 양김과의 3자회담 불참을 발표하였다. 그리고 보좌관 1명을 데리고 온양으로 내려가 양김에 대한 불만을 표출하였다.[4]

1월 10일에는 비주류와 정풍파인 이철승, 김재광, 신도환, 조연하, 박한상, 김옥선, 박해충, 이택희, 이택돈 등이 민주연합을 결성하고, "신민당은 결코 두 김씨의 사조직이 아니라 국민적인 뿌리를 가진 정당이다. 당이 오늘과 같이 파멸 직전에 이른 데 대해 두 김씨는 국민 앞에 사과하고 자중자애 해야 한다"며 이민우 구상에 대한 지지입장을 표명하였다.

이민우의 반격으로 김영삼은 1월 11일부터 3일 동안 속리산 등을 등반하면서 이민우와의 새로운 관계 설정에 대한 숙고에 들어갔다. 산행에서 돌아온 김영삼은 1월 15일에 이민우와 만나 '직선제 개헌론'에 합의하는 공동성명을 발표함으로써 사실상 이민우로부터 항복선언을 받아냈는데, 그 내용은 다음과 같다.

"직선제가 가장 빠른 민주화의 방법일 뿐 아니라 누구도 변경할 수 없는 신민당의 당론이며 국민의 여망이라는 데 의견을 같이했다. 정부여당의 내각책임제 주장은 영구집권 음모로서 이를 협상의 대상으로 삼을 수 없다는 데 합의했다."

이 날 오후 김영삼은 민추협 사무실에서 김대중과 만나 자신과 이민우와의 회동에서 결정된 합의내용을 추인 받았다. 그러나 이러한 합의에도 불구하고 이민우는 틈만 나면 '선민주화론'을 주장하면서 자신의 구상이 백지가 된 것이 아님을 강조함으로써 갈등의 불씨를 키워나갔다.[5]

이러한 상황에서 이철승은 2월 19일 기자회견을 자청하여 "반세기에

---

4) 이영훈, 『파벌로 보는 한국야당사: 정치파벌에 대한 심층적 분석』(에디터, 2000), 187~188쪽.
5) 이영훈, 위의 책, 188~189쪽.

가깝도록 대통령중심제에 의해 독재와 박해를 받아온 국민과 신민당은 특정 권력구조 문제에 연연하지 말고 선민주화를 전제로 진정한 책임정 치가 구현되는 제도를 지지해야 한다"며 내각책임제 개헌을 전격 제기함 으로써 파문을 일으켰다. 이에 양김 진영에서 이철승 제명론이 대두되었 고, 2월 13일에 열린 확대간부회의를 통해 당기위원회에 제소하고, 2월 24일에 정무회의를 열어 이철승의 징계를 정식으로 제소하려는 순간, 이철승의 지구당 당원들이 몰려와 당사를 점거해 양김의 정계퇴진을 주 장하면서 5일 동안 농성을 벌인 후 자진해산하는 사건이 벌어졌다.

미국의 지원사격과 양김의 강력대응

87년 2월 21일 김영삼과 김대중이 회동을 갖고 5월 전당대회에서 김 영삼을 총재로 추대하기로 합의하였지만, 이민우가 이에 반발해 총재 경 선과 집단지도체제를 거론하였다. 이런 상황에서 미 국무장관 슐츠가 3월 6일 방한해 노골적으로 이민우의 '선민주화론'을 주장하자, 이민우의 '선민주화론'이 다시 고개를 들기 시작했다.[6]

이민우는 김영삼의 끈질긴 면담제의에도 불구하고 고의적으로 면담 을 회피했다. 결국 3월 9일 새벽에 김영삼이 이민우의 삼양동 주택에 전 격 방문하여 그 동안의 불협화음을 해소하기 위한 요담을 가졌으나 구체 적 접근을 보진 못했다. 이렇듯 팽팽한 줄다리기가 계속되는 동안 홍사 덕 의원의 노력으로 3월 17일에 김영삼과 이민우가 만나 '선민주화론' 의 포기에 해당하는 합의문을 발표하였다.

---

6) 미국이 '양김'보다는 이민우에 대해 더 주목하게 된 것은 86년 5월 이민우의 미국 방문 때였다. 이때 슐츠 는 이민우를 만나 "직선제만이 민주주의는 아니고, 직선제에도 여러 변형이 있다. 대화와 타협으로 문제를 해결해야 한다"고 설득했다. 양김측은 이후 미국이 이민우의 대변인 홍사덕을 주요 채널로 이민우와 접촉하 였으며 소위 '선민주화론'으로 지칭되는 이민우 파동은 미국측의 의도와 관련돼 있는 것으로 보았다. 김대 곤, 〈6·29의 배후는 미국이었는가〉, 「신동아」, 1992년 6월, 248쪽.

그러자 이번에는 김대중이 "김영삼과 이민우의 회동으로 분당의 위기를 넘긴 것은 사실이나 달라진 것은 아무 것도 없다"며 강력하게 반발하고 나섰다. 이에 김영삼과 김대중은 3월 23일 민추협 정기회동에서 상도동계 최형우 박용만 김동영과 동교동계 이중재 이용희 김영배 등이 참여하는 '6인 위원회'를 구성하여 개헌정국 및 신민당 운영에 공동대처하기로 결정하였다.

우여곡절 끝에 3월 31일 신민당 내분 4개월 만에 3자 회동을 갖고 (1) 이민우 구상에 대해서 항목별로 민주화 주장을 하되 더 이상 오해받을 표현이나 7개항을 한 묶음으로 거론하지 않는다, (2) 이철승 이택희 의원 징계문제는 총재 책임하에 최단 시일 내에 결말짓기로 한다, (3) 징계문제에 결말이 나면 다시 3자 회동을 갖고 지구당 개편대회 속행문제 등을 협의하기로 한다는 등의 3개항에 합의하였다.

그럼에도 불구하고 이철승 이택희 의원 징계문제로 당내 분란이 계속되자 김영삼-김대중은 4월 6일 민추협 사무실에서 회동을 갖고 신민당 탈당과 신당 창당을 결정하였다. 창당 준비를 모두 끝낸 김영삼과 김대중은 4월 7일 최형우와 이중재를 이민우의 삼양동 자택으로 보내 분당을 통고하였다.[7]

'이민우 구상'의 실체

87년 4월 8일 김영삼이 신당 창당을 공식 선언하면서 신민당 의원 90명 중 74명이 탈당하여 신당에 참여하게 되자, 이민우는 '정치의 중심

---

7) 이영훈, 〈이민우 파동〉, 『파벌로 보는 한국야당사』(에디터, 2000), 190~193쪽. 이기택은 김영삼이 이민우에게 다음과 같이 요구했으며, 이민우가 이 요구를 거절했다고 말한다. "그 동안 신한민주당을 창당하고 지금까지 이끌어오느라 수고가 많았소. 그 공로는 충분히 인정하는 바이니 이제 총재 자리를 나에게 넘겨주시오." 이기택, 『호랑이는 굶주려도 풀을 먹지 않는다』(새로운사람들, 1997), 173~174쪽.

에서 수직 추락'하게 되었다.[8] 이민우는 그 해 11월 6일 정계를 은퇴하였다.[9] 과연 '이민우 구상'의 실체는 무엇이었을까? 김삼웅은 이렇게 말한다.

"한 정치 지도자를 나락으로 빠지게 만든 '이민우 구상'의 정체는 무엇이었을까? 정권이 세 차례나 바뀌어도 그 정체는 여전히 베일에 싸여 있다. '고용사장' 이민우로 하여금 감히 '쿠데타적 사건'을 도모하도록 만든 데는 몇 가지 추론이 가능하다. 첫째는 '거품인기'에 대한 자충수와 이철승 씨를 중심으로 하는 비주류의 부추김, 둘째는 전·이 영수회담, 노·이 여야 대표회담 과정에서 있었을 '정치적 밀약', 셋째 미국의 작용을 들 수 있다. 첫째는 더 이상 설명할 필요가 없을 것이고 둘째는 분당 과정에서 이 총재의 의정부 양계장이 그린벨트에서 해제됐다는 루머가 나돌았으며, 셋째는 다소 '설명'이 필요하다. 미국은 한국 정정이 혼란에 빠지는 것을 원치 않았다. 이민우 구상이 백지화된 다음날 릴리 주한 미국대사는 '여론은 이민우 구상을 지지하는데 신민당은 왜 이걸 백지화했느냐'고 아쉬워했고, 2월 6일에는 게스턴 시거 미 국무성 차관보가 뉴욕 한미협회 연설에서 한국 정계가 타협을 통해 문민정치를 해야 한다고 발언했다. 3월 6일 슐츠 미 국무장관은, 그보다 이틀 전 클라크 차관보가 서울에 와서 미국의 입장을 △전 대통령의 단임 약속 이행 △군의 정치적 중립 △내각제 합의 개헌이라고 한 데 대해 발언했다. 특히 클라크의 '어째서 내각제가 장기집권 음모인지, 전 대통령이 퇴임하고도 실권자로 남을 수 있다는 건 이해할 수 없다'는 내용의 발언을 했다. 이런 전후 사정을 감안하면 '이민우 구상'의 정체를 어렴풋이 가늠하게 된

---

8) 김삼웅, 〈'이민우 구상' 배후는 있는가?〉, 『한국현대사 뒷얘기』(가람기획, 1995), 66쪽.
9) 이민우는 그로부터 8년 후인 94년 11월 14일 이철승, 박용만 등과 함께 극우 성격이 농후한 '자유민주민족회의'를 결성하고, 김영삼 대통령에게 여권 내 반체제 인사들을 색출, 정리하라고 촉구하는 시국선언문을 발표하였다. 김삼웅, 위의 책, 61쪽.

다."[10)

'이민우 구상'은 안기부장 장세동의 작품이었다는 주장도 있다. 김윤환의 증언에 따르면, 장세동은 내각제 개헌만 이루어지면 여당인 민정당이 다수 의석을 차지할 수 있어 전두환이 수상으로 선출될 수 있다고 믿었다는 것이다.[11)

10) 김삼웅, 〈'이민우 구상' 배후는 있는가?〉, 『한국현대사 뒷얘기』(가람기획, 1995), 65~66쪽.
11) 함성득, 『대통령 비서실장론』(나남, 2002), 179쪽.

김만철 일가 망명

　북한 청진의대병원에서 의사로 근무하던 김만철(46) 일가 11명이 1987년 1월 15일 새벽 1시에 청진호(50톤)를 타고 북한을 탈출하였다. 청진호는 1월 16일 대화퇴 부근에서 엔진 고장으로 표류하다가 20일 하오 6시경 일본 후쿠이 외항에 도착하였다.

　일본 해상보안청은 한 화물선으로부터 "수상한 외국 배가 후쿠이항에 도착했다"는 연락을 받고 출동해 청진호를 인근 쓰루가항으로 예인하여 조사하였다. 해상보안청은 쓰르가에 사는 마쓰야마라는 조총련계 동포를 통역요원으로 뽑아 승선시켜 이들이 일본에 불법 입국한 경위를 조사케 하였는데, 이게 화근이 되었다.

　20일부터 시작된 조사에서 김만철 일행은 귀착지를 '따뜻한 남쪽 나라'로 밝혀 은연중에 한국행 의사를 표명하였다. 이에 마쓰야마는 그들에게 한국 망명은 위험하다고 위협하였고, 다음날 찾아온 조총련 본부 간부들은 "한국에 가면 모두 죽게 된다"고 협박했다. 이로 인해 김만철 일행은 망명지를 놓고 가족 간에 의견이 엇갈리기 시작했는데, 김만철의 큰처남인 최정상(30)은 한국행을 주저하였다.

　1월 22일 한국 외무부는 일본 정부에 김만철 일가의 한국 인도를 공식으로 요청하였으나, 북한과의 관계를 고려한 일본은 남한의 요청을 쉽사리 받아들이지 못했다. 북한은 김만철 일가를 무조건 북측으로 송환할 것을 일본측에 요청하면서 북한 경비정을 공해상에 대기시키기까지 했다. 한일 양국은 김만철 일가를 북한측으로는 되돌려 보내지 않기로 합의하면서, 일본에 망명시킬 의향을 내비쳤다. 이에 일본 내에서 갈등이 표출되었는데, 민단이 환영을 한 것에 반해, 일본 내 우익 세력들은 일본

당국의 처사에 항의하였고, 조총련계는 쓰루가 해상보안청사에서 북송 촉구 시위를 전개하였다.

　결국 정부간의 갈등 속에 김만철 일가는 제3국 망명을 희망해, 2월 3일 일본 정부는 대만측과의 협의를 거쳐 '단기간 경유 체류 조건부'로 이들의 대만행을 결정하였다. 2월 7일 새벽 김만철 일가는 오키나와를 거쳐 대만에 도착하였고, 이튿날 오후 다시 대만을 출발, 오후 10시에 김포공항에 도착하였다. 도착 후 김만철은 "일본서 한국 영사를 만난 뒤 한국행을 결심했다"고 밝혔다. 세계의 이목을 집중시키다가 25일 만에 막을 내린 김만철 일가의 망명은 분단 후 첫 가족 단위의 탈출이자 목숨을 건 세기의 탈출 드라마였다.[a]

---

a) 정운현, 〈김만철 씨 일가 망명〉, 『호외, 백년의 기억들』(삼인, 1997), 237~238쪽.

『한국민중사』 사건

1987년 2월 『한국민중사 1·2』를 발간했다는 이유로 도서출판 풀빛의 대표 나병식이 구속됐다. 죄목은 국가보안법 위반이었다. 『한국민중사』 사건은 정부와 출판계는 물론이고 법조계와 역사학계까지 '금서 논쟁'에 대거 참여했다는 점에서 사회적으로 큰 반향을 불러일으켰다.

검찰은 『한국민중사』의 내용 중 "역사의 원동력은 인간의 생산활동이었고 그것의 담당자는 생산대중이었다"는 부분과 "현재 한국 사회에서 민중이란 신식민지 하에서 민족해방의 주체로서 노동자 계급을 중심으로 하여 농민·도시빈민·진보적 지식인 등을 포괄하는 개념이다"는 부분을 문제삼아, "저자들은 민중이 역사의 주체라는 사관에 입각해 있다. 이것은 북한의 근로인민대중을 역사의 주체로 삼는 관점과 일치한다. 따라서 반국가단체인 북한을 이롭게 할 목적으로 북한에 동조하는 내용의 책을 출판한 것이다"라고 주장했다.[a]

이에 대해 나병식은 "이 책이 있기까지는 이 책과 유사하거나 이보다 훨씬 진전된 논의를 담은 무수한 연구서와 논문들이 존재해 왔으며 이 책은 단지 이런 논의들을 통사의 형태로 한데 모은 것에 불과하다"며, "이 책을 문제삼는 것은 해방 이후, 특히 70년대 이후 불모의 상황에서도 부단한 발전을 이루어온 역사학을 비롯한 우리나라 사회과학 전반의 모든 성과를 문제삼는 것"이라고 주장했다.[b]

『한국민중사』 사건은 그 해, 5월 29일 경희대에서 열린 '제30회 전국

---

a) 장종택, 〈금서 파동〉, 『80년대 한국사회 대논쟁집: 월간중앙 1990년 신년호 별책부록』(중앙일보사, 1990), 328쪽에서 재인용.
b) 장종택, 위의 글, 328쪽에서 재인용.

역사학대회'에서도 뜨거운 논란거리였다. 이 모임에 참석한 교수 등 350여 명은 『한국민중사』 사건에 대한 우리의 견해'라는 성명서를 통해 "학문은 다양한 견해 간의 자유로운 토론 속에서만 발전할 수 있다"며 "한국사 분야 소장 연구자들이 70년 이후의 연구성과를 통사형식을 갖춰 학문적으로 정리한 『한국민중사』에 대한 평가는 사법적 판단에 의해서가 아니라 학계에 의해 내려져야 한다"고 말했다.[c]

그러나 이 책이 탄압을 받은 진짜 이유는 그게 아니었다. 5공이 정작 두려워 한 건 '이념'이 아니라 '광주'였다. 조상호는 다음과 같이 말한다.

"그러나 실상 당국이 이 책에 대해 국가보안법상의 찬양·고무죄를 적용한 이유는 사관(史觀)의 좌경성이 아니라 『한국민중사 2』에 광주항쟁에 관한 서술과 함께 전두환의 사진을 게재하였기 때문이었다. 즉, 이 책은 광주항쟁이 처음으로 다루어진 '역사 책'이었다. 결국 이 책으로 발행인 나병식은 징역 2년에 집행유예 3년을 선고받았다. 역사책을 재판하는 이 사건은 '현대판 분서갱유(焚書坑儒)'로 불리기도 했다."[d]

---

c) 장종택, 〈금서 파동〉, 『80년대 한국사회 대논쟁집: 월간중앙 1990년 신년호 별책부록』(중앙일보사, 1990), 328쪽에서 재인용.
d) 조상호, 『한국언론과 출판저널리즘』(나남, 1999), 371쪽.

자세히 읽기

전국농민협회 결성

1986년 9월 우루과이의 푼타 델 에스타에서 각국의 통상장관들이 모인 가운데 선언된 '다자간 무역협상을 위한 각료선언(우루과이라운드)'의 결과, 농산물을 비롯해 시장, 자본 등의 개방이 급속하게 추진되었다.

농민들은 수입 개방에 적극 대응하였다. 86년 4월 19일 무안에선 '수입개방 저지 및 미국 예속정권 타도를 위한 무안 농민투쟁위원회' 주도하에 100여 명의 농민이 3차례에 걸친 가두 시위 끝에 교회로 들어가 7일간 가두방송하면서 농성을 벌였고, 5월 17일 함평에선 '수입정권 타도를 위한 함평군 농민집회'가 장터에서 열리기도 했다.[a]

농민들은 이미 84년의 함평·무안 농민대회와 85년의 '소몰이 투쟁'을 통해 농민운동이 종교 단체 등의 힘을 버팀목으로 삼기보다는 그들 스스로의 거대한 조직이 필요하다는 인식을 갖게 되었다. 이러한 인식은 87년 2월 26일 전국 15개 지역의 자주적인 농민회가 모여 '전국농민협회'를 결성하는 성과로 나타났다. 전국농민협회는 다음과 같이 선언하였다.

"농민 생존을 위협하는 모든 세력에 맞서 빼앗긴 농민 권익을 찾고 지키는 일은, 농민 스스로의 각성과 농민의 자주적인 노력으로만 이루어진다. 나아가 농민 스스로에 의한 자립적 조직으로 뭉쳐 1천만 농민 속에 튼튼히 뿌리박을 때, 농민 권익을 세우고 나라의 민주화와 민족통일에 이르는 올바른 농민운동의 기초가 된다. 자! 이제 농민대중의 조직으로

---

a) 윤수종·김종채, 〈80년대 한국 농촌사회 구조와 농민운동〉, 한국사회학회 편, 『한국사회의 비판적 인식: 80년대 한국사회의 분석』(나남, 1990), 359쪽.

서의 전국농민협회를 건설함에 있어서, 우리가 가야 할 길은 분명하다. 아직 주체적인 힘이 없다는 이유로 더 이상 미룰 수 없으며, 자주적이고 자발적인 농민대중의 토대에 뿌리박지 못한 채 고립되어 좌절하고 있을 수 없다. 기름진 땅에 튼튼한 뿌리가 내리듯, 농민이 있는 곳에 농민 모임의 건강한 뿌리를 내리고 지주를 세워야 한다. 홍수가 휩쓸고 간 폐허 속에서 흩어진 살림살이를 하나하나 주워 모으는 심정으로 이 땅에 농민을 위한, 농민에 의한 진정한 대중조직의 깃발을 올리자."[b]

---

b) 박세길, 『다시 쓰는 한국현대사 3』(돌베개, 1992), 160쪽에서 재인용.

4 · 13 호헌 조치와 통일민주당 창당

마르코스의 망명은 CIA의 작품

미국은 한국의 민주화 열기를 우려하는 시각으로 바라보고 있었다. 이미 1986년 2월 필리핀의 마르코스 정권이 무너진 걸 목격한 레이건 행정부는 한국 상황을 방관할 수만은 없었다. 세상에 알려진 것과는 달리, 마르코스의 망명은 미국 CIA의 작품이었다. 레이건은 처음엔 필리핀의 2·7 대선에서 마르코스가 저지른 엄청난 부정선거에 대해 "부정선거는 여·야 양쪽 다 똑같이 저질렀으며 코라손 아키노는 마르코스에게 협력하는 것이 좋을 것"이라는 견해를 밝혔었지만, 이 발언에 대해 미국은 물론 전 세계의 여론이 비판적이자 레이건은 마르코스가 더 책임이 크다고 슬쩍 꽁무니를 뺀 후, 필립 하비브를 대통령 특사로 마닐라에 파견해 필리핀이 반미(反美)로 돌아서지 않게끔 하는 조치를 취했던 것이다.[12]

---

12) Harry Anderson et al., 〈Reagan's Double Take〉, 「Newsweek」, 24 February, 1986, pp.16~19.

레이건은 아르헨티나에 이어 필리핀 사태를 보고 자신의 레이건독트 린을 보다 신축성 있는 '양다리 작전'으로 다소 수정하지 않을 수 없었 다. 1986년 2월 22일 필리핀의 엔릴레 국방장관과 라모스 참모총장서리 의 반란에서 2월 25일 마르코스가 망명하기까지의 격변의 4일 간은 전 적으로 미국 CIA의 작품이라는 견해가 지배적이기 때문이다. 아키노 역 시 진보주의적 색채가 강한 언어를 누그러뜨리고 미국에 대해 이야기할 때 예전보다 훨씬 조심스러운 언어를 사용하게 된 것도 미국과의 묵계적 타협에 의해 그렇게 된 것이 아닌가 하는 추측을 불러일으키기에 충분한 것이었다.

'한국은 제2의 필리핀이 아니다'?

레이건이 결국 자신의 '친구'인 마르코스를 버리고 아키노의 손을 들 어주고 심기가 편했을 리 만무했다.[13] 이는 그 유명한 소위 'SOB 사건' 에서도 잘 드러났다. 1986년 2월 28일 백악관 국무회의실 밖에서 기자 들이 필리핀 사태에 대하여 대통령의 논평을 요구하느라 웅성거리고 있 을 때, 레이건은 옆에 있던 국방위원회 위원장인 데이비드 패커드에게 기 자들을 가리키며 '개새끼들(sons of bitches)'이라고 욕을 했던 것이다.[14]

---

[13] 마르코스는 1980년 미 대통령 선거 때 레이건에게 700만 불의 선거자금을 제공하였으며, 1982년 중간선 거 때에는 친마르코스파 공화당 의원들에게 1천만 불, 그리고 1984년 미 대통령 선거 때에는 레이건에게 5천만 불의 선거자금을 제공했던 레이건의 돈줄이었다. 또한 마르코스는 미국의 벡텔사 중역 출신인 슐츠 국무장관과 와인버거 국방장관을 염두에 두고 필리핀 내 건설 및 엔지니어링 공사의 대부분을 벡텔사에 수 주하는 등 레이건의 비위를 맞추기 위해 수단과 방법을 가리지 않았다. Christopher Hitchens, 〈Minority Report〉, 『Nation』, 5 April, 1986, p.478.

[14] 몇 시간 후 기자실에 나타난 백악관 대변인 스피크스는 대통령이 개새끼라고 욕한 적이 없다고 변명하였 다. 레이건은 'sons of bitches'라고 욕을 한 것이 아니라, 패커드에게 'It´s sunny and you´re rich'라 고 이야기했다는 것이다. 기자들도 이에 지지 않고 SOB라고 적힌 셔츠를 입고 다녔는데, 이는 백악관의 프레스센터 지하층에서 일하는 사나이라는 뜻인 'sons of the basement'의 두음자를 딴 것이라는 것. 3월 5일 기자들과의 정기조찬 회식석상에서 레이건은 시치미를 뚝 떼고 SOB라고 새겨진 티셔츠를 펴 보 였다. 그 다음에 티셔츠의 뒷면을 펴 보였다. 거기에는 'Save Our Budget'라고 쓰여 있었다. 기자들은 일제히 박수를 보냈다. 미 언론은 레이건의 이러한 쇼맨십에 적지 않은 시간과 지면을 할애했는데, 이는 결

레이건은 자신의 충복 마르코스를 저버린 자신의 결정을 정당화하기 위해 다소 수정된 레이건독트린을 공식적으로 급조해 냈다. 1986년 3월 13일 하원에 전달된 정책교서에서 레이건은 '미국 정부는 친소좌익 정권의 독재자는 물론 반공친미 독재자에게도 반대할 것'이라고 밝혔다. 그러나 레이건독트린의 본질이 바뀐 것은 아니었다. 가증스러운 희대의 독재 폭군도 '민주주의의 열렬한 신봉자'라고 격찬해왔던 레이건이 아니었던가.

요컨대, '독재정권'에 대한 정의가 불분명한 만큼 '케이스 바이 케이스' 전술을 적용시키겠다는 것이었다. 달리 말하자면, 제3세계의 독재정권에 대해 "너무 일찍 지원을 철회해서도 안 되고 그렇다고 지원을 계속하는 것이 능사도 아니라는 것"이었다.[15] 한마디로 이야기해서 미국은 기회주의적으로 놀겠다는 것이었다. 1년 후 이렇게 화장을 한 레이건독트린은 한국에서 다시 시험받게 되었는데, 한국 국민은 귀가 닳도록 '한국은 제2의 필리핀이 아니다'는 소리를 듣게 되었다.[16]

레이건 행정부는 한국에서도 전두환 정권에 대한 국민적 저항이 점차 가열되어 동북아의 보수적인 지배구조가 흔들릴 조짐을 보이자 이른바 '보수대연합'을 추진하게 되었다. 이는 레이건 집권 2기의 제3세계 정책인 친미(親美)의 범위 내에서 '민주적 변화'를 추구한다는 신개입주의의 한국적 적용이었다. 그리하여 슐츠, 시거, 솔라즈 등 국무부의 고위관리들이 수차례 한국을 방문해 전두환 정권에게 '보수대연합'을 종용하였다.[17]

국 필리핀 사태에 대한 심층보도를 희생으로 한 것이었다. Hugh Sidey, 〈Son of a ……〉, 『Time』, 17 March, 1986, p.28.
15) 문창극, 『한미 갈등의 해부』(나남, 1994), 84쪽.
16) '보도지침' 86년 2월 25일자는 "필리핀 사태, 1면 톱기사로 올리지 말 것" 2월 28일자는 "필리핀 사태 관련기사는 1면에 싣지 말고 외신면에서 취급, 소화할 것" 3월 6일자는 "미국무성 대변인의 브리핑과 월포비츠 차관보의 고별회견에서 언급된 '한국은 필리핀과 다르다'는 내용은 1면에 4단 이상으로 쓸 것"이라고 지시하였다.

전두환의 후계자 지명

이른바 '이민우 구상'도 바로 그런 '보수대연합'의 결과로 볼 수 있을 것이나, 이는 '국민적 민주열망에 의해 와해' 되고 말았다.[18] 보수대연합 구도가 물 건너간 후 전두환은 자신의 사조직인 하나회 패거리에 의한 영구 집권을 꾀하였다. 전두환은 87년 2월 2일 수석비서관회의에서 다음과 같이 주장하였다.

"민주화 문제에는 민주주의를 알고 떠드는 민주화 주장도 있지만 70%는 공산화를 민주화라고 하는 사람들입니다. 기반이 없는 야당이 집권을 위해서 이 용공 세력한테 얹혀서 연계가 되어 있어요."[19]

전두환은 그런 신념을 갖고 자신의 후계자로 민정당 대표위원 노태우를 택하였으며, 그 작업의 가시화 1단계로 3월 25일 청와대에 민정당 주요 당직자들을 불러 그런 메시지를 전하였다. 이 날 오고간 대화 한 토막을 들어보자.

> 전두환: 아버지 돌아가시던 날 내가 시찰단으로 프랑스 파리에
> 도착했었을 때였어요. 내가 대통령이 된 후에 정선 전
> (全)씨와 전주 전(全)씨가 서로 형이라고 싸워서 내가 말
> 렸어요.
> 노태우: 각하는 민정 전(全)씨입니다.
> 전두환: 우리 민정당이 통일 정당이 되어야 합니다. 여러분이
> 그런 자신감을 가져야 됩니다. 2000년까지는 목숨 걸고

---

17) 김인걸 외, 〈1980년대 한국사회〉, 『한국현대사 강의』(돌베개, 1998), 384~385쪽.
18) 김민호, 〈80년대 학생운동의 전개과정〉, 『역사비평』, 창간호(1988년 여름), 114쪽. 미국의 보수대연합 정책은 특히 개헌공방 국면과 6월민주항쟁 시기에 긴박하게 추진되었으며, 이후 '3당 합당' 으로 구체적인 실현을 보게 되었다. 김인걸 외, 『한국현대사 강의』(돌베개, 1998), 383쪽.
19) 김성익, 『전두환 육성증언』(조선일보사, 1992), 289쪽.

통일을 위해 싸울 겁니다. 여러분이 정국을 주도하시오.

노태우: 각하를 통일 영도자로 모시는 잔입니다. 오늘 민정당
을 위해서는 영광스런 자리인데 감기 드시면 어쩌나 걱
정했었습니다.[20]

4·13 호헌 조치

전두환 정권은 "2·7, 3·3 대중집회를 원천봉쇄한 데 대한 자신감과
미국의 힘을 등에 업은" 안전감을 근거로 4·13 호헌 조치를 취하게 되
었다.[21] 4월 8일에 나온 김영삼의 신당 창당 선언도 자극을 주었을 것이

미국의 구상이기도 했던 보수대연합 구도가 물 건너간 후 전두환은 4·13 호헌 조치를 통해 영구 집권을 꾀했
다. 이는 각계의 시국성명과 농성 시위 등을 촉발시켰다.

---

20) 김성익, 『전두환 육성증언』(조선일보사, 1992), 289쪽.
21) 김민호, 〈80년대 학생운동의 전개과정〉, 『역사비평』, 창간호(1988년 여름), 114쪽.

다.[22]

올림픽은 늘 '전가의 보도'였다. 이 칼은 그간 주로 가난한 사람들을 탄압하는 데에 쓰이다가 모처럼 큰 건수를 만난 셈이었다. 87년 4월 13일 전두환은 88 올림픽이 끝날 때까지 개헌 논의를 일체 금지한다고 선언했으니, 이 이상 더 좋은 용도가 어디에 있었겠는가. 사실상 이것은 전두환이 자신의 후임을 직접 지명하겠다는 것을 의미하는 것이었다.

4 · 13 조치를 취하면서 이틀 전에 이 사실을 미국에 보고할 만큼 전두환은 미국을 의식하였지만, 미국은 '한국은 필리핀과는 다르다'는 입장을 취하였다. 레이건의 대통령 당선에 큰 기여를 한 극우 싱크탱크 헤리티지 재단도 미국이 한국 문제에 직접 개입해서는 안 된다는 주장을 열심히 해댔다.[23] 당연히 미국은 전두환의 호헌 발언에 대해 강력하게 반대하지는 않았다.[24] 미 국무부 대변인이 기껏 한다는 말이 "우리는 한국의 개헌 문제에 입장이 없다. 그것은 한국민이 결정할 문제다"였다.[25]

조선일보의 찬양

돌이켜 보건대, 전두환의 4 · 13 호헌 조치라는 오판은 『조선일보』와 같은 언론의 찬양과 무관하지 않았다. 즉, 전두환은 당시 가장 영향력 있다는 『조선일보』의 주장을 민심으로 오판했을 가능성이 컸다는 뜻이다. 5공 기간 내내 『조선일보』의 찬양은 그야말로 목불인견(目不忍見)의 수준이었다.

『조선일보』는 전두환의 대통령 취임 1주년을 맞아 82년 3월 2일자 〈자

---

22) 이영훈, 『파벌로 보는 한국야당사: 정치파벌에 대한 심층적 분석』(에디터, 2000), 195쪽.
23) 문창극, 『한미 갈등의 해부』(나남, 1994), 82~83쪽.
24) 돈 오버도퍼, 이종길 역, 『두개의 한국』(길산, 2002), 261쪽.
25) 문창극, 위의 책, 75쪽.

율사회 문을 열었다〉는 기사에서 "통일문제에서 전 대통령은 가장 현실적이며 과감한 정책을 제시했다"고 했으며, 3월 3일자 〈제5공화국 1년〉이라는 기획기사에서는 "전 대통령의 개혁의지와 통치철학은 '민주복지국가의 건설과 정의사회의 구현으로 자주민족국가를 완성하는 것'이라고 요약할 수 있다"고 했다. 또 83년 취임 2주년에도 〈'화기'로 안정 다진 제5공화국〉(3월 1일) 〈의지로 이끄는 경제 '한 자리 물가' 기록〉(3월 2일), 〈우리 시대 모두의 과업 '선진조국의 꿈'〉(3월 3일) 등과 같은 찬사와 함께 농가에서 전두환 부부가 농민들과 식사를 하는 장면, 청와대에 초청된 어린이와 함께 한 사진이 『조선일보』 특유의 오밀조밀한 편집 솜씨로 그럴 듯하게 곁들여졌다.[26]

『조선일보』의 전두환 찬양은 집권 후반기에도 계속되었다. 『조선일보』는 1986년 3월 4일자 〈전 대통령의 치적과 과제〉에서 "전 대통령 시대의 지난 5년은 대내적으로는 안정을 바탕으로 한 착실한 성장, 대외적으로는 세계 속에서 한국의 위치를 굳건히 다진 시기였다"고 평가했다. 또 전두환이 외국만 나가면 전두환을 '세계적 지도자'로 미화하는 데에 앞장섰다. 사정이 이와 같았으니 전두환이 『조선일보』를 곧 여론으로 알았다면 호헌을 하겠다고 버틴 건 너무도 당연한 귀결이었는지도 모를 일이었다.[27]

서정주와 이병주의 '전두환 예찬'

『조선일보』뿐만 아니라 일부 지식인들까지 가세해 전두환의 호헌 조치를 사실상 유도했다. 미당 서정주도 그런 지식인 가운데 한 명이었다.

---

26) 민주언론운동시민연합 신문모니터분과, 〈조선일보의 전두환 보도기사는 '현대판 용비어천가'〉, 『말』, 1998년 10월, 134~135쪽.
27) 민주언론운동시민연합 신문모니터분과, 위의 글, 135~136쪽.

서정주의 '전두환 예찬'에 대해 중앙대 교수 박영근은 다음과 같이 말한다.

"미당은 유신정권뿐만이 아니라 80년 광주민주항쟁 이후에도 줄곧 군사독재정권에 빌붙어 왔다. '독당(獨堂)'은 전두환 장군의 피묻은 손을 잡고 악수하는 자리에서 '단군이래 최고의 미소를 가진 대통령'이라고 어깨춤까지 췄다. 이어서 81년 전두환 대통령 후보를 위해서 텔레비전을 통해 지원연설까지 했던 장본인은 다름 아닌 미당이었다. 곁방망이질의 극치는 여기서 끝나지 않았다. 헛바람의 흐름을 냄새맡는데 도가 큰 '풍당(風堂)'은 1987년에는 '님은 온갖 불의와 혼란의 어둠을 씻고/참된 자유와 평화와 번영을 마련하셨나니/······ 하늘의 찬양이 두루 님께로 오시나이다'라는 구절이 포함된 '전두환 대통령 각하 56회 탄신일에 드리는 송시'를 헌납했다. 특히 6월항쟁이 있었던 87년 4·13 호헌조치를 '구국의 결단'이라고 치켜세우기까지 했다."[28]

또 소설가 이병주는 4월 21일 청와대에서 전두환과 저녁을 먹으면서 다음과 같은 찬사를 늘어놓았다.

"4·13 결단도 참 잘 된 것입니다. 야당에서는 정부 여당이 일방 개헌을 할 것이라고 생각을 하고 분당까지 했습니다. 각하께서는 아시안 게임의 성공적 개최로 위대한 대통령이 되게 되어 있는데, 일방 개헌을 해버리면 재임 중 큰 화근을 만들어 주는 꼴이 될 뻔했습니다. 그런 것까지 미리 계산해서 4·13 결단을 내리신 것인지요?"[29]

---

28) 박영근, 〈권력 가까이서 자란 서정시의 비극: 미당 서정주를 둘러싼 논쟁을 보고〉, 『교수신문』, 2001년 5월 28일, 18면. 문학평론가 박수연은 서정주의 '친권력적 행보'에 대해 다음과 같이 말한다. "그는 역대 정부의 반역사적 죄과에 대해 지나치게 관대한 반응을 보여 왔을 뿐만 아니라 어느 경우에는 문예지의 권두언을 정권의 홍보물로 만든 때(〈문학자와 사관〉, 『문학정신』, 1987. 7)도 있었던 것이다. 당연히, 권력에 가까이 있는 것 자체가 문제는 아니다. 그러나 '언제나' 권력 가까이에 있다는 사실은, 그가 정치적 관료가 아닌 바에야, 문제의 소지를 충분히 갖고 있는 것이다. 더구나 한국 현대사의 권력은 역사에 대한 독재이기 이전에 이미 하나의 폭행이었던 바, 미당의 친권력적 행보는 그 폭행의 감싸안기에 해당되는 것이었다." 박수연, 〈서정주 새롭게 읽기: 절대적 긍정과 절대적 부정〉, 『포에지』, 2000년 겨울, 63~64쪽.
29) 김성익, 『전두환 육성증언』(조선일보사, 1992), 353~354쪽.

통일민주당 창당

전두환의 4 · 13 호헌 조치는 각계의 시국성명과 농성 시위 등을 촉발시켰다. 그런 가운데 통일민주당(민주당) 창당 작업의 속도도 빨라졌다. 87년 4월 8일 신당 창당 선언, 4월 9일 창당준비위원회 결성, 4월 13일 창당발기인대회, 5월 1일 창당대회 개최 등 숨가쁘게 내달렸다. 최형우는 창당 작업이 쉽지만은 않았다며 다음과 같이 말한다.

"이철승 이택돈 이택희 등 비주류 세력 일부가 깡패들을 동원해 무지막지하게 지구당 창당 작업을 방해하고 나섰기 때문이다. 20여 곳이 넘는 지구당에서 소란이 일어났는데 쇠파이프와 각목으로 무장한 괴한들은 행인들에게까지 가리지 않고 폭력을 행사해 물의를 빚었다. 세칭 '용팔이' 라고 부르는 김용남이 이들 괴한의 대표였다. 나중에 알려진 사실이지만 이들 뒤엔 안기부 등 정부기관의 공작정치가 있었다."[30]

그런 시련을 겪으며 신당은 5월 1일 창당대회를 열고 총재에 김영삼, 부총재에 김영삼계의 박용만 김동영 최형우와 김대중계의 이중재 노승환 이용희 양순직을 선출하고, 가열찬 개헌투쟁에 나서게 되었다. 김영삼은 총재 취임사에서 "독재권력의 자기 선전을 위한 올림픽이라면 나치치하의 베를린올림픽을 오늘에 재현시키는 것이다"고 말했다.

5월 8일 각 대학 학생회장단은 대표자간 협의체 결성을 논의하였으며, 5월 29일에 4개 대학 1천5백여 명이 서울대에 모여 '서울지역 대학생대표자협의회' (서대협)와 각 대학 특위 및 투위연합체인 '호헌철폐와 민주개헌쟁취를 위한 서울지역학생협의회' (서학협)를 결성해 산하에 '6 · 9, 10 총궐기위원회'를 두고 6 · 10 대회를 준비하기 시작했다. 그러던 중 5월 18일 가톨릭 정의구현전국사제단의 이름으로 "박종철군 고문

---

30) 최형우, 『더 넓은 가슴으로 내일을』(깊은사랑, 1993), 301쪽.

치사 사건은 조작되었다"는 내용의 성명서가 발표되면서 대대적인 반정부 투쟁에 불이 붙기 시작했다.[31]

31) 김민호, 〈80년대 학생운동의 전개과정〉, 「역사비평」, 창간호(1988년 여름), 114쪽.

서머타임

1987년 5월 10일, 1948년에 도입되었다가 1961년 박정희의 쿠데타가 일어난 후 사라졌던 서머타임이 부활했다. 서머타임은 낮이 긴 계절에 낮 시간을 더 많이 쓰기 위해 한 시간이나 두 시간 먼저 일과를 시작하고 그만큼 업무를 일찍 끝내는 '일광 절약시간' 제도다. 신문들은 다음과 같은 안내를 내보냈다.

"일광(日光)절약시간제(서머타임)가 내일(10일)부터 실시된다. 10일 상오 2시에 모든 시계의 바늘을 1시간 앞당겨 상오 3시에 맞추면서 시작되는 서머타임은 10월 11일 상오 2시까지 5개월 동안 실시된다. 첫날 당황하지 않도록 일반 가정에서는 9일 밤 잠자리에 들기 전 집안의 모든 시계를 1시간 앞당겨 놓는 것도 좋을 것이다. 출·퇴근 및 등·하교시간, 시내버스·지하철·열차운행시간, 시장·은행·접객업소 영업시간 등은 달라지지 않는다. 따라서 모든 활동시간이 1시간 빨라지는 셈이다. 그러나 국기하기, 국제항공 출발·도착시간은 1시간씩 늦춰지고 TV방송·공원개장 시간도 1시간 연장된다."[a]

총무처는 서머타임 부활로 "국민의 여가 활동 및 자기발전 활동 요구를 충족시키고 업무 수행의 활성화 등에 기여할 가능성이 높다"고 선전했지만, 이건 거짓말이었다. 진짜 목적은 88올림픽 TV 위성중계 시간을 염두에 둔 것이었다. 미국에서 좀더 좋은 시간에 TV 중계를 보라는 뜻이었다. 곧장 88년부터 적용하면 속 보일 것 같으니까 한 해 먼저 실시한

---

a) 〈내일 새벽 2시가 3시 된다〉, 『중앙일보』, 1987년 5월 9일, 15면.

것일 뿐이었으며, 올림픽이 끝나자마자 이 제도가 폐지되었다는 것이 그걸 입증해주고 있다.

올림픽 때문에 도입된 서머타임제로 인해 시민들이 겪는 혼란이 만만치 않았다. 미처 시계를 고치지 못한 일부 시민들이 고속버스와 열차, 비행기를 놓치는 불편을 겪었다. 예식장에서도 뒤늦게 도착한 하객들이 발길을 돌렸으며 고속버스 터미널과 주요 간선도로변의 탑시계가 대부분 고쳐지지 않아 혼란을 더했다. 이웃 주민들과 함께 야유회를 가기로 한 어느 30대 부인은, 서머타임이 실시된 첫 날 약속 장소에 늦게 도착했다가 남편으로부터 약속 시간에 늦었다는 심한 꾸지람을 듣고 자살하는 사건도 벌어졌다.[b]

서머타임제가 실시되면서 숙박·음식업체 등 일부 현금수입 업소들은 손님이 크게 줄었다며 관할 세무서에 과세표준 조정 때 이를 고려하여 달라고 요청하는 사례가 크게 늘었다. 유흥업소의 경우 서머타임제 실시로 직장인들이 퇴근 후 곧장 집으로 가는 경향이 많고 그 외에 사회 분위기의 변화도 있어 지난 봄에 비하면 매상의 3분의 1이 줄었다는 것이었다. 일부 세무서는 서머타임제 실시로 상대적으로 호황을 누리고 있는 스포츠 센터 등 레저 부문 업소를 집중 관리함으로써 유흥업소에서 덜 거두게 될 세금을 벌충한다는 내부 계획을 세웠다.[c]

---

b) 〈열차·버스·비행기 놓쳐 애태워, 출근길 허둥지둥 … 지각 사태도〉, 『중앙일보』, 1987년 5월 13일, 8면; 김은신, 『한 권으로 읽는 한국 최초 101장면』(가람기획, 1998), 312~314쪽.
c) 〈섬머타임으로 유흥업소 울상〉, 『중앙일보』, 1987년 6월 3일, 19면.

박종철 고문치사 사건

물고문으로 숨진 박종철

1987년 1월 14일 서울대 언어학과 3학년 학생 박종철은 남영동 치안 본부 대공분실로 연행되었다.[32] 수사관들은 1985년 10월의 '민추위' 사건으로 수배 중이던 학교 선배 박종운[33]의 소재를 대라며 추궁하였고, 박종철은 모른다고 답했다. 그러자 수사관들은 박종철의 옷을 모두 벗긴 다음, 조사실 안의 물이 가득 채워진 욕조 앞으로 데려가 물고문을 시작

---

32) 박종철은 84년 서울대 언어학과에 입학한 후, 동아리 활동과 농촌 활동 등을 통해 사회의 모순에 눈을 떴다. 85년 미 문화원 점거농성 사건 당시 농성지원 가두시위로 구류 5일을 살았고, 여름방학에는 위장취업을 하기도 했다. 그리고 86년 4월 '청계피복노조 합법성 쟁취를 위한 대회'에 참가해 가두시위에 나섰다가 경찰에 붙잡혀 구속됐는데, 과거 전력으로 인해 징역 10월에 집행유예 2년을 선고받고 7월 15일 출소했다. 이때 그는 언어학과 학생회장이었다.

33) 박종운은 서울대 민민투 위원으로 서울대 민추위 사건의 중요 수배자였다. 박종운은 86년 11월 23일 박종철의 하숙집에서 하룻밤을 묵은 뒤, 87년 1월 8일에는 다른 동료와의 연락을 부탁하기 위해 박종철의 하숙집을 찾았었는데, 박종운을 민민투의 중요 지도자로 지목하고 각종 시위를 주도한 혐의로 검거할 계획을 세우고 있었던 경찰에서 이를 알고 박종철을 연행한 것이었다. 김재영, 〈5공 정권연장 야욕 꺾은 '민주불씨' 전 서울대생 박종철〉, 『대한매일』, 1998년 11월 11일, 21면.

했다. 수사관들은 조사실 안의 수건을 가지고 박종철의 양손과 양발을 결박한 다음 겨드랑이를 잡고 등을 누른 상태에서 박종철의 머리를 물 속으로 집어넣었다가 빼는 물고문을 반복했다.

그러나 이런 물고문에도 박종철이 박종운의 소재를 모른다고 하자 결박당한 박종철의 다리를 들어올린 채 물 속에 머리를 집어넣었다. 이 과정에서 욕조의 턱에 목 부분이 눌려 박종철은 숨을 쉬지 못했고, 결국 경부압박으로 사망하고 말았다. 이때 10여 시간 이상 계속된 물고문에 참여한 수사관들은 조한경과 반금곤, 황정웅, 강진규, 이정호 등 5명이었다.[34]

고문 도중 박종철이 숨을 쉬지 않자 고문하던 경찰관들은 곧 인근의 중앙대 용산병원 응급실에서 의사를 불러 응급처치를 시도했지만, 이미 박종철은 숨진 후였다. 이에 경찰은 증거인멸을 위해 서울지검에 시신 화장을 신청했다가 거절당했다.[35]

석간 『중앙일보』 87년 1월 15일자 사회면엔 〈경찰에서 조사받던 대학생 쇼크사〉라는 제하의 2단짜리 기사가 실렸다. 이 기사는 법조 출입 기자 신성호가 15일 오전 여느 때처럼, 오전 체크를 위해 검찰 간부들 방에 들어가 있다가 한 간부의 방에서 무심코 나온 "경찰 큰일났어"라는 말 한마디를 듣고 취재에 돌입해 낚아 올린 특종이었다.[36]

이 날 밤 9시경 검사 입회하에 부검이 실시되었다. 이 부검에서 당시 국립과학수사연구소 법의학 1과장으로 근무하고 있던 황적준은 물고문 도중 질식사한 것 같다는 의견을 피력했는데, 경찰측으로부터 부검감정서에 사인을 심장마비로 해달라는 협박을 받았다.[37]

34) 김재영, 〈5공 정권연장 야욕 꺾은 '민주불씨' 전 서울대생 박종철〉, 『대한매일』, 1998년 11월 11일, 21면.
35) 김재영, 위의 글.
36) 중앙일보사, 『중앙일보 삼십년사』(중앙일보사, 1995), 179쪽.
37) 김재영, 위의 글.

'하늘이여, 땅이여, 사람들이여'

박종철의 죽음이 알려지자, 방학 중임에도 불구하고 학생들은 추모제를 가졌는데, "누가 우리 친구 종철이를 죽였는가" "선진조국에 고문살인 웬말이냐"는 플래카드 등이 학내에 내걸렸다.[38]

1월 16일 오전에 화장한 박종철의 유골은 임진강에 뿌려졌다. 『동아일보』는 이 사건의 파장을 키워 나갔다. 『동아일보』 1월 16일자는 박종철의 삼촌 박월길의 증언을 인용해 "숨진 박군은 두피하 출혈과 목, 가슴, 하복부, 사타구니 등 수십 군데에 멍자국이 있었다"고 보도하였고, 이어 17일자에선 사체를 처음으로 검안한 의사인 오연상이 박종철이 고문을 받았을 가능성을 시사한 발언을 보도하였다.[39] 이 날짜 『동아일보』에 실린 〈하늘이여, 땅이여, 사람들이여〉라는 제목의 '김중배 칼럼'은 다음과 같은 완곡하지만 감성적인 표현으로 독자들의 양심을 자극하였다.

하늘이여, 땅이여, 사람들이여. 저 죽음을 응시해주기 바란다. 저 죽음을 끝내 지켜주기 바란다. 저 죽음을 다시 죽이지 말아주기 바란다.

태양과 죽음은 차마 마주볼 수 없다는 명언이 있다는 건 나도 안다. 태양은 그 찬란한 눈부심으로, 죽음은 그 참담한 눈물줄기로, 살아있는 자의 눈을 가린다.

그러나 서울대학교 언어학과 3학년 박종철군. 스물한 살의 젊은 나이에 채 피어나지도 못한 꽃봉오리로 떨어져간 그의 죽음은 우리의 응시를 요구한다. 우리의 엄호와 죽음 뒤에 살아나는 영생

---

38) 이경재, 〈민중의 승리: 5·17에서 6·29까지〉, 『신동아』, 1987년 8월, 202쪽에서 재인용.
39) 오연상은 『동아일보』가 선정한 87년의 '올해의 인물'로 뽑혔다.

(永生)의 가꿈을 기대한다.

"흑, 흑흑 …"

걸려오는 전화를 들면, 사람다운 사람들의 깊은 호곡(號哭)이 울려온다. 비단 여성들만은 아니다. 어떤 중년의 남성은 말을 잇지 못한 채, 하늘과 땅을 부른다. 이 땅의 사람다운 사람들을 찾는다.

그의 죽음은 이 하늘과 이 땅과 이 사람들의 희생을 호소한다. 정의를 가리지 못하는 하늘은 제 하늘이 아니다. 평화를 심지 못하는 땅은 제 땅이 아니다. 인권을 지키지 못하는 사람들은 제 사람들이 아니다.

'탁 치니 억 하고 죽었다'

1월 17일 치안본부 특수대는 수사에 들어갔고, 치안본부장 강민창은 다음과 같은 내용으로 박종철의 사망 사실을 시인하였다.

"1월 14일 오전 8시 10분경, 관악구 신림동 하숙방에서 연행되어 오전 9시 16분경 조반으로 밥과 콩나물을 주니까 조금 먹다가, 어젯밤 술을 많이 먹어서 밥맛이 없다고 냉수를 달라고 하여 냉수를 몇 컵 마신 후 10시 15분경부터 심문을 시작, 박종운 군 소재를 묻던 중 갑자기 '억' 하고 소리를 지르며 쓰러져 중앙대부속병원으로 옮겼으나 12시경에 사망했다."[40]

경찰이 배포한 "책상을 탁 치니 박군이 억하고 죽었다"는 식의 해명성 보도자료는 세간의 비웃음과 더불어 분노를 유발케 했다. 이 사건에 대한 의혹이 증폭되자 경찰은 사건 발생 5일 만인 1월 19일에 물고문 사실

---

40) 임영태, 〈제5공화국〉, 『대한민국 50년사』(들녘, 1998), 179쪽 재인용.

87년 1월 14일, 박종철은 연행된 후 10여 시간 이상 계속된 물고문 끝에 숨졌다. 사람들은 거리로 뛰쳐나왔지만 『조선일보』는 "당신들은 동료가 구속되면 감싸주는 인정도 이해하지 못하느냐"며 고문 수사관들을 찍은 사진마저 지면에 싣지 않았다.

을 공식 시인하였다. 이에 따라 조한경 경위와 강진규 경사를 특정범죄 가중처벌법 위반(고문치사) 혐의로 구속하였다.

경찰은 수감되는 동료의 얼굴을 가려주기 위해 똑같은 방한복과 방한모를 입은 경찰관 10여 명을 함께 승합차에 태웠다. 이들이 차안에 웅크리고 있는 모습은 각 신문에 실려 경찰의 제 식구 감싸기를 고발했다. 그러나 『조선일보』는 이 모습을 찍어놓고도 신문에 싣지 않았다. 후일 『조선노보』의 증언에 따르면, "그날 밤 이 사진에 대해 '당신들은 동료가 구속되면 감싸주는 인정도 이해하지 못하느냐'는 질책이 떨어졌고, 결국 신문에 나가지 못했다."[41]

---

41) 『조선노보』, 1989년 6월 8일 호외; 특별취재반, 〈심층해부 언론권력: 5 · 6공 왜곡보도–"서울 물바다 …" "급진세력 성 도구화 …" 안보상업주의 '굽은 펜'〉, 『한겨레』, 2001년 4월 7일, 5면에서 재인용.

'박종철군 고문치사 사건은 조작되었다'

그걸로 의문이 다 풀린 건 아니었다. 야당과 종교단체, 재야단체는 정확한 사인과 진상규명을 요구하며 농성과 추모집회를 개최하였으며, 각계 인사 9천여 명으로 구성된 '박종철군 국민추도회'를 발족시켰다. 2월 7일에는 추도식 집회가 열렸고, 3월 3일에는 49제와 함께 '고문추방 국민대행진'이 이루어졌다.

5월 18일 밤 8시 30분, '5·18 광주항쟁 희생자 7주기 추모 미사'가 열린 명동성당에서 미사가 끝난 뒤, 홍제동 성당의 주임신부 김승훈은 가톨릭 정의구현 전국사제단의 이름으로 "박종철군 고문치사 사건은 조작되었다"는 내용의 성명서를 발표하였다. "박종철 고문치사 사건의 진범이 따로 있다"며 진상을 조작하고 축소·은폐한 사실을 폭로한 것이었다.[42]

사제단의 폭로가 국민들에게 일으킨 반향은 컸다. 곧 고문에 직접 가담했던 황정웅 경위와 반금곤·이정호 경장이 구속된 데 이어 범인 축소 조작에 가담했던 박처원 치안감과 대공수사 2단의 유정방 5과장, 박원택 5과 2계장이 추가로 구속되었다. 그러나 이 정도론 어림도 없는 일이었다. 사태의 심각성을 깨달은 전두환 정권은 5월 26일 노신영 국무총리, 장세동 안기부장, 정호용 내무부 장관, 서동권 검찰총장 등에 대한 문책 인사를 단행하였다.[43]

---

42) 박종철 고문치사 사건의 완전한 진상은 사건 발생 1년 후에 담당 부검의였던 황적준 박사와 사건 담당 검사였던 안상수의 증언으로 밝혀졌다. 황적준 박사의 경우 "부검 결과 경부압박 질식사로 판명되어 이를 보고했으나, 강민창 치안본부장이 부검소견서를 변경토록 지시했으며, 외상 부분도 빼도록 했다"고 증언했다. 안상수 검사의 경우 "검찰이 직접 수사하려 했으나 관계기관대책회의에서 초동수사를 경찰에 맡기기로 결정"해 사건조작을 가능케 했다고 증언했다. 임영태, 〈제5공화국〉, 「대한민국 50년사 2」(들녘, 1998), 180쪽.

43) 임영태, 〈제5공화국〉, 「대한민국 50년사 2」(들녘, 1998), 180쪽. 박종철 고문치사 혐의로 구속되었던 경찰관 5명은 징역 3~10년형을 선고받고 3년 만기에서 최고 7년 3개월의 수형 생활 후 가석방 등으로 모두 출소했다. 이들 이외에 고문치사 사건과 관련해 범인도피 및 직권남용 혐의로 기소됐던 치안본부장 강민창

명동성당에서 "박종철군 고문치사 사건은 조작되었다"는 내용의 성명서가 발표된 그 날은 5·18 광주항쟁 7주년 기념일로 전국적으로 수많은 시위가 벌어졌다. 야당을 비롯해 재야단체와 종교단체, 학생 등 민주화 운동 진영은 집결하여 광주항쟁의 진상 규명과 '대통령 직선제 개헌'을 요구하였으며, 전국의 교회와 성당에서는 광주항쟁 희생자를 추모하는 미사와 예배가 집전되었다.

'민주헌법쟁취 국민운동본부' 발족

5월 20일 야당과 재야세력, 종교단체 등의 대표들은 민주화 운동을 전개할 전 국민적인 조직이 필요하다는 생각 아래 서울의 우이동 '개나리 산장'에서 비밀리에 모임을 갖고 범국민적인 투쟁전선체인 민주헌법쟁취 국민운동본부를 결성하기로 결의하였다.

이로부터 1주일 뒤인 87년 5월 27일 서울 종로구 연지동 기독교회관에서 민통련, 종교운동단체 등의 재야단체들과 신민당, 민추협 등을 총망라한 발기인 2천1백96명 중 150명이 참석한 가운데 '민주헌법쟁취 국민운동본부'(국본) 발기인 대회가 열렸다. 이들은 민정당의 후계자 지명일인 6월 10일에 '박종철군 고문살인조작 범국민규탄대회'를 개최하기로 결정하였다.

박종철 고문 사건의 여파는 전두환 정권의 '4·13 호헌 조치'를 무력화시킬 만큼 대단한 것으로서 6·10 항쟁으로 나아가게 만드는 데에 큰 기여를 하였다. 그간 관제언론이나 다를 바 없었던 『중앙일보』와 뒤이어

과 치안감 박처원 등 4명은 항소심에서 무죄를 선고받았다가 대법원에서 집행유예를 선고받았다. 89년 박종철의 유족은 국가와 고문치사 사건에 관련된 경찰들을 상대로 1억2천만 원의 손해배상청구소송을 냈는데, 95년 11월 대법원은 국가와 고문경찰관 5명은 연대해서 1억4천700만 원을, 그리고 경찰수뇌 4명은 직무유기 및 범인도피의 책임을 지고 2천400만 원을 배상하라고 판결했다. 결국 박종철의 유족은 이자를 포함해 총 2억4천만 원의 손해배상금을 수령했다.

『동아일보』가 '보도지침'을 어겨가면서까지 이 사건을 보도한 것도 민주화가 이미 거역할 수 없는 대세라는 걸 시사하는 것이었다. 이는 언론의 기회주의일 수도 있고, 언론도 인내의 한계에 도달한 것일 수도 있었지만, 후일 결과적으로 기회주의였음이 분명해졌다.

6·10 항쟁과 '중산층의 반란'

감격한 노태우, 쓰러진 이한열

1987년 6월 2일 전두환은 민정당의 중앙집행위원회 간부들을 청와대 만찬에 초청해 노태우를 민정당 대통령 후보로 지명하겠다고 발표했다. 전두환이 20분에 걸쳐 노태우를 대통령 후보로 지명하는 내용의 원고를 낭독한 후, 노태우는 감격에 떨며 다음과 같이 말했다.

"두려움으로 몸둘 바를 모르겠습니다. 각하, 끝까지 지도해 주십시오. 동지 여러분, 지도해 주십시오."[44]

6월 10일 오전 10시 서울 잠실체육관에서 열린 민정당 전당대회는 간선제 선거를 통해 새로운 민정당 대통령 후보로 노태우를 선출했다. 이른바 '체육관 대통령'의 탄생이었다. 김준엽은 이 날 대회가 "마치 히틀러 치하의 나치당 대회나 김일성의 당대회를 방불케 하였다"고 썼

---

44) 김성익, 『전두환 육성증언』(조선일보사, 1992), 380쪽.

다.[45] 대회장 밖 전국 22개 도시에선 박종철군 고문 살인 및 호헌 철폐 규탄 시민대회가 열리고 있었다.

6·10 항쟁에서도 4·19 혁명 때처럼 한 장의 사진이 큰 기여를 하였다. 87년 6월 9일 연세대에서 시위 중이던 학생 이한열이 경찰이 쏜 직격탄(최루탄)에 맞아 피를 흘리며 동료에게 의지하고 있는 모습이, 로이터 통신 사진기자 정태원에 의해 촬영되었다. 당시 학생들은 연세대에서 '전두환·노태우 화형식'을 끝내고 교문 앞으로 진출하려고 하던 상황이었는데, 정태원은 다음과 같이 말한다.

"그 날 경찰이 얼마나 최루탄을 많이 쏘았는지 연세대 교문 앞은 눈이 내린 것처럼 보였다. 뿌연 안개 속에서 최루탄 가루가 걸음을 옮길 때마다 먼지처럼 일어나 카메라와 손에 하얗게 내려앉았다."[46]

정태원의 사진은 『중앙일보』 사회면에 게재되었는데, 이 사진의 위력에 대해 장충종은 다음과 같이 말한다.

"이런 모습의 사진은 언론검열을 받는 상황 하에서는 상상도 못하는 것이었다. 편집국 내에서도 데모를 부추길 수 있는 사진이라 곤란하다는 일부 의견들이 있었으나 당시 이창성 사진부장이 모든 책임을 진다는 약속(이 말은 보안사에 끌려가 고문을 당할 준비가 되어 있다는 말을 뜻함) 하에 실리게 되었다. 바로 이 한 장의 사진이 신문에 보도된 다음날부터 대학에는 대형 걸개 그림이 걸렸고, 시위학생들은 이 사진을 손수건·스카프 등으로 제작하여 국민들에게 배포하기 시작했다. 결국 이 사진은 군사독재정권의 집권에 종지부를 찍는 촉매제 역할을 한 결정적인 사진이 되었다."[47]

임창용은 이렇게 말한다.

---

45) 김준엽, 『장정(長征) 4: 나의 무직 시절』(나남, 1990, 2쇄 1991), 120쪽.
46) 허용범, 〈쓰러지는 이한열군〉, 『한국언론 100대 특종』(나남출판, 2000), 278쪽에서 재인용.
47) 장충종, 『한국신문사진론』(눈빛, 1998), 70~71쪽.

민정당 대통령 후보로 지명된 노태우가 감격해 하고 있을 때, 이한열은 직격탄(최루탄)에 쓰러져 갔다. 이는 6·10항쟁의 거대한 분노를 일으켰다.

당시 연세대학교 총학생회장이었던 우상호는 "한열이의 최루탄 피격은 학생과 시민의 결집력을 극대화하는 결과를 가져왔다"고 회고했다. 6월 9일 이전까지만 해도 민주화투쟁의 승리에 대한 의구심이 팽배했지만 한열이가 뇌사상태에 빠져 있다는 소식이 전해지면서 '이대로는 안 되겠다'는 공감대가 학생·시민들에 확산됐다는 것. 그것은 도심 가두시위에 겁을 내지 않는 상황으로 이어졌다.[48]

'중산층의 반란'

대학생들은 대학에서 출정식을 갖고 "호헌철폐!" "독재타도!" "직선제 쟁취하여 군부독재 타도하자!"는 구호를 외치며 도심으로 모여들기 시작했다. 오후 6시경에는 학생과 야당의원들이 노상 규탄대회를 열며 격렬한 시위를 전개하기 시작했고, 가두시위를 벌이다 경찰에게 쫓기던 학생 1천여 명이 명동성당을 점거하고 농성을 벌이기 시작했다. 이후 명동성당은 6월항쟁의 상징적 장소가 되었다.

또 국민운동본부 방침에 따라 이 날 오후 6시를 기해 국민대회가 열리던 대한성공회 종탑 스피커에서 애국가가 울려 퍼지고 성당의 종이 42번 울리는 것을 신호로 해서 성당 구내에 있던 차량들이 경적을 울리기 시작했는데, 이에 화답하듯 도심을 지나던 차량들도 함께 경적을 울려댔다.

이 날의 시위는 전국 514곳에서 연인원 50여만 명이 참가한 가운데 전개되었는데, 경찰은 이 날의 국민대회를 불법 집회로 규정하고 원천봉쇄에 나섰지만, 국민들의 성난 분노를 막을 수는 없었다. 국민대회는 진압에 나선 경찰들이 무차별적으로 난사한 최루탄으로 인해 흡사 시가전을 방불케 할 만큼 격렬하게 전개됐다. 경찰들은 사복 체포조를 동원하여 시위자 검거에 나섰는데, 이 날 하루 동안 전국적으로 연행된 사람만 해도 3천8백31명에 이르렀다.

---

48) 임창용, 〈연세대생 이한열: '최루탄 희생' 6월항쟁 시민참여 계기로〉, 『대한매일』, 1998년 11월 27일, 8면.

출판인 김언호의 6월 10일자 '출판일기'는 다음과 같이 기록하고 있다.

"서울 전역을 경찰이 계엄군처럼 지키고 있다. 택시와 버스의 '경적'을 떼어가는 우스꽝스러운 코미디가 지금 서울에서 벌어지고 있다. 한 시대의 역사가 막바지로 가고 있음이 분명하다. 이화여자대학교 대학원 학생회가 '회보'를 만들었는데, 학생회장이 거기 여백이 남아서 우리의 『태백산맥』 광고를 실었다고 한다. 그런데 대학원 교학과장(신문방송학과 S교수)이 겁을 내어 회보를 모두 불태워 버렸다고 한다. 하나의 큰 코미디가 또다른 작은 코미디를 만들어 내는 것인가."[49]

그런 크고 작은 코미디가 저질러지고 있는 가운데에도 역사의 흐름은 '코미디의 종식'을 위해 내닫고 있는 게 분명했다. 시위대의 열기가 가라앉지 않자, 경찰은 6월 13일 국민운동본부의 간부 13명을 전격적으로 구속했다. 5공 정권은 아직도 사태의 심각성을 제대로 깨닫지 못하고 있었다. 민정당은 "6·10 시위 이후 서울 명동 일대가 불순 폭력 세력에 의해 해방구로 선포된 데 대해 큰 충격과 우려를 금치 못한다"는 논평을 내놓을 정도였다.[50]

그러나 민정당의 그런 주장은 '희망 사항'일 뿐이었다. 무엇보다도 중산층이 가세했기 때문이다. 김영삼은 다음과 같이 말한다.

"이즈음 한국 중산층은 세계의 언론으로부터 각광을 받았다. 세계의 거의 모든 주요 언론들은 이번 사태가 한국 '중산층의 반란'이라고 표현하면서, 왜 중산층이 반정부의 기치하에서 격렬한 저항을 보이게 되었는지를 분석했다. 나는 중산층을 행동파로 변신시킨 3대 원인을 첫째 박종철군 고문치사 사건, 둘째 4·13 호헌 조치, 셋째 최루탄 난사로 꼽았

49) 김언호, 『책의 탄생 (I): 격동기 한 출판인의 출판일기 1985~1987』(한길사, 1997), 601쪽.
50) 이만섭, 〈6·10 항쟁에도 5공은 강경방침 고수 회견 열어 "모든 지도자 용퇴" 주장〉, 『한국일보』, 2002년 10월 3일, 17면.

다."[51]

김경원보다 더 똑똑했던 미국

6·10 항쟁은 미국 언론이 연일 보도할 만큼 미국에서도 크게 보도되었고, 텔레비전에서는 한국의 상황을 주제로 한 인터뷰나 대담도 자주 열렸다. 이 당시 주미 대사였던 김경원의 활약은 아주 눈부셨는데, 이에 대해 정연주는 이렇게 말한다.

"미국 텔레비전의 아침 프로나 ABC 텔레비전의 유명한 심야 대담프로인 테드 카플(Ted Koppel)의 「나이트 라인」, 그리고 공영방송인 PBS 텔레비전 저녁뉴스 시간에 한국 문제와 관련된 회견과 토론이 자주 등장했다. 지금도 잊혀지지 않는 것은 당시 김경원 주미 한국대사가 미국 텔레비전에 출연하여 대통령 직선제 개헌을 반대하는 억지논리를 펴는 것이었다. 아무리 군부독재의 충직한 심부름꾼이라고 하지만 세계가 보는 앞에서 저렇게 뻔뻔하게 직선제 개헌 반대를 얘기할 수 있을까 싶었다."[52]

'심부름꾼' 주제에 무슨 생각이 있었겠는가. 김경원은 그저 주인의 명령에 충직하게 따르는 앵무새 역할만 하고 있을 뿐이라는 걸 미국은 잘 알고 있었다. 김경원보다는 더 똑똑했던 미국은 김경원의 말보다는 텔레비전에 그대로 드러나는 '중산층의 반란'에 놀랐다. 문창극은 다음과 같이 말한다.

"미국은 전례 없는 엄청난 시위 규모와 대담성 및 지속성에 놀랐다. 특히 미국은 한국 중산층의 변화에 놀랐다. 지금까지 시위의 구호가 극렬화하고 폭력화하여 시위에 비판적이던 중산층들이 시위를 동조·지원

51) 김영삼, 「김영삼 회고록 3: 민주주의를 위한 나의 투쟁」(백산서당, 2000), 55쪽.
52) 정연주, 「정연주의 워싱턴 비망록 1: 서울-워싱턴-평양」(비봉출판사, 2002), 187~188쪽.

하기 시작한 것이다. 학생시위를 격려하기 위해 운전자들이 자동차 클랙
슨을 울리고 거리의 시민들이 시위학생들을 격려했다. 명동성당을 점거
중인 학생을 지원하기 위해 지나가는 행인들이 한푼 두푼 성당 안으로
던진 돈만 2만5천 달러가 넘었다는 보도가 워싱턴에 전달되었다. 한국
정부는 이 학생들을 강제로 연행하려 할 참이었다. 이 시점에 미국의 개
입이 시작되었다. 릴리 대사는 6월 13일 최광수 외무장관을 방문하여 폭
력의 사용을 억제하여 줄 것과 경찰이 명동성당에 진입하지 말 것을 강
력하게 호소했다. 다음날 한국 정부는 경찰을 철수시키고 학생들은 모두
귀가했다."[53]

전두환의 직선제 수용 결심?

그러나 시위는 더욱 거세졌다. 6월 15일 전국적인 규모의 시위가 다
시 벌어졌다. 6월 17일 밤 청와대 안가에선 전두환과 노태우를 비롯한
5공 권력 실세들의 술자리가 벌어졌다. 전두환의 공보비서관 김성익은
이 자리의 의미에 대해 다음과 같이 말한다.

"이 시점은 전 대통령이 이미 직선제를 수용하기로 결심을 하고 나서
노 대표를 설득하고 있는 단계로서 그런 태도 변화를 다른 참석자들에
대한 보안을 의식, 완곡한 어법으로 묘사한 것이다. 또한 목숨을 걸자는
비장한 각오를 군데군데 표시하고 있고 노 대표에 대한 예우에 신경을
쓰는 내용이 많다는 점이 눈에 띈다."[54]

이 자리서 오고간 대화의 일부다.

---

53) 문창극, 『한미 갈등의 해부』(나남, 1994), 75~76쪽.
54) 김성익, 『전두환 육성증언』(조선일보사, 1992), 416쪽.

전두환: 내가 술 마시면 실수를 잘해. 내가 실수하면 노 대표가
　　　 무서운 사람이라 뒷처리를 다 해. 노 대표는 절대 술에
　　　 안 취해. 절대 실수가 없어. 나는 대체로 술이 약해. 강
　　　 단으로 마시는 거지. 나는 술을 맛으로가 아니라 기분으
　　　 로 마셔요. 안기부장 이제는 데모 보고 올리지 마라. 나
　　　 는 청와대에 쳐들어 올 때까지는 꼼짝 안 한다. 천만 명
　　　 이 나와도 상황을 보고하지 말고 대책을 보고해야 돼요.
　　　 이제는 노태우 대통령 후보라고 해야돼. 노 후보라고만
　　　 하면 '늙을 노(老)' 자로 들리기 쉬워서 내가 공보수석한
　　　 테 노태우 대통령 후보라고 부르라고 그랬어. 김(윤환)
　　　 수석은 눈이 크고 키가 커서 겁이 많아. 맨날 나 보고 겁
　　　 먹는 소리만 해. 너무 선(善)해. 나는 지금도 내 목숨 하
　　　 나는 언제나 바칠 각오가 돼 있어. 병사도 나라를 위해
　　　 서는 목숨을 바칠 각오를 해야돼. 나는 목숨을 버린 지
　　　 오래 돼. 노태우 대통령 후보 각하, 한 잔 하시지요. 노
　　　 후보는 나를 비판한 일이 없어. 잘못을 비판할 용기가
　　　 있어야 돼. 나는 두려운 게 없어. 내 일신은 미리 바쳐
　　　 놓았어요. 나는 다만 죽기 전에 통일을 보는 게 소원이
　　　 야. 임자한테 모든 권한을 넘겨주고 통일을 위해 뛸 거
　　　 야.
노태우: 두려움이 없게 해드리는 게 우리 모두의 책무입니다.
　　　 …… 통일은 내 소명입니다. 영광은 각하께 돌리고. 나
　　　 도 젊을 때 아이큐 143으로 천재라는 소리를 듣고 헤르
　　　 만 헷세 작품을 2주일 만에 외웠습니다. 그러나 범인(凡
　　　 人)의 지혜를 모으는 게 천재라고 생각합니다. 미국 언
　　　 론이 자이언트 스텝이라고 했는데 이 발전 추세를 우리

가 받들어나가야 합니다.

박영수(비서실장): 후보님, 힘을 합칩시다. 각하 영광을 위하
여.

노태우: 각하는 늘 민심의 한가운데에 계십니다. 그러면 내가
받듭니다.

김윤환: 잘 받들어 주십시오.

노태우: 우리는 이상한 길을 걷지 않습니다. 백성이 뭘 원하는
가를 초점으로 가는 겁니다. 그게 각하 뜻입니다.[55]

'민중의 힘' 대 '군 병력 투입설'

국민운동본부는 6월 18일을 '최루탄 추방의 날'로 선포하고 최루탄
추방 운동을 전개했다. 전국 곳곳에서 "한열이를 살려내라"는 외침이 메
아리쳤다. 이 당시 외국 언론들은 회사원들이 빌딩 위에서 꽃다발과 화
장지 다발을 던지는 현상을 보고 '충격적'이라고 표현하는 한편, '또다
른 형태의 민중의 힘'이라고 보도했다.[56]

이 날은 전국에서 약 150여만 명이 시위에 참여했으며, 이 날 시위로
전국에서 모두 1천4백87명이 연행되었다. 이 날의 시위는 집권 세력에
게 큰 위기감을 안겨 주었다. 보안사령관 고명승의 증언이다.

"87년 6월 18일 밤 12시경 시국 대응 참모회의를 끝낸 직후였습니다.
청와대 정무수석 비서관실에서 전화가 왔습니다. 부산시위 사태가 위급
하여 경찰 병력만으로는 감당할 수 없다는 현지 보고가 올라왔다는 것입
니다. 대통령 각하를 깨워서라도 지금 군 병력 투입을 건의하는 게 좋겠

---

55) 김성익, 『전두환 육성증언』(조선일보사, 1992), 413~415쪽.
56) 임창용, 〈연세대생 이한열: '최루탄 희생' 6월항쟁 시민참여 계기로〉, 『대한매일』, 1998년 11월 27일, 8면.

다는 얘기였어요."[57]

고명승은 청와대 전화에 이어 치안본부, 내무부, 국방부 등의 고위인사들도 자신에게 전화를 걸어왔다며 다음과 같이 말한다.

"군 투입을 결정하기 위해서는 보안사령관이 대통령에게 건의해야 하기 때문이지요. 군 통수권자인 대통령이 결정을 내리면 출동 명령은 국방부 장관과 참모총장에게 하달됩니다. 심야에 정부 관계부서 책임자들로부터 전화가 빗발쳤습니다. 부산 시청과 경찰서 등이 시위대에 의해 불바다가 될 게 틀림없다고들 했어요. 시급히 군을 동원해야 된다는 요청이었습니다."[58]

고명승은 시시각각으로 변하는 부산 현지 상황을 종합 판단한 결과 군 병력을 투입해야 할 정도로 최악의 상황은 아니라고 결론 내리고, 청와대 비서실에 대통령을 깨울 필요가 없다고 알렸다.[59]

고명승은 전두환이 군대 동원은 두 번 다시 있어서는 안 된다는 확신을 갖고 있다는 걸 알고 있었기 때문에 그런 결정을 내렸다고 하는데,[60] 돈 오버도퍼의 이야기는 좀 다르다. 6월 19일 저녁 전두환 정권은 시국대책회의를 열고 군대 개입 여부를 놓고 고민을 하다가 군부 개입 쪽으로 방향을 정했다는 것이다. 돈 오버도퍼는 이렇게 말한다.

"6월 19일 금요일 아침 전 대통령은 군을 동원하기로 마음을 굳힌 것처럼 보였다. 오전 10시를 기해 국방장관과 각군 수뇌부, 안기부장을 소집해 회의를 주재한 그는 다음날 오전 4시까지 주요 대학과 도시에 전투태세를 갖춘 군 병력을 배치할 것을 명령했다. 한·미 군사협정에 따라 전방 병력의 이동 계획이 주한미군 사령부에 통보될 예정이었고 시위 학

57) 김재홍, 〈80년대 신군부와 6공의 민군관계〉, 『군부와 권력』(나남, 1992), 182쪽.
58) 김재홍, 위의 책, 182쪽.
59) 김재홍, 위의 책, 183쪽.
60) 김재홍, 위의 책, 183쪽.

전두환은 군 병력 투입까지 검토했지만, 전두환과 노태우의 허수아비를 만들어 세워 놓고 시위를 벌이는 분노한 사람들의 기세는 수그러들지 않았다.

생들은 전원 체포될 운명에 놓여졌다. 전 대통령은 계획대로 비상사태가 선포되면 정당을 해산하고 군사법정을 설치해 반체제 인사를 처벌할 것이라고 선언했다."[61]

전두환의 복잡한 심사

실제로 전두환은 6월 19일 오전 10시 30분경 청와대에서 안기부장과 국방부 장관, 3군 참모총장, 보안사령관, 수방사령관 등 군고위회의를 열고 비상조치를 전제로 한 병력 파견 계획을 세밀하게 결정하고 시달했다. 그러나 전두환은 이 날 오후 4시 30분경 돌연 병력동원 지시를 취소

---

61) 돈 오버도퍼, 이종길 역, 『두개의 한국』(길산, 2002), 265쪽.

하였다.[62]

왜 그랬을까? 또 고명승의 주장은 어떻게 이해해야 할까? 군 동원은 다른 차원의 문제였다는 것이 전두환의 공보비서관 김성익의 주장이다.

"전 대통령 자신은 퇴임 후 이때의 상황에 언급, '나는 이미 극적인 방안을 결심하고 있었기 때문에 군 동원 지시는 별개 문제였다' 면서 '군 동원 지시는 치안 차원에서 최악의 경우에 대비해서 예방적 효과도 감안해서 지시한 것' 이라고 말한 일이 있다. 여기서 말하는 '극적 조치' 는 물론 직선제 수용과 김대중 씨 사면 · 복권을 가리킨다."[63]

전두환의 그런 결심엔 미국의 반대도 영향을 미쳤을지 모를 일이었다. 레이건은 6월 19일 주한대사 릴리를 통해 전두환에게 친서를 보냈다. 레이건은 그 친서에서 군부 개입에 대해 반대한다는 입장을 표명했으며, 만약 평화적으로 정권이 이양되면 전두환의 방미를 주선하겠다고 전두환에게 제의해 전두환의 마음을 돌렸다.[64]

전두환을 가까이서 지켜본 한 인사는, 만약 시위 진압을 위해 군대를 투입한다면 12 · 12 당시 전두환이 그랬던 것처럼 일부 지휘관들이 쿠데타를 할지도 모른다는 한 측근의 조언과 레이건의 친서가 결정적으로 전두환의 마음을 돌렸다고 증언했다.[65]

미 국무부는 6월 22일에도 한국의 시위 사태에 군개입 반대 의사를 천명했으며, 방한했던 시거 미 국무부 차관보는 25일 한국을 떠나면서 가진 회견에서 "전 대통령에게 계엄선포 반대의 뜻을 분명히 전달했다" 고 밝혔다.[66]

---

62) 이상우, 〈전두환은 '네윈' 을 꿈꿨다〉, 「신동아」, 1992년 6월, 233쪽.
63) 김성익, 「전두환 육성증언」(조선일보사, 1992), 420~421쪽.
64) 돈 오버도퍼, 이종길 역, 「두개의 한국」(길산, 2002), 267쪽에서 재인용. 문창극, 「한미 갈등의 해부」(나남, 1994), 76쪽도 참고할 것.
65) 돈 오버도퍼, 이종길 역, 위의 책, 267쪽.
66) 김재홍, 〈80년대 신군부와 6공의 민군관계〉, 「군부와 권력」(나남, 1992), 184쪽.

군부개입 포기 배경에는 올림픽이 얼마 남지 않았다는 현실적 이유도 작용했을 것이다. 국제올림픽위원회 위원장이었던 후안 안토니오 사마란치는 만일 서울에서 대규모의 소요 사태가 발생한다면 올림픽 개최지를 다른 장소로 변경할 수도 있다고 여러 차례 거론한 바 있었다.[67]

이만섭의 주장

6월 21일 민정당은 비상 의원총회를 소집하고 대통령 직선제에 대해 본격적으로 고민하기 시작했고, 22일 전두환은 위기상황 타개를 위해 김영삼을 만날 용의가 있다고 밝혔다. 이틀에 걸쳐 협상 조건을 조율한 끝에 24일 전두환과 김영삼의 영수회담이 성사되었지만, 김영삼이 요구한 "직선제, 선택적 국민투표, 구속자 석방" 등을 전두환이 거부함으로써 회담은 결렬되었다.[68]

6월 24일엔 국민당 총재 이만섭과 전두환의 회담도 이루어졌는데, 이 자리에서 이만섭은 다음과 같이 말했다.

"깨끗이 직선을 해서 국민 심판을 받도록 하시지요. 그래서 동교동, 상도동 머리 처박고 싸우게 하고 이 쪽은 정정당당하게 물가 안정, 올림픽 가지고 심판받는 게 좋습니다."[69]

후일 이만섭은 전두환의 반응에 대해 다음과 같이 말했다.

"나는 그때 전 대통령은 직선제를 받아들일 생각도 있으나 자기는 선거인단에 의한 직접선거로 쉽게 대통령이 되어 놓고, 노 대표에게는 위험한 도박과도 같은 직선제를 하라고 직접 말하기가 인간적으로 미안하

67) 돈 오버도퍼, 이종길 역, 『두개의 한국』(길산, 2002), 257쪽.
68) 정성희, 〈호헌철폐! 독재타도!: 6월민주화항쟁(1987년)〉, 『한 권으로 보는 한국사 101장면: 구석기 시대에서 전·노 재판까지』(가람기획, 1998), 446쪽.
69) 김성익, 『전두환 육성증언』(조선일보사, 1992), 424쪽에서 재인용.

다는 생각을 하고 있구나 하는 느낌이 들었다."[70]

또 이만섭은 자신이 전두환을 만나기 이틀 전인 22일 노태우를 만났었다며, 다음과 같이 말한다.

> 나는 이 자리에서 거듭 노 대표를 설득했다. "이 난국을 수습하기 위해서는 묶여 있는 김대중(金大中) 씨를 풀고, 민주화 조치도 취해서 정정당당하게 직선제로 승부를 거는 수밖에 없습니다. 그것이 당신도 살고 나라도 사는 길입니다." 노 대표는 무겁게 입을 열었다. "내가 아무리 직선제를 한다고 해도 대통령이 결심하지 않으면 안 될 텐데요." 나는 얼른 말을 받았다. "대통령은 내가 만나서 어떻게든 설득해 볼 테니 먼저 노 대표부터 결심을 하시지요."[71]

2145회의 시위와 35만 발의 최루탄

6월 25일 한국을 방문한 미 국무부 차관보 시거에게 전두환의 한 측근은 "지금 한국 사회에는 민주주의가 열병처럼 번지고 있다. 우리는 이 대세를 돌이킬 수 있는 능력이 없다"고 말했다.[72]

6월 26일 열린 민주헌법쟁취 국민평화대행진은 6월항쟁의 절정이었는데, 이 날 시위에는 전국 33개 시, 4개 군·읍 지에서 180만 명이 시위에 참가했다. 시위 진압을 위해 나섰던 경찰들은 걷잡을 수 없이 늘어만가는 시위대의 위세에 밀려 속수무책이었다. 특히 이른바 '넥타이 부대'

---

70) 김성익, 『전두환 육성증언』(조선일보사, 1992), 427쪽에서 재인용.
71) 이만섭, 〈6월시위 확산에 노대표 회담 제의 "직선제 결단" 촉구 … 노 긍정적 반응〉, 『한국일보』, 2002년 10월 4일, 27면.
72) 돈 오버도퍼, 이종길 역, 『두개의 한국』(길산, 2002), 268쪽에서 재인용.

로 불리는 중산층과 사무직 시민들의 참여는 전두환 정권을 다시 한 번 깜짝 놀라게 만들었다.

이 날 시위로 전국에서 3천4백67명이 연행되었고, 경찰서 2개소, 파출소 29개소, 민정당 지구당사 4개소 등이 투석과 화염병 투척으로 파괴되거나 방화되었다. 파손된 경찰 차량도 수십 대에 이르렀다.[73] 6·10 시위 이후 만 17일 간 전국에서 열린 시위는 모두 2천1백45회, 발사된 최루탄은 모두 35만 발인 것으로 집계되었다.[74]

---

73) 김문, 〈고명승 장군〉, 『격동의 현대사를 주도한 장군들의 이야기 II : 장군의 비망록』(별방, 1998), 199~200쪽.
74) 조선일보사, 『조선일보 칠십년사 제3권』(조선일보사, 1990), 1853쪽.

6 · 29 민주화 선언

'감독 전두환, 주연 노태우' 쇼

범국민적인 항쟁의 결과, 전두환 정권이 대통령 직선제를 수용하는 이른바 '6 · 29 선언'이 나오게 되었다. 민정당 대표위원 노태우는 6월 29일 기자회견에서 대통령 직선제 개헌을 하겠다는 내용을 담은 '폭탄 선언'을 하였던 것이다.[75]

전두환에게 건의 형식으로 제안된 이 선언에서 노태우는 대통령 직선제 개헌 이외에 김대중 사면 · 복권 및 극소수를 제외한 시국관련 사범의 석방, 대통령 선거법 개정, 국민기본권 신장, 언론자유 창달, 지방자치제 실시 등의 8개항을 제시했다. 당시 노태우는 광주학살에 대한 공식 사과도 포함시키려고 했지만 군부의 반발을 우려해 마지막에 철회했다.[76]

---

75) 5공의 내각제 헌법초안 작성에 참여했던 고려대 교수 한승조의 증언에 따르면, 6 · 29 선언문 초안은 박철 언이 작성했고, 박철언의 주도하에 노재봉, 이홍구, 김학준 등 당시 서울대 교수팀이 참여하여 최종 문건으로 완성되었다. 손구선, 〈불발로 끝난 전두환 · 노태우의 '내각제' 구상〉, 『WORLD & I』, 1992년 12월, 111쪽.

노태우는 6 · 29 선언을 발표하면서 이를 청와대에 건의해 만약 이것이 받아들여지지 않는다면 대통령 후보는 물론이고 당 대표직을 포함한 모든 공직에서 물러날 것이라고 밝혔다. 그러자, 민정당은 긴급 의원총회를 열고 노태우의 구상을 당의 공식입장으로 추인했다. 이에 전두환은 7월 1일 특별담화를 통해 노태우의 6 · 29 선언을 대폭 수용하겠다는 입장을 밝혔다.

그건 아주 잘 꾸며진 한 편의 '쇼'였다. 6 · 29 선언은 전두환이 만든 각본에 따른 것이었기 때문이다. 먼저 전두환이 직선제 수용을 결정한 뒤 노태우로 하여금 발표하도록 조치를 취해 노태우의 대통령 당선 가능성을 높이겠다는 계산을 했던 것이다.[77] 후일 밝혀진, 전두환의 말이다.

"사실은 2주일 전에 노 대표와 저녁을 함께 할 때 내가 직선제를 검토해 보라고 했더니 노 대표가 펄쩍 뛰었다. 그래서 내가 '필사즉생, 필생 즉사'라고 했어. 그리고 인간 사회의 모든 원리가 백보 전진을 위한 일보 후퇴에 있다. 지는 사람이 이기는 거라고 말해주었다."[78]

그렇다면, 전두환은 어떻게 해서 그런 생각을 하게 된 걸까? 보안사령관 고명승의 말을 들어보자.

"그 해(87년) 4월 중순 보안사의 장성 참모 등 핵심부에서는 누가 대통령 후보가 되든 직선제를 택해야 하며, 당선된 1년 후 중간평가를 통해 국민의 신임을 받도록 해야 한다는 아이디어가 나왔습니다. 그리고 정치인들을 사면 복권한다면 굳이 특정인을 제외시킬 필요가 없다는 것이 참모들의 판단이었습니다."[79]

당시 보안사 참모들은 각계로부터 광범위하게 여론을 듣고 이를 토대

---

76) 돈 오버도퍼, 이종길 역, 『두개의 한국』(길산, 2002), 268쪽.
77) 돈 오버도퍼, 이종길 역, 위의 책, 269쪽.
78) 노재현, 『청와대 비서실 2』(중앙일보사, 1994년 초판 6쇄), 391쪽에서 재인용: 김성익, 『전두환 육성증언』(조선일보사, 1992), 441쪽.
79) 김재홍, 〈80년대 신군부와 6공의 민군관계〉, 『군부와 권력』(나남, 1992), 181쪽.

로 정세분석과 토론을 거듭한 끝에 직선제가 불가피하다는 결론에 도달했다는 것이다. 고명승은 대통령 직선제를 골자로 하는 보안사 참모들의 의견을 전두환 대통령에게 진언했으며, 대통령은 보안사의 의견을 계속 비중 있게 경청해 왔다고 말했다.[80]

그런가하면 86년 중반에 작고한 한 언론인이 죽기 전 전두환을 만났을 때 간선제가 직선제보다 더 위험할 수도 있다는 조언을 해주었으며, 전두환이 이 견해에 어느 정도 동조했다는 주장도 있다.[81]

양김의 갑격, 전두환의 자신감

6·29 선언은 전국을 축제 분위기로 몰아갔다. 서울 플라자호텔 뒤편의 한 다방은 "오늘은 기쁜 날 차값은 무료입니다"라고 써붙이기도 했다. 빈민들까지 희망에 들떴는데, "특히 살 집을 잃은 철거민들은 더 이상 길바닥으로 내쫓기지 않아도 된다는 부푼 기대에 용기백배했다."[82]

6·29 선언이 발표된 날 『동아일보』는 서울시내 가판에서만 40만2천8백 부가 팔려 나갔다.[83] 『동아일보』가 후일 스스로 자찬했듯이 아마도 다음과 같은 이유 때문이었을 것이다.

"동아일보는 6월 한 달 동안 '6월 민중항쟁'과 관련한 내용을 22차례나 1면 머리기사로 보도했다. 네 번의 일요휴간을 감안하면 사실상 거의 매일 6월항쟁 기사가 1면 톱으로 올랐던 셈이다."[84]

『동아일보』의 그런 선의의 기회주의를 감안할 때에 양김이 흥분한 건

---

80) 김재홍, 〈80년대 신군부와 6공의 민군관계〉, 『군부와 권력』(나남, 1992), 181쪽.
81) 김성익, 『전두환 육성증언』(조선일보사, 1992), 447~448쪽. 이 언론인은 86년 6월 12일 65세의 나이에 뇌일혈로 사망한 선우휘인 것으로 보인다.
82) 제정구를 생각하는 모임, 『가짐없는 큰 자유: 빈민의 벗, 제정구의 삶』(학고재, 2000), 247쪽.
83) 동아일보사, 『민족과더불어 80년: 동아일보 1920~2000』(동아일보사, 2000), 493쪽.
84) 동아일보사, 위의 책, 491쪽. '6월 민중항쟁'이라고 표기한 게 흥미롭다. 오타인가?

놀랄 일은 아니었다. 민주당 총재 김영삼과 민추협 공동의장 김대중도 각기 "내 소원이 이루어진 것 같다" "인간에 대한 신뢰를 느낀다"고 환영했다. 김영삼과 김대중은 7월 1일 열린 민추협 상임위원회에서 마치 약속이나 한 듯, 단결을 강조했다. 김영삼은 "우리 두 사람은 갈라지지 않고 철저히 단결할 것"이라고 말했고 김대중은 "80년과 같은 우매한 짓을 하지 않고 국민을 위해 어떠한 희생도 감수하겠다"고 말했다.[85]

그러나 그건 더 두고 볼 일이었다. 양김이 감격에 겨워 지키지도 못할 허언(虛言)을 늘어놓은 바로 그 날, 전두환은 짜여진 각본에 따라 노태우의 6·29 선언을 수용한다는 내용의 담화를 발표했다. 그런 '원맨쇼'를 해놓고 오후 2시엔 청와대에 공안 관련 장관 및 고위 공직자들을 불러놓은 뒤, 다음과 같이 경고했다.

"이번에는 예를 들어 구속된 사람을 풀어 줄 때는 극렬분자, 급진 좌경 세력을 풀어주면 안 됩니다. 학생들을 풀어주더라도 일률적으로 복교시켜서 영웅이 되게 하는 식이어서는 안 됩니다."[86]

6·29 선언 직후 전두환은 대통령의 신분으로 『조선일보』 정치부 회식에 참석했다.[87] 이건 무얼 의미하는 것이었을까? 『조선일보』가 5공의 홍보지나 다름없었다는 걸 말해주는 게 아니었을까? 아니면 『조선일보』의 지원사격만 있는 한 대통령 선거는 자신 있다는 뜻이었을까?

실제로 그랬다. 전두환의 호헌 발표 이후에도 『조선일보』의 전두환에 대한 지지와 찬양은 계속됐으니 왜 6월항쟁이 『조선일보』를 비켜 지나갔는지 참으로 불가사의한 일이 아닐 수 없었다. 『조선일보』는 호헌을 하겠다고 했을 때에도 그걸 탁월한 선택이라 했고, 나중에 국민의 힘에 밀

---

85) 이만섭, 〈87년 9월 직선제개헌 국회서 통과 양김씨 재분열, 각각 세몰이 나서〉, 『한국일보』, 2002년 10월 8일, 27면.
86) 김성익, 『전두환 육성증언』(조선일보사, 1992), 462쪽.
87) 『월간조선』, 1999년 3월; 『기자협회보』, 1999년 3월 1일.

6·29 선언은 전두환이 만든 각본이었다. 6·29 선언 직후 전두환은 『조선일보』 정치부 회식에 참석했다. 『조선일보』의 지원사격만 있는 한 대통령 선거는 자신 있다는 뜻이었을까? 사람들의 분노가 『조선일보』를 비켜간 건 6월항쟁의 최대 미스터리다.

려 개헌을 하겠다고 했을 때에도 탁월한 선택이라는 식으로 이야길 했으니, 이걸 가리켜 어찌 언론이라 할 수 있을까.[88]

6·29 선언의 의미

6·29선언의 의미에 대해 김영명은 다음과 같이 말한다.

"이러한 타협안의 제시는 물론 민주화를 요구한 국민적 공세에 밀려 나온 것이었다. 그러나 여기에는 제한된 민주화를 통해 집권 세력의 지배를 지속할 수 있다는 계산이 깔려 있었다. 민주주의의 절차를 보장함

---

88) 민주언론운동시민연합 신문모니터분과, 〈조선일보의 전두환 보도기사는 '현대판 용비어천가'〉, 『말』, 1998년 10월, 135~136쪽.

으로써 국민적 저항을 약화시키고, 저항 세력의 내부 분열을 일으킴으로써 집권당의 권력을 유지할 수 있다는 계산이었다. 특히 이는 김대중과 김영삼의 뿌리깊은 경쟁과 정부·여당의 막강한 조직, 자금으로 대통령 직선 경쟁에서도 승리할 수 있다는 계산이었던 것으로 보인다. 실제로 6·29 선언 이후 정부는 김대중을 포함한 2335명의 사면, 복권을 시행하였다. 이런 의미에서 6·29 선언은 어느 면에서는 노태우 자신이 표현한 대로 국민에 대한 항복이라고 말할 수 있겠으나, 다른 면에서는 항복을 가장한 권력 연장의 합리적이고 계산된 행동이었다. 다시 말해, 6·29 선언은 국가로 볼 때 저항 세력의 거센 도전 하에서 취해진 유효 적절한 선택이었다. 이로써 거리의 정치는 일단 제도권으로 들어왔다. 민주화를 향한 힘의 대결은 이제 거리의 정치가 아니라 제도권 내에서의 경쟁, 즉 선거 경쟁으로 변화하였다. 다시 말해, 이제 정치 사회 내에서의 여야간의 정치적 행동과 선택이 민주화의 구체적 방향에 커다란 영향을 미칠 국면으로 정치적 상황이 변모한 것이었다."[89]

6·29 선언 이후 민주화 열기는 급속히 가라앉았다. 아니 민주화가 다 이루어진 것처럼 들떠 있었다. 김영삼과 김대중이 보인 반응이 그걸 잘 말해주었다. 그러나 학생들은 무언가 잘못 돌아가고 있다고 느꼈다. 다음과 같은 시각도 있었다.

"엄청난 대중투쟁 양상에 당황한 미국은 6·29 선언을 촉발시켰다. 6·29 선언은 대중투쟁이 쟁취한 성과이지만, 전술적 후퇴를 통해 재반격을 노린 미국과 군부독재의 위장된 교두보라는 양면성을 띤 것이었다."[90]

그렇게까지 보진 않는다 하더라도 학생운동 진영이 손을 놓고 구경만

89) 김영명, 『한국 현대 정치사』(을유문화사, 1992), 378쪽.
90) 김민호, 〈80년대 학생운동의 전개과정〉, 『역사비평』, 창간호(1988년 여름), 115쪽.

할 수는 없는 일이었다. 학생운동 진영은 7월 3일 연세대에서 '민주정부 수립을 위한 시국 대토론회'를 개최했다. 학생들은 민주정부의 10대 강령을 제안하면서 6월항쟁의 투쟁 방식에 대한 반성에 임하였다. 이에 대해 김민호는 다음과 같이 말한다.

"비타협적 투쟁성이 부족하고 비폭력 원칙을 기계적으로 고수함으로써 일반 대중의 투쟁의지를 무장해제시키는 오류를 범했고 지도력이 현저하게 부족했다는 점이다. 또한 '직선제' 구호를 무계획적으로 주장함으로써 민주운동의 대열을 혼란시키는 역할을 하였다. 그리고 기층민중의 투쟁과 결합하지 못하고 민주화투쟁을 전개함으로써 6·29 선언 후 민주화투쟁의 구심을 방기하는 과오를 범하게 되었다. 그러나 6월항쟁은 한국전쟁 이후 최대 규모로 전 국민이 진출한 민주화투쟁이었고 학생운동은 이를 추동하는 결정적 역할을 하였다. 이전 시기 학생운동이 전(全) 민중과 강고히 결합하는 데 실패한 것에 비하여, 이 시기 학생운동은 전체 대중운동과 결합되어 진행되었다. 오히려 문제는 대중운동의 선두에 서지 못하고 후미에 있었다는 데에 있다."[91]

'한열아 가자, 우리 광주로'

'시국 대토론회'가 열리던 바로 그 즈음, 6월 9일 최루탄을 맞고 쓰러져 사경을 헤매고 있던 이한열이 부상 27일만에 사망했으며, 이 소식은 큰 반향을 불러일으켰다. 학생운동 진영은 장례일인 7월 9일을 기해 전국 대학에서 조의투쟁을 벌이기로 했다. 이한열의 장례식이 거행된 연세대 교정에는 10만의 인파가 몰려들었으며, 이한열의 어머니 배은심은 연단에 올라가 "이제 다 풀고 가라. 엄마가 갚을란다. 한열아 …… 한열아

---

91) 김민호, 〈80년대 학생운동의 전개과정〉, 『역사비평』, 창간호(1988년 여름), 115~116쪽.

가자, 우리 광주로"라며 피끓는 통곡을 토해냈다.[92]

이한열의 시신이 광주의 망월동 묘역으로 떠나던 그 날, 평생을 사용하고도 남을 만큼의 눈물을 흘렸다는 시인 이영진은 당시 상황을 다음과 같이 회고했다.

"모두의 가슴을 찢어놓은 그녀의 절규는 어떤 혁명적 메시지보다 강한 힘을 발휘했다. 교정에 모인 수만 명의 인파가 모두 머리를 숙인 채 울고 있었다. 몇 사람 건너 앉아 있던 김정환 시인과 눈이 마주쳤다. 그도 나도 눈물을 닦아냈으나 쉼없이 흐르는 눈물을 어찌할 수는 없었다. 수만 명이 일시에 깊은 침묵 속에 싸여 눈물을 흘리던 그 거대한 정화의 순간을 나는 굳이 역사라는 말로 제한하거나 오염시키고 싶지 않다. 죽음이 산 사람의 남루한 삶을 경건하게 구원하던 그 놀라운 순간은 하나의 커다란 자유를 깨닫게 했다. 명치끝이 타는 듯한 슬픔 속에서도 나는 나의 내부에 끝없이 펼쳐지는 지평 하나를 느낄 수 있었다."[93]

연세대에서 10만으로 시작된 추도행렬은 신촌네거리 노제를 지내면서 30만으로 불어났고, 시청 앞에 이르러서는 무려 1백만여 명으로 증가했다. 이 당시 시민과 학생들은 대형 태극기와 이한열의 영정, 그리고 '한열이는 부활한다', '한열아, 너의 가슴에 민주를' 등이 적힌 300여 개의 만장을 앞세운 운구 행렬의 뒤를 따랐다.[94]

시청 앞에 운집한 군중은 시청 옥상에 걸린 태극기와 올림픽기를 가리키며 일제히 "조기" "조기"를 외쳤다. 한양대 총학생회장 김병식이 시청 옥상으로 올려가 조기를 게양하자 군중은 열광적으로 환호했다. 그 환호 탓이었는지 시청 부근의 플라자호텔, 조선호텔, 프레지던트호텔 등도 재빨리 조기로 바꿔 달았다.[95]

이인영의 부질없는 고민

영구차가 노제를 마치고 떠난 뒤 남아 있는 군중 앞에서 고려대 총학생회장 이인영과 서울대 총학생회장 이남주는 마이크를 움켜잡고 교대로 집회를 이끌었지만, 이후 어떻게 해야 할지 아무런 대책이 없었다. 이인영은 당시를 이렇게 회고했다.

"두 시간 이상 지속된 정치집회였음에도 불구하고 군중은 자리를 떠날 줄 몰랐고, 이 많은 군중과 어떻게 새로운 투쟁을 조직할 것인지 하는 방법이 떠오르지 않았다. 또다시 결단해야 했다. 그러나 또 오판했다. 이번에는 대중의 열기를 투쟁으로 끌고 가야 한다는 강박관념에 사로잡힌 것이다. 1980년 서울역에서의 회군이 악몽처럼 떠올라 나는 청와대로 진격할 것을 전격 제안했다. 그러나 투쟁을 위한 준비는 미흡했다. 군중들은 청와대로 향해 광화문 거리로 이미 접어들고 있었고, 학생 지도부는 부랴부랴 그 대열의 선두에 배치되었다. 그 순간 나는 막연하지만 결연한 의지를 다지고 있었다. 이 행렬의 충돌은 4·19의 재현임이 분명해 보였고, 희생을 감수하기로 했다. 그러나 광화문 『동아일보』 구사옥 앞에 도달했을 때 전혀 다른 상황이 발생했다. 전투경찰의 현장 지휘부가 협상을 제안하던 순간, 일거에 지랄탄(다연발탄의 속칭) 수백여 발이 난사되었다. 나는 지프차의 지붕에서 곤두박질해 후배들에 의해 빼돌려지기까지 자욱한 지랄탄 연기 속에 정신이 아득해졌다. 6월항쟁 최대 인파인 30만 군중의 힘을 일거에 흩어버린 나의 무책임에 다리가 후들거렸다. 뒷날 선배들은 장기 연좌농성에 돌입하거나 시가행진을 통해 민주승리를 확정하는 행동을 하는 게 나았을 것이라고 지적했다. 변명의 여지없이 책임을 통감했다. 좀더 신중해지기로 했다."[96]

---

95) 고광헌, 『스포츠와 정치』(푸른나무, 1988), 75쪽.

그러나 그렇게 자책할 일은 아니었다. 부질없는 고민이었다. 양김을 포함한 대부분의 국민이 6·29 선언에 대한 감격에 취해 있는 그 상황에서, 장기 연좌농성에 돌입했거나 시가행진을 계속했다 한들 무슨 뾰족한 수가 있었겠는가.

---

96) 이인영, 〈6월항쟁과 부끄러운 세 번의 오판〉, 김명곤·손석희·임수경 외, 『가슴 속에 묻어둔 이야기』(아침이슬, 2000), 169~171쪽.

노동자 대투쟁

2개월간 3천여건의 노동쟁의

6·29의 민주화 물결을 타고 7·8월엔 이른바 '노동자 대투쟁'이 벌어졌다. 전국에서 노동자들의 파업 투쟁이 대대적으로 벌어져 7·8월 두 달 동안 3천여 건의 노동쟁의가 발생한 것이다. 이 파업투쟁을 계기로 노동조합 조직화가 급속히 증대되었다. 87년 6월에 2752개였던 단위 노조가 87년 12월에는 4086개, 88년에는 6142개, 89년에는 7783개로 증가하였다.[97]

70년대의 민주노조운동이 경공업 여성노동자 중심이었던 데 비해 80년대는 중공업 남성노동자 중심이었다. 그런데 이 놀라운 투쟁의 잠재력이 왜 6·29 이전엔 조용히 침묵했던 걸까? 김동춘은 다음과 같이 말한다.

---

97) 김현희, 〈산업화와 노동운동의 변천〉, 홍두승 편, 『한국사회 50년: 사회변동과 재구조화』(서울대학교출판부, 1997), 88쪽.

"우리는 1987년 이전 상황에서 노동자들이 보인 침묵과 노동조합에 대한 소극성은 이직과 전직이라는 대안이 있었기 때문에, 또 그러한 기대를 가질 수 있었기 때문에 가능했음을 발견할 수 있다. 그런데 만약 노동자들의 이기주의적 행태가 개인적으로는 자신의 불리한 시장능력 때문에, 구조적으로는 노동조합의 취약성과 무력성에서 기인한다고 본다면 노조의 조직화와 노조의 영향력 강화와 더불어 이들 속에 잠복되어 있는 '동료에 대한 관심'은 전혀 다른 형태로 표현될 것이다. 1987년 '대투쟁'은 바로 이러한 '이기주의적'인 노동자들이 갑자기 연대 지향적인 노동자로 변한 대표적인 예이다."[98]

임혁백은 7 · 8월의 노동자 대투쟁이 "한국을 비롯한 동아시아의 노동자들이 유교적인 윤리에 바탕을 둔 체제 순응적인 속성을 갖고 있다는 문화론적 설명에 치명타를 가했다"며 다음과 같이 말한다.

"1987년 이전 한국의 노동자들이 체제 순응적인 태도를 보인 것은 한국의 국가와 자본의 효율적인 노동자의 산업동원 전략에 기인한다. 따라서 1987년의 대파업은 민주화로 인해 기존의 산업 동원 전략의 효율성이 한계에 다다랐을 때, 한국의 노동자들은 더 이상 체제 순응적이지 않으며 오히려 체제변혁의 중심 세력으로 등장할 수 있다는 가능성을 보여준 사건이었다."[99]

언론의 대변신

노동자 대투쟁은 "30년 호황의 물질적 기초였던 병영적 노사관계에

---

98) 김동춘, 『한국사회 노동자연구: 1987년 이후를 중심으로』(역사비평사, 1995), 239~240쪽. 한국노동연구원과 서울대 인구 및 발전문제연구소의 조사에 따르면, 80년대 말 이직을 고려한 생산직 노동자가 응답자의 70%에 달했고, 과반수의 노동자는 자영업으로의 변신을 꿈꾸고 있었다. 또 노동 천시 풍조도 가세하였다.(김동춘 239쪽) 한국의 살인적인 교육열도 여전히 살아 있는 그런 풍조와 무관치 않을 것이다.

99) 임혁백, 『시장 · 국가 · 민주주의: 한국민주화와 정치경제이론』(나남, 1994), 337~338쪽.

87년 8월 23일 연세대에서 열린 전국노동자대회엔 1만여 명의 노동자들이 참석했다. 그들은 6·10 항쟁과는 달리, 언론과 제도권 야당을 포함한 범정치권 그리고 중산층의 외면 속에서 힘겨운 투쟁을 벌여나가야 했다.

기초한 고율의 착취체제를 더 이상 감내할 수 없다는 노동자 계급의 분노의 집단적 표출"이었지만,[100] '6월 항쟁'과는 전혀 다른 성격의 게임이었다. 6월항쟁시 기회주의적으로나마 '반군부' '반권위주의' 목소리를 내기 시작하던 언론은 노동자 대투쟁에선 전혀 다른 모습을 보이면서 기존 체제 보호에 안간힘을 다했다.[101]

언론은 〈우리 경제 뿌리채 흔들린다〉는 선동적인 기사 제목들을 내걸었으며, "계급투쟁과 노동해방이념 하에" "불법집단사태" "악성분규를 주도하는" 등과 같은 표현으로 노동자 대투쟁을 좌경폭력적 운동으로 각

---

100) 정성진, 〈한국경제의 사회적 축적구조와 그 붕괴〉, 학술단체협의회, 『6월민주항쟁과 한국사회 10년 I: 6월민주항쟁 10주년 기념 학술대토론회 자료집』(당대, 1997), 46쪽.
101) 조항제, 『한국의 민주화와 미디어권력』(한울아카데미, 2003), 166~167쪽.

인시키는 데에 열을 쏟았다.[102]

언론의 진상 은폐 및 왜곡보도는 ① 어용노조 퇴진 요구로 인해 발생한 사건을 노조 주도권 싸움으로 격하하고, ② 노동운동을 분열 및 탄압하기 위해 관리직 또는 깡패로 구성된 구사대를 의도적으로 미화시켜 보도하고, ③ 노동운동이 일어나게 된 원인을 왜곡보도하거나 축소·은폐하고, ④ 경찰 및 구사대에 의한 폭력행위를 전혀 보도하지 않는 식으로 나타났다.[103]

등 돌린 중산층

언론의 변신보다는 덜했을망정 야당도 노동자 대투쟁에 대해선 다른 자세를 취했다. 임혁백은 "6·29 선언으로 대타협이 이루어지게 됨에 따라 정치는 거리에서 의사당으로, 대중에서 엘리트로 이동하였다"며 다음과 같이 말한다.

"자연히 정국의 주도권은 노태우 후보를 중심으로 한 집권 세력 내의 온건파와 제도권 야당으로 넘어갔다. 6·29 선언은 민주화 이행 엘리트(transition elites)간의 암묵적인 중도연합을 만들어 내었다. …… 이행 엘리트들의 상호자제 전략은 7, 8월 노동자 대투쟁에 대한 대응에서 잘 나타난다. 7, 8월 노동자 대투쟁은 6·29 정치협약에서 배제된 노동자들에 의한 밑으로부터의 민주화운동의 성격을 갖는다. 6·29 선언 이후 3달 간 3000건이 넘는 파업이 폭발하였고 노동자의 분출은 80년대 이후 한국 경제의 중추산업이 된 중화학공업 분야를 강타했다. 이러한 노동자의 대분출에 대해 통일민주당은 이를 정치적으로 이용하려 하기보

---

102) 최장집, 〈6공 보수주의에 대한 하나의 비판〉, 계간 『사상』, 제6호(1990년 가을), 285쪽.
103) 〈언론의 노동쟁의 왜곡보도 실상〉, 『말』, 1987년 9월 15일, 113쪽.

다는 오히려 노동자들의 자제를 호소했다. 여당인 민정당은 노동자의 분출을 억압하기보다는 자본가와 노동자 당사자들에게 분규 해결을 맡겼다. 이행 엘리트들은 정권 내의 강경파와 급진반대세력들이 노동자들의 분출로 인해 조성된 불안을 막기 위해 재빨리 헌법개정 협상을 마무리지음으로써 선거정치로 국면을 전환하여 밑으로부터의 압력에 대응하였다."[104)

6월항쟁에 참여했던 중산층도 노동자 대투쟁에 대해선 거리를 두었다. 노동자 대투쟁은 "6월항쟁에서 그들이 얻을 바를 이미 얻었다고 생각한 중산층에게 있어서는 자신들이 얻은 성과의 훼손 가능성에 대한 우려로 받아들여지고 있었"던 것이다.[105) 6·29 선언이 발표된 시점은 한국 경제가 이른바 '3저 호황'으로 유례없는 호황을 누리던 시기였다.[106) 중산층은 그런 호황이 노동자 대투쟁으로 가라앉는 걸 두려워했던 건지도 모를 일이었다.[107)

104) 임혁백, 『시장·국가·민주주의: 한국민주화와 정치경제이론』(나남, 1994), 289~290쪽.
105) 임영일, 『한국의 노동운동과 계급정치(1987~1995): 변화를 위한 투쟁, 협상을 위한 투쟁』(경남대학교출판부, 1998), 151쪽.
106) 임혁백, 위의 책, 287쪽.
107) 노동자 대투쟁은 후일 호남 차별의 한 빌미를 제공하게 된다. 『신동아』 1993년 3월호는 다음과 같이 보도했다. "이런(호남 차별) 풍조는 업계에서도 비슷하다. 대기업 소유주의 영남 편중은 말할 필요도 없고, 일부 대기업에서는 호남 시장을 위한 극소수 인원을 제외하고는 신입사원부터 채용을 기피하는 것으로 알려져 있다. 불이익을 당한다고 느끼는 호남 출신들 중에 노동운동에 뛰어드는 사람도 많아 87~88년의 대투쟁기를 지낸 후 호남 출신이라면 곧 노동쟁의를 연상, 고개를 젓는 사업자가 많아졌다는 얘기도 들린다."

전대협 결성

박종철 고문치사 사건과 전두환의 4·13 호헌 조치로 불붙기 시작한 민주화 투쟁은 학생운동의 대명사가 된 전국대학생대표자협의회(전대협) 결성의 밑거름이 되었다. 민주화 투쟁 과정에서 학생운동 진영은 전국적인 연대 필요성을 절감하게 된 것이다. 87년 5월 8일 서울지역 대학생대표자협의회 결성을 시작으로 5월 8일에는 호남지역 학생연맹 건설준비위원회가, 6월 1일에는 부산지역 총학생회협의회가, 그리고 6월 25일에는 전북지역 학생협의회가 결성됐다.

87년 7월 5일 이한열의 장례식 절차와 관련해 서대협 주최로 연세대에서 각 지역 총학생회장이 참석한 가운데 회의가 열렸는데, 이 자리에서 처음으로 전국적 학생대중조직 건설에 관해 공식적인 이야기가 오고 갔다. 그리고 8월 1일 고려대에서 열린 '제1회 전국 대학생 지역대표자 연석회의'를 시작으로 총 3차례에 회의를 거쳐 전대협은 결성됐다.

그리고 8월 19일 충남대에서 제1기 전대협 발대식이 열렸다. 이 행사에는 전국 95개 대학에서 약 3천5백여 명에 이르는 학생들이 참여했다. 전대협은 출범 선언문에서 1) 외세배격과 독재종식을 통한 자주적 민간정부의 수립, 2) 조국의 자주적 평화통일에 기여, 3) 민중이 주인되는 세상을 위한 연대, 4) 학문·사상의 자유 쟁취, 5) 전국학생총연합 건설의

---

a) 김동훈, 『취재기자가 발로 쓴 6공화국 대학사건 취재기: 대학공화국』(한국대학신보, 1993), 272쪽. 『중앙일보』 2003년 2월 17일자는 전대협의 조직 문화는 '수령론'의 큰 영향을 받았다며 이렇게 말한다. 85년 겨울 팸플릿 하나가 대학가를 흔들었다. '미제(美帝)간첩 박헌영으로부터 우리는 무엇을 배울 것인가'로 시작되는 '강철 서신' 시리즈는 관념적 논쟁에 지쳐 있던 학생들을 휘저어 놓았다. 친북 주체사상이 도입된 것이다. 김영환(당시 서울대 법대 4학년, 현재 반북단체인 북한민주화네트워크에서 활동) 씨의 '강철 서신'은 6개월 만에 학생운동권을 휩쓸었다. 짧고 간결한 서술과 "운동가가 되기 전에 인간이 되라"는 선명

토대 마련 등 5가지 목표를 내세웠다.[a]

한 메시지가 학생들을 사로잡았다. 학생운동 특유의 비판의식과 논쟁은 사라지고, 그 자리에 주체사상의
두 기둥인 '품성론' '수령론'이 파고들었다. …… 품성론에 따라 '총화시간(자아비판)'에는 시시콜콜한 연
애담까지 털어놓아야 했다. 수령론에 따라 전대협·한총련(한국대학총학생회연합) 의장은 '옹립'되고 수
많은 사수대가 보호했다. 사수대가 들이닥쳐 "의장님 오십니다"라고 하면 연대회의에 참석한 1, 2세대 노
(老) 운동가들도 꼼짝없이 일어서야 했다. 당시 전대협 의장 임종석(민주당 의원) 씨는 "그때 무지하게 대
접받았죠"라고 회고한다. 김창호 외, 〈운동권, 신주류로 뜬다 3: '친북반미' 세대 … 정계로, 반북으로〉,
「중앙일보」, 2003년 2월 17일, 5면.

오대양 집단 자살 사건

1987년 8월 29일 경기도 용인군 남사면 북리 (주)오대양 용인공장 천 정에서 이 회사 대표 박순자 여인(당시 48세)을 비롯한 32명이 변사체로 발견되었다. 공장장 이강수(당시 45세)는 대들보에 목을 맨 채 발견되었 고, 그 이외의 시체들은 모두 잠옷 차림으로 반듯이 누워 있거나 서로 포 개어진 채 발견되었다.

현장 주변에서 먹다 남은 약병, 대용 식빵, 라면 상자, 물통들이 흩어 져 있는 걸로 보아 집단 도피 생활을 해왔던 것으로 추정되었다. 사체 부 검 및 현장조사 결과, 시체들은 대부분 손발이 옷가지에 묶이고 목 졸린 흔적이 있는 점, 그리고 위장에서 치사량에 이르는 독극물이 발견되지 않은 점으로 보아 이들은 목을 매어 죽은 것으로 추정되었다.

집단 자살 사건이 있기 전인 1987년 8월 16일 박순자에게 5억여 원을 빌려준 이 아무개씨가 돈을 받으러 갔다가 오대양 직원들에 의해 감금, 각서 등을 강요받다가 풀려나 경찰에 고발한 사건이 있었다. 이에 경찰 이 수사에 들어가자 박순자 여인은 세 자녀, 오대양 직원, 학사 수용아 등 1백여 명을 데리고 잠적해 의혹을 샀다. 이 사실이 알려지자 전국에서 채권자 220여 명이 70여억 원을 박순자 여인에게 빌려 주었다고 신고하 고 나선 결과 단순 폭행 사건은 거액 사기 사건으로 급반전해 새로운 국 면을 맞게 되었다.

박순자 여인은 1984년부터 대전에서 기업체를 운영하면서 당시 충남 도청 국장이던 남편의 지위를 배경으로 하여 거액의 사채를 끌어다 썼 다. 박 여인은 자신의 사기 행각을 감추기 위해 돈을 빌려다 쓴 사람들의 가족을 취업시키거나 그 자녀를 맡아 양육 · 취학시켰으며, 이렇게 끌어들인 사람들에게 '오대양교'를 주입시키기 위해 자신을 신격화 한 비디오를 보여주거나 철저한 집단 생활을 강요한 것으로 밝혀졌다.

경찰은 사건 발생 1주일 만에 사이비 종교 집단의 집단 자살극으로 간주해 수사를 종결시켰다. 이들이 거액의 빚에 쫓겨 집단 도피 생활을 해오다가 약물 복용으로 인해 혼미한 상태에서 집단적으로 자살했다고 결론내린 것이다.[a]

---

a) 정운현, 〈오대양 집단 자살 사건〉, 『호외, 백 년의 기억들』(삼인, 1997), 243~244쪽.

민교협과 민족문학작가회의 결성

민주화 교수들은 시국성명 발표 형식으로 민주화운동에 참여하였다. 86년 3월 1차 성명에 이어, 86년 6월 2차 성명, 87년 4월 3차 성명은 민주화에 큰 기여를 하였지만, 교수들은 성명 발표 효과의 한계를 인식하고 상시적인 공동기구의 필요성을 절감하게 되었다.

87년 5월, 제3차 성명 운동이 마무리되자 교수들의 조직화 문제를 본격적으로 논의한 끝에 새로운 조직의 명칭을 '민주화를 위한 전국교수협의회'(민교협)로 정했다. 6월 26일 창립총회는 총회 장소로 예정되어 있었던 평창면옥이 무력으로 봉쇄되었지만, 교수들은 경찰의 저지선 앞에서 약식 창립 선언을 하였다.[a]

7월에 이르러 서명 교수들에 대해 시험답안지와 출석부를 제시하라는 등 '반성문'을 쓰라는 5공의 치졸한 탄압이 가해지기 시작했다. 서명 교수들의 해외연구 여행도 가로막고 연구비 지급을 거절하고 평가교수단에서 제외시키는 등의 다양한 보복 조치도 가세하였다.[b]

5공이 그럴수록 민교협의 필요성은 더욱 절실해졌다. 민교협의 정식 창립총회는 7월 21일 성균관대에서 이루어졌으며, 창립회원으로는 42개 대학 664명이 참여하였다. 88년 8월 20일 대의원대회에선 간사체제를 의장체제로 바꿔 초대 의장에 김상기, 김진균, 송기숙 등이 선출되었다.

5공 시절 문인들의 민주화 투쟁은 85년 8월 1일에 '창작과 표현의 자유에 대한 문학인 401선언', 87년 2월에 '자유실천 87 문학인 선언' 등

---

a) 강남훈, 〈지식인운동의 전개: 교수들의 민주화운동을 중심으로〉, 학술단체협의회, 『6월민주항쟁과 한국사회 10년 II: 6월민주항쟁 10주년 기념 학술대토론회 자료집』(당대, 1997), 386~388쪽.
b) 김준엽, 『장정(長征) 4: 나의 무직 시절』(나남, 1990, 2쇄 1991), 71~72쪽.

으로 나타났다. 자유실천문인협의회는 전두환 정권의 탄압으로 한동안 침체되어 있다가 무크지 활동, 그리고 젊은 문학인들과의 연계를 통해 활동이 되살아나기 시작했다. 그래서 87년 9월 17일에 조직을 확대 개편해 소설가 김정한을 회장으로 하는 '민족문학작가회의'로 거듭났다.

40만 부를 파는 월간지의 '폭로 저널리즘'

신동아·월간조선 사건

6·29 이후 언론계엔 월간지의 과거사에 대한 '폭로 저널리즘'이 호황을 누렸다. 예컨대, 〈10·26과 12·12, 정승화의 증언〉이 게재된 『월간조선』 87년 9월호는 30만 부 넘게 팔리는 기록을 세웠다.[108]

『신동아』와 그 라이벌인 『월간조선』은 10월호 판매에 큰 기대를 걸고 있었다. 둘 다 73년 김대중 납치사건에 대한 이후락의 증언을 확보해 그걸 싣기로 했기 때문이었다. 그런데 안기부의 방해 공작이 들어왔다.

87년 9월 20일 안기부는 『신동아』 10월호 인쇄를 중단시켰고, 이에 출판국 기자 80여 명은 9월 21일 기자총회를 열고 「신동아 제작탄압 즉각 중지하라」는 성명을 발표하고 농성에 돌입했다.[109] 『월간조선』 기자들

---

108) 조선일보사, 『조선일보 칠십년사 제3권』(조선일보사, 1990), 1859쪽.
109) 동아일보사, 『민족과더불어 80년: 동아일보 1920~2000』(동아일보사, 2000), 493~494쪽.

도 성명을 발표하고 사내에서 농성을 벌였다.

두 월간지의 농성은 8일 만에 끝났다. 9월 28일에 정부의 실질적인 굴복조치라 할 양보선언이 나왔기 때문이다. 그 덕분에 이후락의 증언이 실린 두 월간지는 불티나게 팔려 나갔고, 『신동아』의 경우엔 40만 부 넘게 나가는 대기록을 세웠다.[110]

동아일보사의 『민족과 더불어』는 이 사건이 "80년대 언론자유의 빛나는 승리로 기억되는 제2의 '신동아 사태'"이며, 10월호의 40만 부 돌파를 "국민들이 동아일보에 보내준 신뢰"라고 주장하였지만,[111] 그게 꼭 그렇게만 볼 수 있는 일은 아니었다.

'폭로 저널리즘의 상업성'

『말』지 제15호(1987년 10월 15일)에 실린 〈폭로 저널리즘의 상업성: 신동아·월간조선 10월호 제작방해 사태를 보고〉라는 제목의 기사는 다음과 같이 말하고 있다.

> 국내의 주간, 월간 잡지들은 최근 경쟁하듯 폭로기사를 연재하고 특히 『신동아』, 『월간조선』류의 정치폭로물들은 구시대(제2, 3공화국)의 진상을 들춰내는 데 여념이 없다.
>
> 예를 들어보면 '김종필 대통령 작전', '5·16 쿠데타 진압 좌절의 진상', '이승만 망명비화', '김계원의 궁정동 증언' 등등 정치권 상층에서 일어났던 뒷이야기를 특집 내지 대담을 통해 게재하고 있다.

---

110) 동아일보사, 『민족과더불어 80년: 동아일보 1920~2000』(동아일보사, 2000), 493쪽.
111) 동아일보사, 위의 책, 493~494쪽.

이러한 기사들이 독자의 관심을 끄는 것은 민주언론의 부재, 정보의 부재 속에서 과거 공공연한 비밀로만 떠돌던 소위 유언비어성 이야기들을 지면을 통해 대할 수 있기 때문인데, 제5공화국 이전의 정치비사들이 주류로 등장한다.

이러한 기사들이 가지는 긍정적 측면-과거를 바로 보자 -은 분명히 있다. 그러나 이러한 이야기들은 구시대의 잔재라는 것을 전제, 이 시대의 실상과는 무관한 지저분한 음모, 암투, 비리라는 점을 애써 강조한다.

요컨대 구시대의 주인공들은 이 기사를 통해 유령처럼 등장하여 옛날 이야기를 해주는 것이다. 한국 정치의 구조성 속에서는 제5공화국 이전의 이야기들이 현재와 전혀 무관하지 않음에도 불구하고 아주 옛날에 묻혀버린 이야기인 냥 처리되고 있는 것이다. 독자들의 흥미를 부분적으로 만족시켜줌으로써 현재의 정치적 관심을 희석화시키는 데도 한몫 하는 것으로 볼 수 있다.

또한 현재 권력층의 핵심에 있거나 제5공화국에 유관한 인사들에 대해선 한마디 언급도 없다. 따라서 이 비화들은 피상적 편파적 성격을 못 벗어나며 드라마적인 성격을 강조하거나 주관적인 추측에 치우치고 있는 것이 특징이다.

돈벌이 방해받으니까 '언론자유'?

그랬다. 『신동아』가 뒤늦게나마 밝힌 건 다행스러운 일이긴 하지만, 『신동아』 기자들은 농성에 들어가면서야 비로소 그간 받은 탄압 사례를 발표했다. 안기부, 보안사, 문공부에 의해 각각 14건, 3건, 4건 등 모두 22건(1건 미상)의 탄압이 84년 이후 발생했다는 것이었다.[112]

또 『월간조선』 기자들은 공안기관 등의 압력으로 9월호의 '정승화 증언'도 일부가 삭제된 채 발간되었으며, 10월호에 게재 예정된 '3박과 3허'는 활자화되지도 못했으며 '광주사태와 정웅 사단장'은 주요 부분이 삭제되었다고 말했다.[113]

그러나 『월간조선』에겐 그런 말을 할 자격도 없었다. 김주언이 '양심선언'을 통해 지적했듯이, "85년 5월, 『월간조선』이 광주민중항쟁에 대한 왜곡보도를 하자 그 신문에 대한 구독거부운동이 국민 가운데에서 자발적으로 일어났던 일을 우리는 기억하지 않을 수 없다."[114]

『월간조선』의 이상한 행태에 대해 출판인 김언호의 85년 8월 4일자 '출판일기'는 다음과 같이 기록하고 있다.

"신축한 YWCA 6층에 있는 광주민중문화운동협의회 방문. 6층에는 민문협뿐만 아니라 광주의 운동단체들이 집결되어 있는 광주 운동권의 센터다. 『월간조선』거부운동에 관한 유인물 등의 여러 자료를 챙겨 오다. 송기숙 교수, 조비오 신부 등의 5·17 증언을 왜곡시켜 보도함으로써 『월간조선』은 광주시민들의 분노를 샀고, 이로 인해 광주시민들이 '월간조선 거부운동'을 전개했고 이 운동은 전국으로 번졌다. 『월간조선』은 또 서울대 유시민 군의 상고이유서를 게재하면서 그 핵심 되는 내용을 삭제함으로써 다시 말썽을 일으켰다."[115]

적어도 『월간조선』의 경우, 평소엔 자발적으로 왜곡보도를 일삼다가 돈벌이를 방해받으니까 그때서야 '언론자유'를 내세우면서 항의 시위를 한다는 건, 오히려 낯뜨겁게 생각해야 할 일이 아니었을까?

112) 한국사회언론연구회, 〈1980년대 한국 언론정책의 성격〉, 학술단체협의회, 『1980년대 한국사회와 지배구조』(풀빛, 1989), 181쪽.
113) 고승우, 『붓과 칼의 변주곡: 6공·5공 언론비판』(춘추원, 1989), 197쪽.
114) 민주언론운동협의회 편, 『보도지침』(두레, 1988), 371~372쪽.
115) 김언호, 『책의 탄생 (I): 격동기 한 출판인의 출판일기 1985~1987』(한길사, 1997), 179쪽.

노래를 찾는 사람들

민중가요의 성장

광주항쟁을 계기로 커다란 전환점을 맞은 민중가요는 1980년대 중반에 이르러 전국적으로 널리 퍼진 작품의 수가 1천여 곡에 이를 만큼 성장하였으며, 전국의 대학에서 민중가요를 부르는 노래동아리들이 속속 생겨났다. 대학 졸업 후에도 전문적으로 음악운동을 하는 노래모임 '새벽'이 생겨나면서 민중가요는 더욱 성숙한 경지에 이르게 되었다.[116]

1987년 6월항쟁으로 각종 금지곡들이 해금되는 **상황이 가요계에 발**생하고 이전보다 합법적 공간이 확대되자, 87년 10월 '새벽'을 중심으로하여 '노래를 찾는 사람들'(노찾사)이라는 음악운동 집단이 결성되었다. 이미 84년에 『노래를 찾는 사람들 1』이라는 음반이 나오긴 했지만, "이음반의 발행은 음악운동의 내적 역량의 성숙과 노찾사의 지속적인 프로

---

116) 후에 대중가수로도 성공한 김광석과 안치환 등이 바로 이 모임 출신이었다.

그램의 뒷받침이 없이 우연히 이루어진 것"이었다.[117]

MBC 『퀴즈 아카데미』를 통한 홍보

노찾사의 인기는 매우 높아 급기야 대중가요권에까지 진출하게 되었는데, 이 같은 성공엔 MBC-TV의 『퀴즈 아카데미』라는 프로그램이 적잖은 기여를 하였다. 이 프로그램의 PD 주철환은 다음과 같이 말한다.

"사소한 것이긴 하지만 아나운서의 첫인사 때도 시청자들이 눈치채지 못하도록 적절히 음악을 깔아주는 배려를 잊지 않았다. 프로그램이 끝나고 담당자들의 이름이 올라갈 때도 인상적인 음악을 늘 깔았는데 '노래를 찾는 사람들'이 부른 〈사계〉와 〈일요일이 다 가는 소리〉는 아마 『퀴즈 아카데미』를 통해 세상에 널리 알려졌다고 해도 틀린 말은 아닐 것이다. …… 〈사계〉는 뒤에 많은 사랑을 받아 '노래를 찾는 사람들'의 음반이 몇 십만 장씩 팔리는 데 일조를 했다. 하기야 그 노래의 제목과 부른 가수를 묻는 전화가 하루에도 몇 차례씩이나 걸려왔으니 안 보아도 짐작이 가는 일이었다."[118]

노찾사는 1988년과 1989년에 걸쳐 큰 공연만 해도 한 해에 7~8회 이상을 가졌으며, 이들이 89년 10월에 낸 『노래를 찾는 사람들 2』는 70만 장의 판매고를 올릴 정도로 대성공을 거두었다.[119]

민중가요와 대중가요의 상호 작용

노찾사로 대표되는, 이 시기 민중가요의 대중가요권 진출에 대해 이

---

117) 김창남, 『삶의 문화, 희망의 노래: 김창남 문화평론집』(한울, 1991), 156쪽.
118) 주철환, 〈가벼운 것들로 만든 날개〉, 한국방송프로듀서연합회 엮음, 『어제 그 프로 봤어?』(친구, 1991), 119쪽.
119) 이영미, 〈1980년대, 조용필과 발라드의 시대〉, 『한국 대중가요사』(시공사, 1998), 286~287쪽.

영미는 다음과 같이 말한다.

"첫째, 이들의 등장은 대중가요의 검열성 심의의 기준을 크게 완화시켰다. 이들은 처음부터 민주주의를 열망하는 진보적 대중들의 기세를 바탕으로 등장하였기 때문에, 공연을 통해 이미 인기를 얻는 작품들을 무조건 심의에서 가위질을 할 수 없었다. 따라서 어느 정도 공연윤리위원회가 물러서지 않을 수 없었고, 그로써 '민중의 넋이 주인되는 참세상 자유 위하여', '기나긴 밤이었거든 죽음의 밤이었거든', '미싱은 잘도 도네 돌아가네' 등 이전의 심의에서는 상상할 수 없을 정도의 표현들이 심의를 통과하였다. 한 번 사례가 생기면 그 사례에 맞추게 되어 있으므로, 규제가 한 번 풀리기 시작했다는 것은 매우 중요한 일이다. 이는 이후 대중가요의 표현과 사유의 폭을 크게 넓히는 기본 조건을 형성해 주었다. 둘째, 대중가요권 내에 진보적 진영을 형성하는 계기가 되었다. 오랫동안 활동이 금지되어 있었던 김민기는 물론이고, 1980년대 전반까지만 해도 그냥 독특한 포크 가수로 인식되었던 신형원과 한돌, 자생적으로 사회 비판적인 노래를 짓기 시작하여 뒤늦게 민중가요권으로 이적한 정태춘, 노찾사를 거쳐 간 언더그라운드 가수들인 김광석 등이 한 부류로 보이기 시작한 것이다. 이러한 존재가 없었던 대중가요계에, 이들은 존재하는 것만으로도 영향을 주기에 충분했다."[120]

노찾사는 드럼이나 전자기타의 사용에 있어 기존 대중음악적 기법을 과감하게 도입하고, 선곡에 있어서도 일반 대중들과 교감할 수 있는 정서들을 중요하게 고려하였다. 노찾사의 이와 같은 대중 지향성은 '소시민적 대중추수주의' 혹은 '소시민적 우편향' 등으로 요약되는 일련의 거센 비판의 표적이 되기도 했지만, 노찾사 활동은 애초부터 '음악운동이 가진 운동권 문화의 한계를 넘어서고자' 한 것이었기 때문에 그런 비판

---

120) 이영미, 〈1980년대, 조용필과 발라드의 시대〉, 『한국 대중가요사』(시공사, 1998), 287~288쪽.

은 노찾사의 성과로 볼 수도 있는 것이었다.[121]

121) 이영미, 〈80년대 후반 민족음악운동과 새로운 전망〉, 『민족예술운동의 역사와 이론』(한길사, 1991), 104쪽.

언론기본법 폐지와 언론노조 결성

언론기본법 폐지

6 · 29 선언은 언론계에도 새 바람을 몰고 왔다. 그러한 민주화 분위기에 힘입어 87년 7월 14일 문공장관 이웅희는 언론기본법을 폐지하겠다고 밝혔고, 8월 1일 '각 시 · 도 단위 1명씩 주재'를 원칙으로 '지방 주재기자의 부활'이 공식 발표되었다. 그간 신문들은 지방 뉴스를 편법으로 취재해 왔는데, 『중앙일보』의 경우 '이동사회부'라는 명칭으로 모두 7명의 기자를 두고 지방 순회 취재를 해왔다.[122]

9월 15일엔 기독교방송의 뉴스를 10월부터 부활시키는 이른바 'CBS 기능 정상화' 조치도 정부에 의해 발표되었다. 이는 8월 14일 기독교방송 직원들이 기능 정상화를 요구하는 사흘 동안의 단식 및 철야 기도회를 마치면서, "9월 15일까지 CBS에 가해지고 있는 부당한 조치가 철회

---

122) 중앙일보사, 『중앙일보 삼십년사』(중앙일보사, 1995), 300쪽.

되지 않을 경우 즉각 뉴스방송을 재개하겠다"고 결의한 결과였다.[123]

이웅희의 발표가 있은 지 약 4개월 후인 87년 11월 11일 국회는 언론기본법을 폐지하였다. 김성익은 전두환이 C일보의 사장과 D일보의 사장을 따로 만났을 때, "언론기본법이 없어도 정부가 언론사를 야단치면서 하면 되지 언론사 문닫을 일이 있느냐, 쓰지도 못하는 법을 두어서 독재라는 말만 들으니 폐지하는 게 낫다"고 해 폐지를 결심했다고 말한다.[124]

언론기본법 폐지와 함께 '정기간행물 등록 등에 관한 법률'과 '방송법'이 새로 제정되었고 보도지침을 만들어낸 문공부 홍보조정실과 프레스 카드제도 폐지되었다.

그런 외적 변화와 더불어 언론사 내에 인 변화의 물결은 노동조합 결성으로 나타났다. 이미 86년 4월 6일 『한국일보』 기자들을 필두로 여러 신문사 기자들이 언론자유수호결의문을 발표한 적이 있기는 했지만, 별 진전을 보진 못했었다. 1987년 10월 29일 『한국일보』 노조의 결성을 시발로 11월 18일 『동아일보』, 12월 1일 『중앙일보』 등으로 확산되었으며, 12월 9일엔 MBC에 최초의 방송 노조가 탄생하게 되었다.

"이제는 노조밖에 길이 없다"

MBC 노조의 결성 움직임은 87년 7월 2일부터 시작되었다. 7월 2일 MBC 보도국 기자들은 공정한 보도로 국민의 눈과 귀가 되기 위해 끝까지 투쟁할 것을 밝히는 '방송 언론의 민주화를 위한 우리의 다짐'이라는 제목의 선언문을 낭독하였다.

보도국 기자들의 선언에 대해 교양제작국·TV제작국·편성국 PD 일

---

123) 〈7년만에 CBS 뉴스 재개: 10월 중순부터 보도·광고 방송키로〉, 『말』, 제14호(1987년 10월 1일), 19쪽.
124) 김성익, 『전두환 육성증언』(조선일보사, 1992), 454쪽.

동에 이어 아나운서·방송 기술인들도 잇달아 지지 성명을 발표하였으며, 지방사들도 본사의 방송 민주화 운동에 참여하였으며, 광주 MBC에서는 사장의 퇴진을 요구하며 무기한 취재·제작 거부에 돌입하기도 했다.[125)]

노조 설립에 뜻을 모은 보도국의 최용익, 조헌모, 이우호 심재철 기자 등과 라디오국의 최상일 PD, 국제부의 이세용 사원 등 7~8명의 준비팀은 비밀 유지를 위해 각자의 집과 여관 등을 돌아다니며 준비작업을 한 끝에 12월 16일 공고된 대통령 선거 이전에 노조설립 신고를 마치는 것이 좋겠다고 판단, 12월 8일로 예정된 기자협의회 총회를 노조 창립대회 장소로 하기로 결정했다.

12월 8일 기자협의회 총회는 MBC 지하 구내식당에서 저녁 7시 반부터 열렸다. 해직기자 복직 문제와 자진 퇴사한 기자 유우근의 복귀, 공정 방송을 위한 실천방법, 기자협회 MBC분회와 기자협의회의 관계정립 등이 논의된 이날 총회에서, 기자협의회의 회장단은 중간간부와 회사측에 대해 보다 강력한 투쟁을 요구하는 젊은 기자들의 주장에 대해 선후배의 위계질서를 바탕으로 한 점진적 타협논리로 설득하다가 결국 사퇴의사를 표명했고, 12시 반쯤 정회에 들어갔다.

회의가 다시 속개되었을 때는 처음 참석했던 92명의 기자 중 47명만이 남았으며, 기자협의회 총회는 성원 미달로 이미 유회된 상태였다. 노조설립 준비팀은 준비한 창립선언문과 정관을 나눠주고 최용익, 조헌모, 심재철 기자가 차례로 나가 "이제는 노조밖에 길이 없다"고 노조설립의 당위성을 역설함으로써, 이 모임을 노조결성의 창립총회로 만드는 데에 성공하였다.

12월 9일 새벽 1시 반에 끝난 MBC 노조 창립총회에서 선임된 임원은

---

125) 최창봉·강현두, 〈컬러 방송 시대의 개막〉, 『우리방송 100년』(현암사, 2001), 300~302쪽.

조합장에 정기평(보도국 외신부), 부조합장에 이신명(보도국 사회부), 회계감사에 박수택(보도국 보도특집부), 윤도한(보도국 TV편집1부), 공정방송위원회 간사에 최용익(보도국 경제부), 사무국장에 조헌모(보도국 TV편집1부) 등이었다.

MBC 노조 결성

MBC 노조의 창립선언문은 "방송을 물이나 공기와 같은 환경요소 가운데 하나라고 볼 때 국민들은 맑은 물과 공기를 마실 권리가 있듯이 건전한 방송을 요구할 권리"가 있음을 지적하고, 따라서 "그 동안 왜곡, 굴절되어 온 방송체제는 전면적으로 고쳐져야 하며 방송의 고유 기능은 시청자의 요구를 충족시킬 수 있도록 전적으로 방송인에게 맡겨져야 한다"고 주장했다.

창립선언문은 또 "권력자가 임의로 임명한 관선 임원들의 비민주적인 회사운영과 근로자들의 대응능력의 결여로 오늘날의 방송은 정치권력의 입장을 대변하도록 호도됐고 결국에는 국민 우중화의 도구로 전락"했음 적시하고, MBC 노동조합은 "보도의 공정성을 확립하고, 편성과 제작의 명실상부한 자율성을 회복하며 나아가 사회 민주화에 기여하는 언론의 사명에 충실"할 것을 다짐했다.

47명을 창립조합원으로 한 문화방송 노동조합의 설립신고서는 9일 오전에 영등포구청과 서울지방 노동위원회에 접수됨으로써, 사상 최초의 방송노조가 탄생하게 되었다. 노조 조합원 수는 14일에는 178명(보도국 133명, 라디오 제작국 18명, 편성국 21명, 심의실 6명)으로 늘어났다.

이에 자극을 받아 KBS도 88년 5월 20일에 노조를 결성하게 되었다.

KAL 858기 폭파 사건

KAL기의 공중 폭발

12월 16일 대선을 2주일여 앞둔 87년 11월 29일 오후 2시 5분경, 대한항공 소속 858편 보잉 707기가 미얀마 근해 안다만 해역에서 공중 폭발해 추락하는 대참사가 발생했다. 이 비행기는 전날 밤 11시 27분(현지시각) 이라크의 바그다드를 출발, 아랍에미리트의 수도인 아부다비를 기착한 뒤 방콕을 향하던 중이었다. 29일 오후 2시 1분경 이 비행기는 미얀마의 벵골만 상공인 어디스에서 방콕공항으로 "45분 후 방콕에 도착하겠다. 비행 중 이상은 없다"는 무선보고를 하였으나, 그로부터 4분 후에 그런 참변을 당한 것이었다.

이 비행기에는 중동에서 귀국하던 근로자가 대부분으로서 한국인 승객 93명과 외국인 2명 그리고 승무원 20명으로 총 115명이 탑승하고 있었다.

대한항공 대책본부는 11월 30일 태국 내무성으로부터 공식 통보를 받고서야 사고 사실을 공식 발표했는데, 사고 내용에 관한 수사에는 별다른 진전이 없었다. 그러다가 이 비행기에 한국 입국이 금지된 일본인 2명이 탑승했다는 『동아일보』 보도가 시작되면서 수사가 급진전되기 시작했다.

문제의 두 남녀는 하치야 마유미와 하치야 신이치라는 이름의 여권을 가진 인물들이었다. 이들은 11월 29일 바그다드에서 KAL 858편에 탑승한 뒤 아부다비공항에서 내렸으며, 이 중 마유미는 위조여권을 소지한 것으로 밝혀져 유력한 용의자로 지목되었다. 수사 당국은 이들이 공산 국가인 유고슬라비아의 베오그라드에서 이라크에 입국, 바그다드에서 KAL기에 탑승한 뒤 사고 직전 기착지인 아부다비에서 내린 점으로 미루어 수화물에 폭발물을 숨겨 탑승한 뒤 이를 장치해 놓고 내렸을 가능성이 크다고 추정했다.

마유미는 김현희

12월 1일 바레인에 머물던 이들 두 남녀는 요르단으로 탈출하려다가 위조여권이 적발되어 붙잡혔다. 이 순간 이들은 담배 필터 속에 숨겨둔 독약 앰플을 깨물었다. 이로 인해 남자는 그 자리에서 즉사했지만, 여자는 바레인 여자 경찰관의 날렵한 동작으로 인해 미처 치사량을 삼키기도 전에 담배를 빼앗겨 목숨을 건질 수 있었다.

이들이 일본 여권을 가지고 있었으므로 일본 쪽에서 이들의 신원을 밝히는 작업을 시작했으나 별다른 진전이 없었다. 이에 한국 정부의 요청에 따라 바레인 당국은 몬트리올 협약에 근거하여 문제의 여인을 당사국인 한국 정부로 인도하였다.

처음에는 중국어와 일본어를 사용하며 중국인 행세를 하던 그 여인은 한국에 신병이 인도된 지 8일 만인 12월 23일에 심경 변화를 일으켜 범

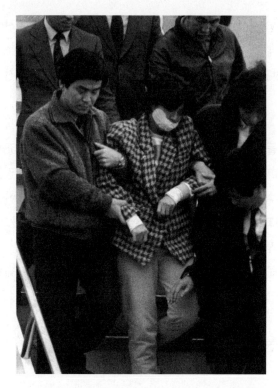

12·16 대통령 선거를 하루 앞둔 12월 15일에 이뤄진 김현희의 이송은 당시 노태우 민정당 대통령 후보에게 "엄청나게 유리한 환경을 조성했다."

행 일체를 자백하였다. 그 여인의 본명은 김현희(26)였고, 이 사건은 김정일의 친필 공작령에 따라 실행됐다는 것이 그녀가 밝힌 사건의 전모였다. 죽은 남자는 김현희와 함께 해외에서 부녀지간으로 위장 활동을 하던 북한 공작원 김승일이었다.

김현희는 "남조선의 국가안전기획부의 잔혹성과 지독한 고문에 대해 수없는 이야기를 들었으므로 불안감과 두려움을 가"져 "비밀을 지키기 위해 목숨을 바칠 각오까지 했"었다는데, 왜 심경의 변화를 일으킨 걸까? 김현희는 수사 8일째 되는 날, 수사관에게 한국말로 "용서해달라.

미안하다. 모든 것을 밝히겠다"면서 이렇게 말했다.

"KAL기 폭파 지령이 조국통일을 위한 과업이라는 생각에 의심이 들기 시작했다. 동포를 죽이는 죄를 저질렀다는 사실을 깨닫게 됐다. ……자백을 하든 하지 않든 자살해야겠다고 생각했다. 계속 고민하다가 결국 진실을 밝히기로 결심했다."[126]

올림픽 및 대선과의 관계

김현희에 따르면 김정일은 1987년 10월 7일 이들에게 "88올림픽 참가 신청 방해를 위해 대한항공 여객기를 폭파하라"고 친필 공작 지령을 내렸다는 것이다. 그 후 두 사람은 11월 10일에 "11월 28일 23시 30분 바그다드발 서울행 대한항공 858기를 폭파하라"는 최종 지령을 받았다는 것이다. 이들은 라디오에 시한 폭탄과 액체 폭약을 몰래 숨겨 탑승해 9시간 뒤에 폭발하도록 장치한 후 기착지인 아부다비 공항에서 내린 것으로 드러났다.

이 사건은 소련에 이어 중국까지 서울올림픽에 참가하기로 결정했다는 소식이 전해지자 국제사회에서 고립을 느낀 북한의 내부 국면 전환용으로 기도한 사건이었던 것으로 최종 결론이 내려졌다.[127]

또 이 사건은 대통령 선거에도 적잖은 영향을 미쳤다. 하필이면 김현희가 서울로 이송된 날이 선거 하루 전인 12월 15일이었다. 김영삼의 말이다.

"투표를 하루 앞둔 12월 15일, 전두환은 KAL기 폭파범 마유미(김현희)를 바레인에서 서울로 이송함으로써 노태우에게 엄청나게 유리한 환

---

126) 돈 오버도퍼, 이종길 역, 『두개의 한국』(길산, 2002), 287쪽에서 재인용.
127) 정운현, 〈김현희 KAL기 폭파 사건〉, 『호외, 백년의 기억들』(삼인, 1997), 245~247쪽.

경을 조성했다. 6월 민주항쟁에 이르기까지 그토록 오랫동안 갈망해 온 국민들의 민주화에 대한 여망이 KAL기 폭파사건의 거센 바람에 날아가 버리는 순간이었다."[128]

그러나 선거 후 세간의 관심은 115명의 목숨에 대한 기억은 상실한 채 김현희의 미모에 쏠렸다. 언론은 김현희를 '신비의 여인'인 양 묘사했고, 가냘프고도 신비롭기 그지없는 그녀를 보호해주겠다고 청혼하는 사내들도 적지 않았다.

12 · 16 대선도 그런 기억 상실증으로부터 자유롭진 못했다. 87년 6월 항쟁 이후, 6월항쟁과 그걸 낳게 했던 과거는 잊혀지고, 미국의 『월 스트리트 저널』이 지적했듯이, "이제 한국의 정치는 중간층을 잡기 위한 싸움의 양상"을 띠게 되었던 것이다.[129]

---

128) 김영삼, 『김영삼 회고록 3: 민주주의를 위한 나의 투쟁』(백산서당, 2000), 131쪽.
129) 오연호, 〈노정권의 중간층 포섭술〉, 월간 『말』, 1989년 7월, 16쪽에서 재인용.

1987년 대통령 선거

김대중의 대선 출마와 광주 방문

1987년 7월 9일 김대중이 사면복권되자 세상의 이목은 누가 민주당의 대통령 후보가 될 것인지에 쏠렸다. 김대중이 86년 11월 5일에 한 불출마 선언은 어떻게 되는 것인가? 김대중은 세인의 그런 관심을 의식한 듯, 7월 11일 『신동아』와 가진 인터뷰에서 다음과 같이 말했다.

"작년의 불출마 선언은 전두환 대통령이 자발적으로 대통령 직선제를 하면 불출마한다고 한 것이지, 이번처럼 국민의 압력에 의해 이루어진 것과는 아무런 상관이 없다. 전두환 대통령은 4·13 호헌 선언으로 이미 내 제의를 거부한 것이다. 그런데 왜 그 약속에 내가 묶여 있어야 하느냐는 논리가 나온다."[130]

7월 17일엔 김대중의 계보조직인 민권회가 '11·5 불출마 선언' 백지

---

130) 이영훈, 『파벌로 보는 한국야당사: 정치파벌에 대한 심층적 분석』(에디터, 2000), 199쪽에서 재인용.

화를 결의함으로써 김대중의 대통령 출마는 기정사실화 되었다. 김대중은 8월 8일 민주당사에서 입당식을 갖고 고문에 취임하였다. 양김은 8월 11일 회동을 갖고 대통령 후보 단일화 문제를 협의했으나 합의를 이루지 못했다.

9월 8일 김대중은 그 동안 미뤄왔던 광주와 목포를 방문해 50만 명에 달하는 인파의 열렬한 환영을 받았다. 김옥두는 광주 학살의 현장이었던 금남로에서의 한 장면을 다음과 같이 묘사했다.

"금남로는 이미 차가 다니는 도로가 아니었다. 금남로 일대는 이미 수십만의 사람들로 가득 채워져 송곳 하나 꽂을 틈이 없었다. 김대중 선생 내외는 1.5톤짜리 트럭을 개조해 만든 무개차 위에 올라 금남로 일대를 가득 메우며 환호하는 광주시민들에게 감사의 손을 계속해서 흔들었다. 광주시민과 인근 지역에서 모여든 수십만의 인파는 16년 만에 돌아온 김대중 선생의 얼굴을 한번 쳐다보기 위해 엄청난 환호성과 박수갈채로 빛고을 광주의 땅과 하늘을 온통 뒤흔들어 놓았다. 땅거미가 짙어오는 시각, 전남 도청 앞 광장에 도착한 김대중 선생은 무등산과 광주시민들의 얼굴을 번갈아 쳐다보며 '1980년 5·18의 광주투쟁이 일시적 좌절이 아니라 위대한 승리였음을 확인하자'고 선언하였다."[131]

광주 방문은 '지역감정 부채질'?

그러나 그 승리를 확인하기엔 아직 이른 시점이었다. 무엇보다도 그의 광주 방문을 곱게 보지 않는 시선이 도처에 번득이고 있었기 때문이었을 것이다. 이 방문은 나중에 김대중이 지역감정을 부채질했다는 비판의 근거로 활용되었다. 예컨대, 『조선일보』의 김대중은 87년의 관훈클럽

---

131) 김옥두, 『고난의 한길에도 희망은 있다』(인동, 1999), 313~324쪽.

토론회에서 다음과 같이 질문을 빙자하여 김대중에게 지역감정의 책임을 물었다.

"김 위원장이 언제 가도 환영받을 수 있는 고향인 광주를 처음 정계복귀의 거점으로 삼았다는 사실이 결과적으로 일파만파로 지역감정을 부채질하고 사람들에게 어두운 그림자를 안겨주고 있다는 사실과 결과에 대해서는 어떻게 생각합니까?"

이에 대해 김대중은 다음과 같이 답했다.

"그것은 좀 사정이 다릅니다. 내가 광주에서, 아시다시피 유세나 연설한 일이 없습니다. 광주는 여러분이 아시다시피 망월동 묘소 참배, 유가족과 부상자, 그리고 광주시민에 대한 위문과, 또 그 동안의 은혜에 대해 감사의 뜻을 표하기 위해 갔던 것입니다. 그렇기 때문에 어느 장소에 사람을 모아놓고 연설 안 하지 않았습니까? 아, 내가 광주사건에 연루되어 사형선고를 받았습니다. 또 광주 분들이 그 당시 일어설 때 계엄사령부 발표를 내가 광주사건이 나고 56일 만에 읽을 기회가 있었는데, 그걸 보면 계엄령 해제와 김대중 석방, 나중에 알고 보면 또 하나 전두환 물러가라의 셋이 있었다고 하는데, 이 '김대중 석방'을 들고일어났다가 그 분들이 많이 희생된 것입니다. 한 인간으로서 만일 광주를 제일 먼저 가지 않고 딴 데를 갔다면 아마 질문하신 여러분들 중에는, '당신은 당신의 정치적 목적만 달성하는 것이 문제고, 그런 막중한 은혜를 입은 데 대한 인간적인 예의조차 결하는 일이 아니냐?' 이렇게도 말할 수 있을 것입니다. 우리가 광주를 택할 때는 참 고민도 많이 했습니다. 지금 말한 그런 오해를 받을까 해서 사실은 부산부터 먼저 할까, …… 한때 그렇게 결정한 때도 있었습니다. 그런데 부산 분들이 와서 이야기가 '그렇게 하면 곤란하다. 적어도 떳떳하게 광주부터 갔다와야지, 그러지 않고 부산부터 먼저 오면 너무 정치적으로 보인다' 이런 부산 분들의 만류에 의해서 사실은 부산으로 결정했다가 다시 광주로 환원했던 것입니다."[132]

어찌됐건, 김대중에 대한 광주의 뜨거운 환영이 야권 후보단일화를 어렵게 만드는 데에 일조한 건 아니었을까? 후보단일화를 위해 김대중의 용퇴를 진언한 빈민운동가 제정구에게 김대중은 "호남인의 한을 외면할 수 없다"는 답을 했다고 한다. 두 사람 사이에 오고간 대화다.

"선생님, 진정으로 호남인의 한을 푸는 길이 무엇입니까. 대통령보다 국부가 되시는 것이 더 큰 호남인의 자존심 회복이 아니겠습니까. 그리고 그 후에 얼마든지 호남인의 불이익을 해결할 수도 있지 않습니까?"

"저 열화 같은 성원을 내가 외면하면 나를 가만두지 않을 거야. 성할 수 없을 거야."[133]

김영삼-김대중 단일화 실패

9월 12일 김영삼계는 김영삼의 대통령 후보 추대를 선언하고, 산하 조직인 민주산악회의 조직 강화를 추진하였다. 이에 질세라 민정당의 대통령 후보 노태우는 대선에서 유리한 고지를 차지하기 위해 87년 9월 중순 워싱턴을 방문해 레이건을 면담했다. 노태우의 레이건 면담은 한 편의 '쇼'였다. 한 관계 인사의 증언이다.

"레이건 만날 때 5분밖에 할애해 주질 않아. 그래서 백악관 벽에 있는 그림도 설명하고 사람 소개도 하면서 한 15분을 끌었지. 밖에 나가니까 미국 기자들이 왕창 몰려와 설쳐대는 거야. 실인즉 밥 돌 부인이 노동장관인가 했는데 돌연 사표를 낸다고 해서 몰려 나와 있었던 거야. 우리 기자들은 이걸 보고 '노·레이건 회담을 둘러싼 열기 …… 어쩌구' 하면서 보도했지. 한국 기자들이 나보고 '시간은?' 하고 묻길래 '한 30분 걸렸

---

132) 강준만, 『김대중 죽이기』(개마고원, 1995), 192~194쪽.
133) 제정구, 『신부와 벽돌공』(비전21, 1997), 227~228쪽.

다'고 하니까 왕창 국내에다 기사를 쏟아 놓더군. 이걸 계기로 그때까지 3김 뒤에 처져 있던 노가 단연 앞으로 튀어 나왔지."[134]

이미 그렇게 수구화된 언론이 설쳐대는 선거에서 양김은 힘을 합해도 노태우를 이긴다는 보장이 없었건만 이들은 따로 놀기에 바빴다. 9월 29일 김대중과 김영삼의 후보단일화 협상은 완전 실패로 끝나고 말았다.

김영삼과 김대중을 대표하여 김동영과 이용희가 '후보단일화 실무협의회'를 구성하여 협상에 나섰지만, 양측의 시각은 평행선을 달렸다. 김동영은 "김대중은 비토그룹 때문에 양보해야 한다"고 주장했으며, 이용희는 "김영삼은 무능하며 비서 정치가 될 가능성이 높다"고 주장해 양측의 감정의 골만 깊어졌다.[135]

당시 선거법은 여론조사를 공표할 수 없게 되어 있었지만, 대학가에선 다양한 형태로 모의투표가 실시되었고 그 결과는 세인의 입에 오르내렸다. 9월 25일 한양대에서의 모의투표를 비롯하여 인하대, 연세대, 중앙대, 건국대, 한신대 등 모든 대학에서의 모의투표 결과는 김대중을 부동의 1위로 꼽았다.[136] 아마도 이런 결과가 김대중에게 자신감을 심어주었겠지만, 학생들의 생각은 일반 유권자들의 생각과는 거리가 있었다.

양김의 분열로 인해 양자택일을 해야 할 운명에 처하게 된 민통련은 10월 13일 "범국민적 후보로 김대중 고문을 추천한다"는 이른바 10·13 성명을 발표하였다.

김영삼은 10월 17일 100만 명이 넘는 인파가 참여한 '군정종식을 위한 부산대회'를 개최하였다. 10월 22일 양김 회동에서 김영삼은 9월 14일에 김대중이 요구했던 36개 미창당 지구당 결성 요구를 수용하면서 당

---

134) 손광식, 『한국의 이너서클: 대기자 취재파일』(중심, 2002), 151쪽. 밥 돌의 아내 엘리자베스 돌은 노동부 장관이 아닌 교통부 장관을 역임했으며 남편의 대통령 선거운동을 돕기 위해 사임했다.
135) 이영훈, 『파벌로 보는 한국야당사: 정치파벌에 대한 심층적 분석』(에디터, 2000), 202쪽.
136) 마에다 야스히로, 이웃 편집부 옮김, 『격동하는 한반도』(이웃, 1989), 46쪽.

내경선을 제의했지만, 김대중은 답변을 회피하다가 10월 26일 당내경선 제의 거부 의사를 밝히고 함께 돌아다니며 국민의 뜻을 물어보자고 역제의를 했다.[137] 김대중은 85년 2월 8일 귀국 후 사면 복권이 이루어질 때까지 55회나 연금당해 정치활동을 할 수 없었던 자신이 당내 경선에선 불리하다고 판단했던 것으로 보인다.

87년 10월 27일엔 국민투표가 실시되었다. 한국 역사상 최초로 여야 합의로 마련된 신헌법은 93.1%라는 압도적인 지지로 통과되었다.

10월 28일 김영삼은 "당총재로서의 기득권을 포기하고 경선을 제의했으나 이를 거부한 것은 국민의 뜻을 무시한 것이다"며 자신의 대통령 선거 출마를 공식적으로 선언하였다. 김대중은 10월 30일 대통령 선거 출마 선언과 함께 신당 창당을 선언하고, 11월 12일 평화민주당(평민당)의 총재 및 대통령 후보로 추대되었다. 민주당은 11월 9일 임시전당대회를 열고 김영삼을 대통령 후보로 지명하였다. 이 임시전당대회에선 전 육군참모총장 정승화가 영입돼 민주당 상임고문으로 추대되었다.[138]

전두환의 노태우 지원사격

바로 그 날 청와대에서도 전두환의 주재로 선거대책회의가 열렸다. 다음과 같은 말이 오갔다.

> 전두환: 통민당은 목사 1000여 명 지지 광고도 내는데 민정당
> 은 불교에 치중하는 느낌이야. 개신교에도 신경을 써서
> 2000명 이상을 모아서 해야지.

---

137) 이영훈, 『파벌로 보는 한국야당사: 정치파벌에 대한 심층적 분석』(에디터, 2000), 200~202쪽.
138) 이영훈, 위의 책, 202~203쪽.

이진우(정무1수석): 당에서 금주 말에 3500명 단위의 모임을 계획 중입니다. ……

강우혁(정무2수석): 민민투가 문제입니다.

전두환: 그냥 놓아둬.

강우혁: 백기완을 후보로 하겠다고 하고 있습니다. 민주쟁취국 민본부와 지부를 결성했습니다.

전두환: 민민투는 자기네가 직접 정권을 잡아보자는 방향이고 자민투는 김대중 · 김영삼을 도와서 2단계로 집권하자는 전략이야. 우리가 조심해야 할 것은 자민투야. 얼른 보면 자민투는 약간 온건하고 우익과 협상이 가능한 것으로 보기 쉬운데 민민투는 떠들수록 우리한테 유리해요. 자민투는 김대중 · 김영삼을 미는데 자민투의 범법 행위에 대해서는 엄격하게 다루어야 돼요.[139]

그러나 전두환이 맡은 가장 중요한 일은 역시 대선자금 마련이었다. 돈을 거둬들이는 방법은 아주 간단했다. 한 관련 인사의 증언이다.

"복잡할 게 없었습니다. 전두환 대통령은 30대 기업 총수들을 따로따로 청와대로 불러 식사를 하면서 각각 50억 원씩을 걷었지요. 그것만 해도 1천5백억 원 아닙니까. 그 밖에도 31대에서 50대까지는 30억 원씩을 걷었으니 대선자금은 간단하게 마련할 수 있었던 것입니다."[140]

물론 대선자금으로 걷은 돈은 그 이상이었을 것이다. 후일(92년 1월) 정주영이 폭로했듯이, 전두환은 재벌들로부터 매년 두 차례씩 정치자금을 수금했기 때문이다.

---

139) 김성익, 『전두환 육성증언』(조선일보사, 1992), 545쪽.
140) 이장규 외, 『실록 6공 경제: 흑자 경제의 침몰』(중앙일보사, 1995), 237쪽에서 재인용.

"1년에 두 차례씩 정치자금을 냈다. 현정권에는 추석과 연말에 20억~30억 원씩 주었으나 육감으로 적다고 여기는 것처럼 느껴져, 한 차례 50억 원을 낸 뒤에 마지막에 1백억 원으로 올렸다."[141]

전두환의 경호실장을 지낸 안현태는 "대선 직전 전씨 부부가 노 후보의 연희동 자택을 방문, 대통령 선거자금으로 쓰라며 기업인들로부터 모금한 1천5백억 원을 건네줬다"고 증언했다.[142]

노태우 진영의 색깔공세와 협박

선거가 가까워오면서 각 후보는 경쟁적으로 100만이 넘는 인파를 대상으로 한 선거 유세를 벌여 나갔다. 여의도가 그런 경쟁의 주무대였다. 11월 29일 김대중의 유세엔 130만 명, 12월 5일 김영삼의 유세도 130만 명, 12월 12일 노태우의 유세는 150만 명이 몰렸거나 동원되었다. 노태우는 12월 12일 유세에서 '올림픽 후 중간평가'를 공약하였다.[143]

선거가 막바지에 접어들자 백기완 후보와 13개 재야단체들로 구성된 '단일화쟁취국민협의회'가 후보단일화를 위한 노력을 하는 가운데, 12월 8일 서울지역 대학생 140여 명이 민주당사와 평민당사에 몰려가 양김의 후보단일화를 요구하며 사무실을 점거해 농성을 벌였으며, 이들 가운데 일부는 김영삼의 상도동 집과 김대중의 동교동 집으로 몰려가 철야농성을 벌이기도 했다.[144]

12월 10일, 김영삼은 백기완과 전격 회담을 갖고 "군정종식을 위한 민주세력의 대연대를 추진한다"는 원칙에 합의하고, 김대중과 재야 13개

---

141) 이장규 외, 『실록 6공 경제: 흑자 경제의 침몰』(중앙일보사, 1995), 237쪽에서 재인용.
142) 정철근, 〈전씨, 1500억 노씨집 안방서 전달〉, 『중앙일보』, 1996년 4월 30일, 23면.
143) 이영훈, 『파벌로 보는 한국야당사: 정치파벌에 대한 심층적 분석』(에디터, 2000), 204~205쪽.
144) 이영훈, 위의 책, 205쪽.

단체의 대표로 민주연립정부 구성을 위한 4자 비상 정치회담을 갖는 데에 동의하였다. 김대중이 이를 거부하자, 12월 14일 백기완은 "민주세력의 대연대를 이룩하지 못한 책임을 지고 대통령 후보직을 사퇴한다"면서 노태우를 제외한 나머지 후보 중 한 명에게 투표해줄 것을 호소했다.[145]

노태우 진영은 '안정이냐, 혼란이냐' 라는 캐치프레이즈를 내걸고 '야당이 집권하면 나라가 떠내려간다' 느니 '대안 없는 투쟁경력만으로 나라를 이끌어갈 수 없다' 느니 하는 겁주기 전략을 구사하였다.[146] 또 김대중과 김영삼에 대해 박정희가 원없이 우려먹었던 '색깔 공세'를 취했다. 민정당은 다음과 같이 주장했다.

"양김씨 가운데 한 분이 당선되는 경우 …… 과격세력은 혁명 1단계 승리했다, 지금부터 혁명 2단계 시작이다, …… 전국 곳곳에서 특히 대도시에서 해방구를 선언할 것입니다. …… 그 동안 민주화 구호로 위장한 채 폭력혁명을 꿈꾸어 온 좌익 폭력세력이 날뜁니다. 야당은 집권을 위해 불순한 좌익 폭력혁명 세력과 손을 잡고 있습니다. 좌익 폭력혁명 세력도 우선 강력한 정부를 없애고 약체 정부를 세운 뒤 끝내는 약체 정부를 전복하여 민중 민주주의 정부를 수립한다는 계산 아래 야당과 연합하고 있는 것입니다."

군부까지 나서서 노태우의 선거운동을 도왔다. 김대중의 선거참모 정홍진은 다음과 같이 말한다.

"12·12 쿠데타에 동조했던 한 군부 책임자는 언론에 대고 노골적인 위협을 해오기도 했다. '김대중이 당선되면 군이 어떻게 나올지 모른다. 부하들 중에서 폭탄을 들고 차에 뛰어들겠다는 사람이 있을 정도다.' 이런 협박성 발언들이 여과 없이 공공연히 발설되고 있었고, 선거 사무실

---

145) 이영훈, 『파벌로 보는 한국야당사: 정치파벌에 대한 심층적 분석』(에디터, 2000), 205쪽.
146) 김용호, 『한국정당정치의 이해』(나남, 2001), 231쪽.

에도 '암살 계획이 있다' '권총 저격을 하겠다'는 식의 제보 전화와 협박 전화가 걸려오기도 했다."[147]

돈 오버도퍼는 이렇게 기록하고 있다.

"필자가 김대중의 자택을 찾아가기 며칠 전 박희도 육군참모총장은 김대중의 대통령 출마에 반대한다는 군부의 의견을 공개적으로 선언했다. 따라서 김대중이 선거에서 승리한다 해도 군 지도부가 그를 대통령으로 용납할 것인가에 대한 우려감이 팽배했으며 군부에서 김대중 암살을 기도할지도 모른다고 생각하는 사람들도 적지 않았다. 김대중은 자택식탁에서 계란과 베이컨으로 마련된 서양식 아침을 들면서 '그 같은 위협에 굴복하지 않을 것'이라고 말했다."[148]

노태우의 '이미지 쇼'

민정당과 군부 일각은 그런 '공갈 협박'을 도맡아 하는 한편, 노태우는 '이미지 쇼'를 연출하였다. 그는 "이 사람 노태우 믿어주세요"라고 속삭이면서 총 459건의 공약을 내놓았다.[149] 그냥 아무 말이나 내뱉었을 뿐 애초부터 전혀 실천할 뜻이 없는 공약들도 많았다. 예컨대, 노태우는 12월 초 태백시에서 열린 정당연설회에서 "나를 대통령에 당선시켜주면 광부들의 임금을 2배로 올려주겠다"고 공약했지만, 그 공약은 후일 석탄산업과 광부들에게 '장송곡이 울리는 신호탄'에 지나지 않았음이 밝혀졌다.[150]

노태우는 "보통사람들의 위대한 시대를 연다"는 구호를 외치면서 자

---

147) 정흥진, 〈작은 생활의 민주주의, 일상의 민주주의를 위해〉, 김영배 외, 『대통령과 함께 한 사람들 2』(맑은 물, 1999), 314~315쪽.

148) 돈 오버도퍼, 이종길 역, 『두개의 한국』(길산, 2002), 275쪽.

149) 주태산, 『경제 못살리면 감방간대이: 한국의 경제부총리, 그 인물과 정책』(중앙 M&B, 1998), 265쪽.

150) 홍춘봉, 『탄광촌 공화국』(노동일보, 2002), 112~113쪽.

신이 직접 '보통사람' 행세까지 했다. 그것도 남의 지적 소유권을 억압적으로 침해해 가면서. '보통사람' 이란 말은 원래 부총리를 지낸 이한빈의 것이었다. '보통사람' 을 강탈당한 이한빈의 말을 들어보자.

"국내에서는 대통령 선거가 한창이고, 나의 책 『보통사람들의 시대』가 박영사에서 출판 준비를 완료하고 있었다. 그래서 내가 미국 본토를 여행하는 동안, 서울에서 직접 하와이로 온 이기홍 씨를 통하여 내게 그 책의 견본이 11월 말에 전달되었다. 그런데, 여기에 이상한 일이 일어났다. 11월 말에 나와야 할 책이, 12월이 되어도 국내에서는 영 나오지 못한 것이었다. 뒤에 출판사 사람들에게 들은 이야기로는, 그 책이 한 달 동안 출판정지가 되었다는 것이다. 그 책의 제목인 '보통사람' 이 노태우 대통령 후보의 전용물처럼 되어버린 사태와 관련이 있다는 것이었다. 나는 그저 망연자실했다. 지적 소유권을 주장할 계제도 못 되었다. 선거가 끝난 뒤, 노 대통령 후보의 연설을 쓰는 '스피치 라이터' 로 알려진 인사들을 마주칠 때 그들의 각별하고 은근한 인사가 고작이었다. 매우 씁쓸한 경험이었다."[151]

선거 기간 중 노태우의 선거참모들은 노태우에게 "이렇게 나가다가는 당선 가능성이 희박하다"고 말한 뒤, "문제가 되고 있는 전 대통령의 비리를 공개해야 유리한 국면으로 전환시킬 수 있다"며 5공과의 단절을 선거공약으로 내세워야 한다고 주장했다.[152]

노태우가 그런 선거 전략에 대해 전두환으로부터 허락을 받아내자, 노태우의 참모들은 전두환의 친인척들의 비리를 담은 소책자를 발간해 언론에 흘렸다. 이 책자에 들어간 내용은 당시 『조선일보』 기자 출신으

151) 이한빈, 『일하며 생각하며: 이한빈 회고록』(조선일보사, 1996), 387쪽. 원문에는 '노태우 대통령' 으로 표기되어 있으나 당시 노태우는 대통령 후보였기 때문에 '후보' 라는 단어를 추가했습니다.
152) 김문, 〈이기백장군〉, 『격동의 현대사를 주도한 장군들의 이야기 Ⅱ: 장군의 비망록』(별방, 1998), 28쪽에서 재인용.

로 노태우의 핵심 참모로 활약하고 있던 최병렬에 의해 작성된 것이었다.[153]

36.6%짜리 대통령의 탄생

12월 16일 실시된 13대 대통령 선거는 경합하리라는 예상을 깨고 개표 초반부터 우세를 보이던 노태우의 일방적인 승리로 막을 내렸다. 노태우는 36.6%(828만표)의 득표율을 기록해 28.0%(633만표)와 27.1%(611만표)를 얻는 데 그친 김영삼과 김대중을 따돌리고 13대 대통령에 당선되었다. 36.6%짜리 대통령이었다. 공화당의 김종필은 8.1%(182만표), 한주의통일한국당의 신정일은 0.2%(4만6천표)의 득표율을 기록했다.

서울에서는 명동성당을 중심으로 12 · 16 선거 무효화 및 부정선거를 자행한 5공 정권의 타도를 주장하는 집회와 시위가 잇따라 일어났다. 명동에선 8일 간에 걸친 항의농성 및 시위가 열렸다. 12월 24일 명동성당에서 민주쟁취국민운동 선거무효화투쟁본부 주최로 열린 '부정선거규탄 선거 무효화 및 군부독재 즉각 퇴진대회'에서, "한 시민은 선거 기간 중 가장 악질적으로 왜곡 편파보도를 일삼았던 일간신문 불매운동-그 중에서도 특히 『조선일보』-과 KBS 시청료 거부운동을 범국민적으로 벌여 나갈 것을 제안하기도 하였다."[154]

그러나 그건 결코 민심의 대세는 아니었다. 선거 18일 전인 11월 29일 115명의 생명을 앗아간 KAL 858기 폭파사건, 12월 15일 김현희의 서울 이송, 지역감정 선동, 부정 · 불공정 선거, 언론의 왜곡 · 편파 보도 등이

---

153) 김문, 〈이기백장군〉, 『격동의 현대사를 주도한 장군들의 이야기 Ⅱ : 장군의 비망록』(별방, 1998), 28쪽.
154) 〈명동서 8일간 항의 농성 · 시위: 선거 무효화 투쟁〉, 『말』, 제19호(1988년 1월 15일), 20쪽.

노태우의 당선에 큰 기여를 했겠지만, 노태우 승리의 '1등 공신'은 김영삼·김대중 양김의 분열로 지목되었다.

그걸 예상한 탓이었을까? 선거 결과에 가장 크게 반발한 사람은 김영삼이었다. 그는 즉각 선거 자체를 '원천적인 부정선거'로 규정하고 "내가 지금까지 참고 있었지만 이제는 전두환·노태우 정권을 타도하고 말 것"이라며 정권 타도투쟁을 선언했다. 그는 또한 "선거 혁명을 통한 정권교체가 나의 지론이었다. 그러나 그것이 받아들여지지 않은 지금 이 정권은 타도되어야 한다는 결론을 내렸다. 나는 선거유세를 통해 이 정권이 독재정권의 연장을 꾀할 때 제2의 이승만, 제2의 마르코스가 될 것이라고 계속 충고했다. 이것을 그들은 받아들이지 않았다. 나는 내 목숨이 두렵지 않다."[155]

그러나 그 누구도 김영삼의 목숨을 원하진 않았다. 민주 진영은 구로구 개표소에서의 부정과 컴퓨터 조작설 등을 문제삼으면서 나중에 선거 무효 소송까지 제기하였지만, 양김의 분열에 대한 비판 여론은 변함이 없었다.

조갑제, 이인화, 그리고 한수산

특히 노태우에게 표를 던졌음직한 수구적 인사들이 양김의 분열에 더욱 강도 높은 비판을 퍼부어댔다. 예컨대, 조갑제는 『월간조선』 88년 1월호에 쓴 〈13대 대통령 선거 분석〉이라는 제하의 글과 88년 2월호에 쓴 〈민심의 대전환〉이라는 제하의 글에서 각기 다음과 같이 주장했다.

"선거가 끝나자마자 양김씨에 걸었던 지지자들의 기대는 좌절감으로, 이 좌절감은 증오심으로 변질되고 있다. 민주화를 염원하면서 두 후보에

---

155) 전진우, 『60점 공화국: '작가-기자' 전진우의 6공 비망록』(미문, 1992), 50쪽에서 재인용.

게 표를 던졌던 1천2백만 명의 한국인들은 절대 다수의 민의가 두 사람의 배신에 의하여 허무하게 사라져버린 이 어이없는 사실을 결코 잊을 수 없는 것이다. 양김씨는 유세장에서 받았던 성원만큼이나 비난을 앞으로 각오해야 할 것이며 양김 시대의 종장에 대비해야 할 것이다."

"양김씨의 분열이 정권교체 실패의 원인이며 국민들은 분열로 인해 정권교체의 기회를 무산시켜버린 양김씨를 증오하고 있으니 이제 양김씨는 물러나야 한다."

'전두환 대통령 만들기'와 '노태우 대통령 만들기'에 앞장섰던 조선일보사의 논객이, 전두환과 노태우를 기쁘게 만든 야권 후보단일화 실패에 대해 그토록 강도 높은 비판을 퍼부었다는 건 무얼 의미하는 것이었을까?

홍수 났을 때 산업폐기물을 방류하는 악덕 기업주의 기쁨이라고 말하면 지나친 걸까? 조갑제는 신바람이 나서 자신이 흠모해마지 않는 박정희까지 이 기회에 복권시켜야겠다고 단단히 작정했던 모양이다. 그는 이렇게 주장했다.

"1987년 6월 사태 뒤의 사태 발전은 박정희를 보는 눈을 다소 맑게 해주었다. 정권을 눈앞에 두고 김영삼과 김대중은 어린아이도 웃을 동시 출마란 바보짓을 감행하였다. 88년 노태우 정권의 출범과 5공 비리 소동, 그리고 사회의 욕구 분출은 민주화가 진선미한 것만은 아니며 인간은 기본적으로 이기적이고 정치인들이 말하는 민주와 자유는 겉과 속이 다르다는 것을 알게 하였다."[156]

---

156) 그러나 조갑제가 처음부터 이랬던 건 아니다. 출판인 김언호의 87년 10월 29일자 '출판일기'는, 조갑제가 대선 결과에 너무 충격을 받아 생각을 바꾸었거나 아니면 점점 '조선일보 중독증'에 빠져들면서 나중에 생각을 바꾸게 된 게 아닌가 하는 점을 시사해주고 있다. "조갑제 씨와 점심. 그는 노태우의 정체를 폭로할 수 있는 책을 쓰고 싶다 한다. 형편없는 언론들이 두 김씨만을 '싸움꾼'으로 보도하고 있다. 노태우(에 대해선) 한마디도 못하면서." 김언호, 『책의 탄생 (I): 격동기 한 출판인의 출판일기 1985~1987』(한길사, 1997), 664쪽.

소설가 이인화도 후일 다음과 같이 주장했다.

"87년 대선이 끝난 후 '그 사람의 입을 보지 말고 손을 보라'는 공자의 말씀이 생각났다. 입으로 민주화를 떠들던 사람에게 실망했다. 그들이 비난하고 욕했던 박 대통령을 재평가하고 싶었다."[157]

그러나 1981년 5공 정권 치하에서 필화사건으로 고문까지 받았던 소설가 한수산은, 그 당시 보안사의 책임자였던 노태우가 대통령에 당선되자 "도저히 이런 나라에서 살기도 힘들고, 할 수 있는 일도 없다"며 한국을 등지고 일본으로 떠났다.[158]

후일 한수산은 노태우 등 신군부 일당에 대해 '용서'를 택했다. 그는 자신이 그들을 용서하지 않을 수 없는 이유에 대해 다음과 같이 말했다.

"사랑을 해봐야 용서한다란 말이 있다. 나는 힘들게 힘들게 그들이 내 삶에 끼친 고통스런 기억에서 벗어나기 위해 노력했다. 그러나 결국 돌아보니 그들을 위해서가 아니라 나를 위해서 용서하고 있었다. 그들은 하나도 안 변했지 않은가. 결국 저들은 용서받지 못한 자들이다. 나는 나를 위해 그들을 용서했다."[159]

157) 〈박정희, 그가 돌아왔다〉, 『뉴스메이커』, 1997년 4월 24일, 20~35면.
158) 오병상, 〈작가 한수산씨: "믿음의 글쓰기로 제2의 인생 출발"〉, 『중앙일보』, 2000년 9월 8일, 13면.
159) 배문성, 〈"고문의 악몽 … 결국 나를 위해 그들을 용서했다"〉, 『문화일보』, 2000년 8월 4일, 17면.

김대중과 김영삼의 변명

김대중의 변명

조갑제의 말마따나, 양김은 87년 대선에서 도대체 무슨 생각으로 '어린아이도 웃을 동시 출마란 바보짓을 감행하였' 던 걸까?

김대중은 김영삼에 대해 강한 불신을 갖고 있었다. 그는 후일(92년 대선 직전) 87년의 상황에 대해 "모처럼 싸워서 얻어낸 직선제의 기회를 얻었는데 무슨 일을 할지 모르는 사람에게 후보를 맡길 수야 없지 않겠느냐 이런 이야기가 많았습니다"라고 말하면서, 김영삼의 민주 의지에 대해서도 김영삼이 "어떤 수를 써서라도 대통령이 되어야겠다는" 생각을 갖고 있는 인물로 일축하였다.[160]

그러나 문제는 왜 이길 수도 없는 '바보짓' 을 감행했느냐는 것이다. 김대중은 후일 다음과 같이 말했다.

---

160) 강준만, 『김대중 죽이기』(개마고원, 1995), 55쪽.

대통령 후보단일화에 대해서 나는 처음에는 문제가 없다고 생각하고 있었다. 김영삼 씨는 이미 '만약 김대중 씨가 복권하면 대통령 후보를 양보하겠다'고 공개적으로 선언했기 때문이었다. 나는 김영삼 씨가 국민 앞에서 약속했기 때문에 단일화 문제는 별로 걱정하지 않았다.

나는 복권된 뒤에 통일민주당(이미 아는 바와 같이 김영삼 씨와 내가 만든 당)의 고문으로 추대되었다. 그때 다시 야당 후보단일화 문제가 대두되었다. 나는 측근을 통해 김영삼 씨에게 약속이행을 요구했다. 김영삼 씨는 태도를 바꿔 자기가 출마해야 한다고 했다. 내가 나가면 군부가 승인하지 않을 거라고 했다.

결국 여러 가지로 두 사람의 후보단일화를 둘러싸고 문제가 생겼다. 그리고 통일민주당의 조직상에도 문제가 발생했다. 창당된 지 얼마 안 되는 이유로 인해 지방의 지구당 조직이 충분히 만들어지지 않았다. 사실상 그 무렵 김영삼 씨가 통일민주당 총재로서 당내 기선을 제압하고 있었으므로 동교동계는 그 조직이 변변히 갖추어지지 못한 상황이었다.

따라서 우리 동교동계는 시급히 지방의 36개 미창당 지구당 문제를 해결해야 했고, 이 문제로 나는 몇 번이나 당조직 담당부와 의논했다. 하지만 생각처럼 조직 책임자 임명이 이루어지지 않았다. 이런 상황하에서는 우리의 미약한 조직만으로는 대통령 후보 경선에서 공정하게 경쟁하기 힘들었다. 이런 조직 문제와 대선 후보 단일화 문제로, 당시 주류였던 김영삼 씨 측과 의견이 맞지 않았다. 나는 지금까지 반평생을 살면서 전에 경험하지 못했던 괴로운 나날을 보냈다.

결국 9월 29일 김영삼 씨 측과의 후보단일화 협상은 실패로 끝났다. 나의 지지자들은 날로 늘어갔다. 각계 재야 대표들의 지지와 추대로 13대 대통령 후보 출마를 선언하게 되었고, 우리 동교 동계는 탈당하여 평화민주당을 창당했다. 이 자리에서 나는 평민당의 대통령 후보와 당 총재로 추대되었다. 투표 25일 전이었다. 나는 이때 나라도 양보해서 불출마를 단행하지 못한 것을, 그 후 얼마나 후회했는지 모른다. 일부 사람들의 일시적인 흥분에 말려 든 것을 지금도 유감스럽게 생각한다.[161]

또 김대중은 다음과 같이 말하기도 있다.

"나로서는 87년 당시 '출마'의 정당성을 논리적으로 주장했지만 지나고 나서 보니 국민들은 논리에 승복하지 않았어요. 국민들은 단일 야당 후보를 바랐고, 그랬더라면 만일 정권교체에 실패했다 하더라도 한을 품지는 않았을 겁니다. …… 정치는 논리가 아닌 현실, 좀더 구체적으로는 국민정서에 따라 움직여야 한다는 점에서 단일화에 실패한 것은, 김영삼 씨가 양보하지 않았으면 나라도 했어야 하는 건데 하는 생각이고 그 점에 있어선 변명의 여지가 없어요."[162]

그러나 김대중의 말을 그대로 믿기는 어렵다. 1983년 8 · 15 선언에서 김영삼과 함께 '국민 앞에 자책과 참회의 뜻'을 밝힌 건 괜한 소리였던 말인가?

아무리 봐도 김대중의 위와 같은 발언은 솔직하지 않은 것 같다. 이미 '엎질러진 물'을 처리하려는 정치적 발언으로 여겨진다. 차라리 대놓고 김영삼을 비판하거나 아니면 자신의 욕망을 토로하면서 "그게 뭐가 나쁘냐?"고 항변하는 게 더 솔직한 게 아니었을까?

---

161) 일본 NHK 취재반 구성, 김용운 편역, 『역사와 함께 시대와 함께: 김대중 자서전 2』(인동, 1999), 214~ 215쪽.
162) 『월간조선』, 1991년 10월.

김영삼의 변명

김영삼은 후일 자신의 회고록에서 다음과 같이 말했다.

"사면·복권이 확정된 김대중은 7월 9일부터 정치활동을 재개했다. 그는 이 날 자신의 1986년 11월 대통령 후보 불출마 선언을 번복할 의사를 내비쳤다. '현재로선 종래의 입장에 변화가 없지만, 국민 여론에 따라 결정하게 될 것'이라고 퇴로(退路)를 열어 놓은 것이었다. 정가에서는 양대 선거일정을 정하는 문제와 함께 나와 김대중 간의 협력문제, 즉 대통령 후보 단일화문제가 점차 관심사로 떠오르고 있었다. …… 1987년 대통령 선거를 되돌아볼 때 나는 많은 상념(想念)에 잠기곤 한다. 박정희의 18년 독재를 무너뜨리고 간신히 서울의 봄을 꽃피워 보려는 순간, 신군부가 추악한 쿠데타를 일으켜 이 땅의 민주주의를 또다시 짓밟았다. 온갖 좌절 속에서도 나는 1983년 목숨을 건 단식투쟁을 시작으로 하루도 쉴 날 없이 숨가쁘게 민주화투쟁을 이어왔다. 1987년 가을, 단일화보다 더 중요한 선거 준비는 없다고 생각했고 또 큰 기대를 걸었다. 그러다가 50 대 50이란 예측불허의 결과를 수용할 각오를 다지면서 마침내 당내 경선까지 준비했다. 그러나 김대중은 1980년과 마찬가지로 1987년에도 자기 갈 길로 가버린 것이다."[163]

김영삼은 김대중과는 달리 여전히 자기 정당성을 강변하면서 김대중을 탓하고 있다. 김대중과는 달리 마음에도 없는(또는 하나마나한) '정치적 발언'을 하지 않았다는 점에선 더 솔직하다는 평가를 내릴 수 있을 것이다. 그러나 김영삼에겐 자기 성찰 능력이 박약하다는 평가를 내릴 수 있을 것이다.

그러나 역설이지만 그게 또 정치인 김영삼의 장점으로 통용되었다.

---

163) 김영삼, 〈장엄한 드라마 6월항쟁〉, 『김영삼 회고록 3』(백산서당, 2000), 80, 116~117쪽.

김영삼은 87년 대선에서 패배한 직후 "국민 주권을 도둑질한 파렴치하고 부도덕한 정권과는 같이 일할 수 없으며 생명을 바쳐서라도 투쟁할 것"이라면서 정권타도 투쟁을 선언했다. 그러나 그는 2년 뒤 "나라의 장래를 위해 숭고한 입장에서 구국의 결단으로 합당을 결심했다"면서 그 이전의 말을 완전히 뒤엎었다.[164]

김영삼의 이런 강한 자기 중심성과 그걸 실행에 옮기는 무서운 뚝심은 후일 그가 대통령이 된 후 한동안이나마 무서운 개혁 드라이브를 가능케 해 거의 모든 국민들로부터 뜨거운 찬사를 받기도 했다.

"지구는 나를 중심으로 돈다"

여기서 드러난 두 사람의 차이는 결코 예외적인 것이 아니다. 다른 일에서도 자주 나타났던 두 사람의 스타일 차이가 후보단일화 실패에 대한 변명에서 극명하게 드러났다는 점에 주목할 필요가 있다.

진실성의 깊이가 어느 정도이건, 김대중은 자신의 과오에 대한 '반성'의 말을 했다. 남의 생각과 시선을 의식할 줄 안다는 것이다. 반면 김영삼은 시종일관 자신의 생각대로 행동했고 그 정당성을 강변하였다. 두 사람의 스타일 차이에 대한 평가는 보는 이의 시각에 따라 다를 수밖에 없을 것이다. 다 나름대로 일장일단(一長一短)이 있고 명암(明暗)이 있다는 것이다.

두 사람 모두 똑같이 공유하고 있었던 건 매우 강한 자기 중심성이었다. 많은 사람들이 양김의 그런 자기 중심성으로 인한 분열을 욕했지만,

---

164) 강준만, 『김대중 죽이기』(개마고원, 1995), 66쪽. 김영삼은 88년 13대 총선 부산 동구 지원유세에서 "허삼수 후보는 반란을 일으킨 군인입니다. 반란의 총잡이입니다. 총잡이는 국회로 보낼 것이 아니라 감옥으로 보내야 합니다"라고 주장했다. 그로부터 4년 후 김영삼은 같은 자리에서 이렇게 말했다. "허삼수 씨는 충직한 군인입니다. 허삼수 씨를 뽑아 주시면 제가 중히 쓰겠습니다. 저를 대통령으로 만들어 주시기 위해서도 허삼수 씨를 국회의원으로 뽑아 주십시오."

그건 인간에 대한 이해 부족에서 기인한 착각인지도 모를 일이었다. 그들에게 그런 자기 중심적인 '독불장군' 근성이 없었다면, 그들이 적어도 유신 체제 이후 15년 간 그 힘겨운 민주화 투쟁을 계속해올 수 있었을까? 어쩌면 그들의 분열과 그들의 민주화 투쟁은 동전의 양면과 같은 것이었는지도 모른다. 두 가지 일 모두 "지구는 나를 중심으로 돈다"는 평소 소신이 없었다면 어찌 가능한 일이었겠는가?

백기완과 김대중

87년 대선에서, 이념적으로 보자면 김대중에게 더 호의적이었어야 할 재야 인사들은 사실상 김영삼에게 더 호의적인 태도를 보였다.

　　87년 대선을 앞두고 진보적인 재야 인사들 가운데엔 야권 후보단일화를 위해 애쓴 사람들이 많았다. 이념적으로 보자면 이들은 김대중에 대해 더 호의적이어야 했었음에도 불구하고 사실상 김영삼에게 더 호의적인 태도를 보였다. 여기엔 이들을 대하는 김대중과 김영삼의 태도 차이가 크게 작용했던 것 같다.

　　예컨대, 재야 인사 백기완은 87년 대선에서 대통령 후보로서 양김과 자신이 하나가 되어서 연립정부를 만들자고 했다. 이 제안과 관련, 백기완은 후일 다음과 같이 말했다.

　　"그런데 그때 YS는 연립정부안을 지지했지만 DJ는 반대했습니다.

87년 12월 10일경 외교구락부에서 YS의 동의를 얻고 나서 DJ의 집에 연락을 해 좀 만나자고 했더니 3일 만에 전화가 왔습니다. 자기 집에서 만나자고 하더군요. 당시만 해도 나도 대통령 후보인데 다른 대통령 후보 집에 가는 것이 그렇게 단순한 일은 아니었습니다. 전화를 들고 똑딱 똑딱 15초를 가만히 있었습니다. 상당히 긴 시간이었죠. 그런 후 동교동으로 갔더니 나를 식당으로 안내하더군요. 우리나라의 전통적인 거실 개념에 따르면 식당이라면 부엌인데 그때 부엌에서 만났습니다. 그 사람에게 우리 3명이 만나자고 했더니 글쎄 자기는 당선된 것이나 다름없으니까 안 만나겠다고 하더군요."

기자가 "식당으로 안내한 김 이사장이 무례하게 대했다고 생각하고 있는 것 같군요"라고 묻자, 백기완은 "상당히 무례했지 ……"라고 답했다. 그러면서도 백기완은 이 말을 한 후 "이것을 분명히 해야 돼. 이렇게 되면 말이야. 잘못 쓰면 말이야. 내가 DJ만 비판하고 YS는 비판 안 한 것으로 될 가능성이 있어"라고 고개를 저었다는 것이다.

백기완은 경향신문사가 발행하는 시사 주간지 『뉴스메이커』 1995년 6월 8일자와 가진 인터뷰에서도 김영삼의 자신에 대한 끔찍한 배려에 관한 일화 한 가지를 소개하였다.

"83~84년도 서울여대에 다니던 둘째 딸이 반정부 시위로 재판을 받았습니다. 전두환 전 대통령을 재판부로 데려오라던 딸아이가 강제 퇴정당하자 법정 안은 아수라장이 되었습니다. 다들 나가고 재판정이 썰렁한데 뒤쪽에서 누가 눈물을 닦고 있는 것을 보았습니다. 바로 YS였습니다. 내가 가서 고맙다고 하니 '아니 백 선생 다 우리가 민주화를 위해서 노력하는데 고맙다니 무슨 말이요' 라고 하더군요."

87년 대선 이후에도 백기완은 김영삼보다는 김대중에 대해 훨씬 더 비판적인 자세를 보였다. 92년 대선은 김대중이 전두환과 노태우의 연장선상에 있는 민자당의 후보 김영삼과 대결하는 선거였지만, 백기완은 김대중 비판에 더 열을 올렸다.

백기완은 92년 대선 직전에 낸 『그들이 대통령 되면 누가 백성 노릇을 할까?』라는 책에서도 김대중을 '병든 당나귀'로 매도하였다. 87년에 후보단일화를 못한 데다 "광주에서 사람 죽인 살인마들에게 면죄부를 주는 데 앞장선 것" 때문에 김대중이 '병든 당나귀'라는 것이었다. 또 백기완은 김대중이 '노태우 군사독재를 대변'하고 있다고 주장했으며, 김대중이 전두환과 망월동 묘지를 참배할 용의가 있다는 것에 대해서도 "실로 무서운 배신, 사기협잡이 아닐 수 없다"고 주장했다.[a]

a) 강준만, 『김영삼 이데올로기』(개마고원, 1995), 366~369쪽.

1987년 대선과 지역감정

보안사의 지역감정 선동 공작

1987년 대선에서 민정당의 노태우는 대구와 경북에서 유효표의 70.7%, 66.4%를, 통일민주당의 김영삼은 부산, 경남에서 56%, 51.3%를, 평민당의 김대중은 광주, 전남, 전북에서 각각 94.4%, 90.3%, 83.5%, 신민주공화당의 김종필은 충남과 충북에서 45.0%, 13.5%를 득표했다.

이 같은 결과가 말해주듯이, 87년 대선은 지역주의가 강하게 드러난 선거였다. 저절로 그렇게 된 건 아니었다. 그건 5공 정권의 치밀한 사전 각본에 따라 부추겨진 것이었다.

87년 11월 1일 부산 유세를 마친 김대중의 숙소에 300여 명의 폭도들이 몰려가 호텔 현관을 부수고 각목을 던지는 등 난동을 부려 평민당원 15명이 부상하고 차량 10여 대가 파손되는 사건이 발생했다. 11월 14일 김영삼의 광주 유세에서는 김영삼이 군중들로부터 돌 세례를 받고 피신하는 불상사가 발생했다.

이 사건들은 과연 누가 저지른 것이었을까? 이는 보안사가 87년 대선에서 노태우의 당선을 위해 가장 크게 기여한 공작이 무엇일까 하는 질문과 통하는 것이었다. 후일, 『조선일보』 기자 방준식은 다음과 같이 말했다.

"가장 대표적인 것이 김영삼 후보의 광주 유세 때 돌멩이를 투척해 지역감정을 부추긴 사건. 당시 이 공작을 주도한 사람은 H처장(준장)이었다. 그는 보안사 내에서 '흑색 선전의 귀재'로 불리는 사람으로 80년 광주사태 때 전두환 사령관의 특명을 받고 전남도청에 있던 폭약의 뇌관을 제거한 것으로 알려지고 있다. …… H씨는 87년 대선 때 보안사 본부에서 김모 소령을 광주에 직접 내려보내 '돌멩이 투척 사건'을 지휘하도록 했다. 한 보안사 장교는 '이상하리만큼 YS를 집중 공략했었다'고 말했다."[165]

이상할 것도 없었다. 어느 한쪽을 그런 식으로 공격하면 상승 작용을 일으키기 마련인데다 보안사로서는 기존의 '반(反) 호남' 정서를 건드리는 것이 가장 좋다고 판단했을 것이다.

그러나 김영삼은 11월 15일 창원 유세에서 "우리 경상도민은 김대중 씨가 올 때 깨끗이 함으로써 어제의 광주 사람들을 부끄럽게 해달라"고 호소함으로써 보안사의 그런 음모에 놀아나 사실상 지역감정을 부추기는 태도를 보였다.[166]

---

165) 방준식, 〈역대 대통령과 기무사령관: 군사정권의 산파요 파수군〉, 월간조선부 엮음, 『비록 한국의 대통령: 권력과 인간, 정치와 인생』(월간조선 1993 신년호 별책부록), 246쪽.

166) 배규한, 〈선거과정과 지역감정〉, 한국사회학회 편, 『한국의 지역주의와 지역갈등』(성원사, 1992), 323쪽. 김영삼은 2000년에 낸 회고록에서도 광주 유세에서의 폭력을 여전히 '지역감정의 폭발'로만 보는 인식을 드러내고 있다. 김영삼, 『김영삼 회고록 3: 민주주의를 위한 나의 투쟁』(백산서당, 2000), 123~124쪽.

대구 유세에서의 폭력 사태

폭력 사태로 얼룩진 11월 15일 김대중의 대구 두류공원 유세도 보안사의 그런 음모가 개입했을 것이다. 김대중의 유세를 수행했던 김태랑은 다음과 같이 말한다.

"문익환 목사의 연설이 중간쯤에 이르렀을 때부터 군중들 사이에서 욕설과 고함이 터져 나오더니 마침내 돌멩이가 연단으로 날아들었다. 2백여 명의 전경들이 사복을 입고 군중들 틈에 끼여 있다가 난동을 부린 것이었다. 군중들 대부분은 김대중 후보의 연설을 듣고 싶어하는, 민주주의에 목말라 찾아온 사람들이었으나, 계획된 방해꾼들이 집회 자체를 깨버리려는 음모를 꾸민 것이었다. 그런 소란 가운데 김대중 후보가 연단에 나섰다. 여전히 야유와 고함이 터져 나왔고, 돌멩이도 더욱 거세게 날아들었다. 조윤형 비서실장, 김옥두 형이 우산과 피킷을 방패삼아 펼쳐 들고 온몸으로 돌멩이를 맞으면서 둘러쌌다. 그 가운데서 김대중 후보는 조금의 동요도 없이 차분하게 연설을 해 나갔다."[167]

11월 29일 노태우의 광주 유세에서도 연설 도중 각목이 날아들고 시위대가 연단으로 몰려들어 10분 만에 연설이 중단되는 사건이 발생했으며, 이와 같은 양상은 다른 호남 지역에서도 비슷하게 나타났다. 확실한 물증만 없을 뿐, 그게 5공 정권의 작품이었음에 틀림없다.

중요한 건 텔레비전이었다. 그런 폭력 사태가 텔레비전을 통해 전국의 안방에 전달되었을 때 유권자들이 무슨 생각을 했겠는가? 이와 관련, 최장집은 지역감정을 지배이데올로기로 만드는 방법은 아주 단순하다고 말한다.

"적대하는 지방민들이 분출해내는 감정을 병렬시켜 보여주기만 하면

---

167) 김태랑, 『용마루에 뜨는 달: 김태랑 자전적 에세이』(하서, 1999), 200쪽.

87년 대선에서의 지역주의는 5공 정권의 치밀한 사전 각본에 따라 부추겨진 것이었다. 87년 11월 15일 대구 두류공원에서 열린 '군부독재 종식과 지역감정 해소를 위한 영호남 결의대회'에서 문익환 목사는 "지역감정은 한겨레의 수치"라고 호소했지만, 돌아온 건 사복을 입고 군중들 틈에 끼어있던 전경들의 돌멩이였다.

그만이다. 이 기능을 수행하는 것에 텔리비전 이상으로 효과적인 도구는 없다." 이렇게 하면서 집권세력은 "지배적 이데올로기로서의 효과를 상실해가는 반공 이념"과 "반호남 지역감정을 접맥시키면서 '급진혁명세력의 대부'로서 김대중의 부정적 이미지를 더욱 강화한다"는 것이다. 최장집은 6월항쟁으로 위기에 몰린 집권세력이 "사상 유례없이 강력해진 반군부 독재 민주동맹을 약화"시킬 방법으로 '고전적인 분할지배전략'을 택했으며, 그 핵심이 지역감정이었다고 말한다.[168]

---

168) 김종철, 〈지역감정을 어떻게 볼 것인가〉, 김종철·최장집 외, 『지역감정 연구』(학민사, 1991), 21쪽에서 재인용.

영남에서의 반(反) 김대중 선동

　직접 영남인들을 대상으로 한 공작도 가동되었다. 유시민은 "노태우 진영이 자기네 강세지역에서, '전략적 투표행위'를 유도하는 …… (反) 김대중 선전 선동을 조직적이고 광범위하게 전개했다고 믿는다"며 자신이 87년 대선 기간 중 대구에서 직접 목격한 사례에 대해 다음과 같이 말한다.

　　골목시장 한 모퉁이에서 생선 장수, 생닭 장수, 참기름집 아저씨, 야채가게 아주머니 등등 보통 시민들이 모여서 선거 이야기를 하는데 누군가 대낮부터 한 잔 걸친 거나한 목소리로 말한다.
　　"전두환이가 참말로 잘하기는 다 잘했는데 딱, 한 가지는 잘못한 기 있다 아이가."
　　"먼데?"
　　"김대중이 안 죽이고 놔둔 거. 그기 잘못한 거 아이가 이 말이라."
　　생각이 똑바른 사람이 하나도 없으면 여기저기 맞장구치는 소리와 더불어 토론 아닌 토론은 끝이 나고, 그 남자는 또 사람 모인 곳을 찾아 슬며시 사라진다. 그러나 개중에 그래도 양식 있는 사람이 하나라도 있어서 그나마 토론 비슷한 것이 이루어졌다.
　　"와? 김대중이가 니한테 돈을 돌라 카더나, 아이면 니 딸을 내노라 카더나? 와 그 사람을 죽이삐라 카노?"
　　"김대중이, 그거 순 빨갱이 아이가!"
　　"그 사람이 빨갱인지 아인지 니가 우째 아노? 진짜 빨갱이라 카모 박 대통령이나 전두환이가 그냥 내삐리 놨겠나. 그라고 빨갱이하고 선거하는 노태우는 등신이라 말이가?"
　　"이 사람 이거, 혹시 고향이 전라도 아이가? 수상한 사람이네 이거 ……. 우쨌기나간에, 선거할 때 표나 마아 똑바로 찍어라. 영삼이 찍어주면, 김대중이 찍는 기나 마찬가지라꼬 안카나. 영삼이 갖꼬는 대중이한테 절대로 몬당하는 기라."

토론은 여기서 끝이 났다.[169]

텔레비전의 조작

두말할 필요 없이 87년 대선에선 텔레비전이 큰 영향을 미쳤다. 노태우에게 표를 던진 사람들은 비호남인으로 늦게 결정한 사람들이 많았고, 텔레비전을 정보원으로 비교적 더 많이 활용하였으며, 텔레비전의 영향은 노태우에게 유리하게 작용한 것으로 조사되었다.[170]

텔레비전 때문에 가장 큰 피해를 입은 후보는 김대중이었다. 그에겐 텔레비전이 잘 맞지 않았다. 87년 봄 홍석경은 텔레비전에 등장한 김대중의 이미지에 대해 다음과 같이 말했다.

"해금된 김대중 고문을 텔레비전에서 처음으로 본 많은 시청자들은 '아, 저 사람' 하는 감회에 젖었겠지만 곧 그의 부석부석한 얼굴과 약간 다리를 저는 부자연스러운 모습, 그의 놀라운 웅변에 대한 신화를 깨뜨리는 정밀한 마이크의 성능에 그리 어울리지 않는 샛된 목소리에 '김대중'이란 상징적인 단어가 지녀왔던 두터운 의미가 다소 희석되거나 변화됨을 느꼈을 것이다."[171]

그러나 진짜 문제는 그런 '텔레비전 적합성' 차원의 것이라기보다는 텔레비전의 의도적인 왜곡이었다. 후일 김대중은 "87년 선거 때 노태우 후보나 김영삼 후보에 비해 특히 텔레비전을 통한 대중접근이나 이미지 관리에 실패한 것으로 평가"된다는 질문에 대해 다음과 같이 답했다.

---

169) 유시민, 『97 대선 게임의 법칙』(돌베개, 1997), 58~59쪽.
170) 조항제, 『한국의 민주화와 미디어권력』(한울아카데미, 2003), 167쪽.
171) 『샘이깊은물』, 1987년 4월.

"결정적으로 손해를 본 것은 텔레비전 카메라가 비출 때 계속 웃고 있을 수는 없거든요. 어떨 때는 말하다가 인상을 찡그릴 때도 있는데 그 장면만 내놓는단 말예요. 그러다 보니까 시청자들은 저의 안 좋은 인상만 보게 되지요. 그런 대표적 예가 관훈토론회입니다. 아주 까다로운 질문이 많이 나왔는데 비교적 잘했다는 평을 받고 만족하고 돌아왔습니다. 그런데 텔레비전 화면을 보니까 그냥 험한 대목만 나와 기가 막히더라구요. 현장에서 잘해도 필요 없어요."[172]

그래도 그 정도는 약과였다. 나중에 민주적인 방송인들이, 방송사들이 정권의 지시를 받아 왜곡 편파 보도를 적극적으로 자행하였다고 폭로한 바와 같이, 대선에서 텔레비전은 노태우를 위한 매체였다고 해도 과언이 아니었다. 노태우는 6 · 29 선언에서 "정부가 언론을 장악해서도 안 되고 장악하려고 시도해서도 안 된다"고 말했지만 그건 새빨간 거짓말이었음이 드러났다.

이미 87년 9월 12일 MBC 기자들은 「공정보도와 뉴스 활성화를 위한 우리의 제언」이라는 성명서를 통해 불공정 보도사례 10여 건을 공개하는 등 정권의 통제와 압력을 비판하였다. 87년 11월 9일 KBS 기자들이 「KBS의 노태우 후보 여론조작 방송계획」이란 이름으로 폭로한 바에 따르면, KBS는 오직 노태우만을 위한 매체로 기능하게끔 강제되었다.[173]

'TV에 대해서는 참 한이 많다'

KBS와 MBC가 오직 노태우의 이미지 메이킹만을 위해 기능했다면 문제는 덜 했겠지만, 사정은 전혀 그렇지 않았다. 이들은 투표가 임박한

---

172) 「시사저널」, 1992년 6월 25일.
173) 김주언, 〈80년대 언론탄압〉, 「사회비평」, 제2권 제3호(1989), 190~191쪽.

시기에 이데올로기 비판 프로와 함께 캄보디아·월남의 공산화와 필리핀의 사회 혼란을 다룬 프로를 집중 방영하였으며, 『TV 특강—민중민주주의란 무엇인가』라는 프로그램을 여러 차례에 걸쳐 방영하였다.[174]

아니 그런 이데올로기 공세만 하는 데에만 머물렀더라도 괜찮았을 것이다. 가장 중요한 건 이들이 지역감정을 악화시키면서 반(反) 호남 정서를 유포시키는 데에 결정적인 기여를 하였다는 사실이었다. 김근태는 "대중매체 특히 TV에 대해서는 참 한이 많다"면서 다음과 같이 말한다.

"무엇보다 호남인들에 깊이 상처를 입힌 직접적 계기는 80년 5월 대학살입니다. 용서할 수 없는 피해의식과 한을 심어줬습니다. 우연히도 김대중이라는 이 지역 출신의 정치 지도자의 수난적 모습과 상호 중첩되고 녹아들면서 대통령 선거 과정에서 매우 강력한 반파쇼의 힘으로 분출돼 나왔습니다. 군사정권은 피해의식에 기초한 강력한 대중의 진출과 힘에 대해서 타지역 사람들이 상대적으로 두려워하도록 TV를 동원해 확대 재생산시켰으며 호남인을 과격·체제 전복 세력인 것처럼 암시화하여 중간 계층에게까지 두려움을 유발토록 유도했습니다. 그 한 예로 이리·군산 지역의 노태우 후보 유세방해 필름이나 전주 유세방해 시위를 TV를 통해 수없이 반복 선전했고, 반대로 서울 여의도의 노태우 후보 집회는 공무원을 비롯 공권력에 의한 대대적인 동원과 함께 이에 반대하는 학생·재야 세력이 두려워 경찰력을 동원해 이를 지켜내는 데 주력했습니다. 그리고 이러한 사실들을 TV·신문은 열심히 상대적인 왜곡을 위해 동원되었습니다. 결국 호남인들의 문제가 편협한 지역감정에 대한 항의로 규정시켜도 그 자체가 전혀 불편치 않은 것으로 만들어 갔던 것입니다. 타지역 사람들에게 우월의식을 확인시켜주고 방어 본능을 유발시켜 대중들이 통합된 여론을 형성시켜내지 못하도록 하는 전략을 저들은

---

174) 고승우, 『붓과 칼의 변주곡: 6공·5공 언론비판』(춘추원, 1989), 196쪽.

성공적으로 해낸 것입니다."[175]

조선일보의 지역감정 선동

신문은 어떠했던가? 일부 신문들의 왜곡 보도는 텔레비전 못지 않게 심각했는데, 가장 대표적인 신문이 바로 『조선일보』였다. 민주언론운동 시민연합 신문모니터분과는 다음과 같이 말한다.

> 『조선일보』는 87년 선거 보도를 통해 '지역감정=호남문제' 라는 등식을 고착시켰다. …… 『조선일보』의 대표적 논객인 김대중 주필 …… 그는 지역감정의 문제를 '호남민의 피해의식' 으로 귀착, '지역감정=호남' 이라는 등식을 만든 장본인이기도 하다. 87년 12월 6일자 표밭칼럼 〈'피해극복' 의 논리〉는 이를 잘 보여준다. …… 이 칼럼 전반을 지배하고 있는 내용은 광주시민들의 '피해자 논리' 를 집중적으로 전하면서 호남인들의 투표행위와 지역감정을 연결시키고 있다. …… 다른 지역에 대해서는 어떻게 다루었을까? 당시 『조선일보』는 광주 외에도 부산과 대구의 '표밭칼럼' 을 내보낸 바 있다. 각각 홍사중, 류근일 논설위원이 작성한 이 칼럼들을 보면 광주에 대한 것과 사뭇 비교된다. 우선 12월 5일자 부산-김해 표밭칼럼 〈선거판은 장날이라예〉를 보자. 이 칼럼은 "부산 민심이 김영삼 후보를 일방적으로 지지하지는 않는다"고 말하고 있다. …… 류근일 논설위원이 쓴 12월 8일자 대구 표밭칼럼에서도 〈모두가 의견 달라〉라는 제목이 눈에 띈다. 이 칼럼은 특히 대구지역의 응집력을 '지역감정' 이라 표현하지 않고 굳이 '공동

---

175) 『월간 경향』, 1988년 8월.

87년 대선에서 지역감정을 제조한 데는 전두환 군사독재 정권과 텔레비전 그리고 『조선일보』의 활약이 눈부셨다. 특히 『조선일보』의 김대중 주필은 '지역감정=호남' 이라는 등식을 만든 장본인이기도 한데, 그들의 활약상은 아직도 계속되고 있다.

체' 라고 표현해 지역감정과 거리를 두었다. [176]

1987년 11월 15일 대구에서 열린 '군부독재종식과 지역감정 해소를 위한 영호남 결의대회'에서 발생한 폭력 사태에 대해선 어떻게 보도했던가? 당시 그 폭력 사태는 외부세력이 사전계획에 따라 조직적으로 저지른 것이라는 의혹이 있었음에도 불구하고 『조선일보』는 미친 척하고 호남의 '지역감정'만 부각시키기에 바빴다.

---

176) 민주언론운동시민연합 신문모니터분과, 〈조선일보와 지역분열주의〉, 김민웅 외, 『조선일보를 아십니까』(개마고원, 1999), 261~264쪽.

이날 대구 폭력사태에 대한 『조선일보』의 보도는 11월 16일자 1면 4단 보도기사로만 작게 취급되었다. 관련 기사도 없었다. 이 사건의 시비를 떠나서 전날 광주에서 있었던 김영삼 후보의 유세장 폭력사태와 너무 비교된다. 『조선일보』는 광주 유세장 폭력사태에 대해서는 1면, 2면, 사회면 머릿기사로 매우 크게 보도했다. 15일자 1면 머릿기사는 〈김영삼 총재 광주유세 좌절/연단 앞 점거, 피켓 뺏어 불태워/수만명 "김대중" 외쳐 연설 못해〉라는 '생생한' 제목을 달고 있다. 사회면에서도 〈"이러다간 큰일난다"/광주 유세장 폭력에 시민들 걱정, 말할 기회조차 안 주다니〉로 컷 제목을 뽑아 머릿기사로 다루었다. 11월 17일자에서 『조선일보』는 〈폭력화한 '지역감정' … 선거 · 나라 망친다〉, 〈"유세장 난장판 온국민이 분노"〉 등 매우 격앙된 논조를 보였다. 더욱 문제인 것은 작은 제목이었다. "야측 조장 주장에 '40년 전 국민 아니다' 노태우씨", "'선거방해 민주의 적 … 광주 다시 가겠다' 김영삼씨", "'폭력사태는 관권이 조장한 것' 주장 김대중씨". 위의 세 제목을 보면 우선 눈에 띄는 것이 '광주' 라는 지역명이다. 또 김영삼 후보에 걸친 제목은 비록 말줄임표를 했음에도 불구하고 얼핏 보기에는 마치 광주가 '민주의 적' 인 것처럼 뽑았다. 이어 노태우 후보의 제목은 '관권이 조장했다' 는 김대중 후보의 주장에 대한 해명이다. 결국 광주는 '민주의 적인 유세장 폭력에 가장 가까운 지역' 이며 김대중 후보는 '그 책임을 여권에 돌리고 있지만 이에 대한 여권의 해명이 있었다' 로 결말지어진다.[177]

---

177) 민주언론운동시민연합 신문모니터분과, 〈조선일보와 지역분열주의〉, 김민웅 외, 『조선일보를 아십니까』 (개마고원, 1999), 266~267쪽.

오늘날에도 지역감정의 책임을 87년 대선시 야당의 분열로 돌리는 사람들이 적지 않다. 일리 있는 주장이다. 그러나 그런 주장은 야당의 분열을 안타깝게 생각하고 더 나아가 분노했던 사람들의 입에서 발설 될 때에 설득력을 가질 것이다. 야당에 표도 던지지 않은 사람들이 그런 말을 한다면? 그건 아마 자신의 행위에 대한 심리적 면죄부를 얻기 위해 하는 억지 소리에 지나지 않을 것이다. 그런데 그 억지 논리를 공급해준 게 바로『조선일보』였다.

11월 17일자『조선일보』는 2면과 3면에 각각 〈삼국시대의 '재판(再版)' 인가〉, 〈이것이 민주주의인가〉라는 사설과 칼럼을 내보냈다. 특히 사설은 "잘라 말해서 시정(市井)의 '삼국시대' 론의 탄식은 양김씨에게로 그 책임이 돌아감이 감출 수 없는 사실이고 …… 오늘의 영-호남 '적대감정' 의 불씨를 뿌리고, 각각 자신의 집권을 무슨 신화나 받은 절대성처럼 공언하면서, 구체적인 선거행동에 돌입하여 기름을 끼얹고 부채질을 했다"고 쓰고 있다. 유세장 폭력의 원인을 지역감정으로 보고 그 책임을 야권 후보의 분열에서 기인하는 것으로 보면서 노태우 후보는 전혀 거론하지 않았다. 위의 시각은 같은 날 사회면 '각계 소리' 에서도 드러났다. 이 기사는 "현재 전라도와 경상도 사이에 부각된 지역감정 문제는 단일화를 못한 양김씨에게 직접 원인이 있다" 라고 말한 뒤 이어 "또 야당후보들은 이 같은 지역감정이 자신들의 후보단일화 실패에 기인했음을 인정, 지역감정을 부추기는 듯한 행동이나 말을 자제해야 할 것" 이라고 강조했다. 이후 호남지역에서 발생하는 폭력사태는 여지없이 1면 머릿기사로 다루어졌다.[178]

---

178) 민주언론운동시민연합 신문모니터분과, 〈조선일보와 지역분열주의〉, 김민웅 외,『조선일보를 아십니까』 (개마고원, 1999), 267쪽.

김대중과 마유미는 동격?

더욱 비극적인 건 대선 이후였다. 많은 영남인들이 김영삼의 대선 패배에 대한 책임을 김대중에게 물으면서 지역감정이 악화된 것이다. 경남 진주 출생으로 부산에 사는 한 회사원의 증언이다.

"87년 대선에서 YS가 DJ 때문에 떨어졌다는 팽배된 지역여론에 힘입어 제가 다니는 부산 성당에서도 어처구니없는 사건을 연출하기도 했는데, 87년 말 연총 친목회에서 전 신자를 모아놓고서 중고등부 학생들의 시사 및 세태 풍자의 연극을 보이면서, 내용인즉 하느님 앞에서 두 죄인이 심판을 받는데 DJ와 KAL기 폭파범인 마유미가 끌려 나와 하느님의 준엄한 심판을 받는다는 내용으로서, 그런 내용이 성당 안에서도 받아들여지고 있다는 현실 앞에서 지역 정서의 지배 논리가 무서울 지경이다. 저는 그 즉시 중고등부 교사에게 엄중 항의하였지만 저만 이상한 사람으로 몰리는 수의 열세를 느꼈음(당시의 본당 신부님은 외국인이었음)."[179]

문제는 김대중에 대한 그럼 혐오와 증오가 김대중만으로 끝나지 않는다는 데 있었다. 마유미와 동격인 사람을 열렬히 지지하는 사람들을 어찌 곱게 볼 수 있었겠는가.

---

179) 이 글은 95년에 나온 나의 『김대중 죽이기』를 읽고 내게 보내준 어느 독자 편지의 일부다.

1988년

제9장
서울올림픽의 빛과 그림자

● 노태우의 '전두환 청산'과 4 · 26 총선

● 5공의 최대 수혜자는 조선일보

● 한겨레신문의 창간

● 서울올림픽 공동개최 투쟁

● 노태우의 7 · 7 선언

● 서울올림픽과 '위험한 정사'

● 서울올림픽과 대한민국의 영광

● 국회의 5공 청문회

노태우의 '전두환 청산'과 4·26 총선

상왕(上王)으로 행세할 꿈을 꾼 전두환

대선에서 당선된 후 노태우는 이제 자신이 정국의 운용이나 인사권에 영향력을 갖는 것이 당연하다고 생각했지만, 전두환의 생각은 달랐다. 전두환은 계속 자신이 영향력을 행사하기를 원했고, 그 첫 포석으로 대통령 선거가 끝난 지 열흘 만인 12월 26일에 군 인사를 단행해 자신의 친위 세력을 군 요직에 앉혔다.

합참의장에 최세창 3군사령관(13기), 3군사령관에 고명승 보안사령관(15기), 보안사령관에 최평욱 7군단장(16기), 수방사령관에 김진영 3군사관학교 교장(17기)을 임명했다. 이렇게 해서 박희도 육군참모총장(12기), 민병돈 특전사령관(15기), 이종구 2군사령관(14기)과 함께 군부의 핵심은 모두 전두환의 친위대에 의해 장악되었다.[1]

---

1) 노태우는 자신에게 한마디 상의 없이 군 요직을 선심 쓰듯 자신의 측근들에게 나눠준 전두환에게 불쾌감을 느꼈고 대통령에 취임한 뒤 반격을 가했다. 1988년 6월에 박희도는 임기 6개월을 남긴 상태에서 육참총장

그걸로도 안심이 안 되었던 걸까? 전두환은 퇴임 이후의 안전책으로 군 요직 측근 포진 말고도 '국가원로자문회의'를 구상하였다. 국가원로자문회의 설치 계획은 85년 '참모연구안' 형태로 전두환에게 보고되었는데, 이것은 기존에 존재하던 국정자문회의를 확대 강화하는 것에 초점을 맞추었다.

애초 야당은 국가원로자문회의에 대해 반대하는 입장이었다. 야당은 이미 87년 직선제 개헌 협상 때 국가원로자문회의의 모태인 국정자문회의를 폐지하라는 주장까지 하기도 했었다. 그러다가, 야당은 전두환이 평화적으로 물러나지 않을 가능성이 있다는 판단 끝에, 퇴임 이후의 전두환에게 그럴듯한 자리를 보장해주는 것에 대해 공감대를 이루었고, 전두환이 요청한 국가원로자문회의를 헌법에 명시했다.[2]

1988년 1월 16일 국가원로자문회의법이 국회에 제출되었다. 이 법은 전두환이 퇴임하기 이틀 전인 2월 23일 야당의 반대에도 불구하고 민정당에 의해 일방적으로 통과되었고, 다음날 전두환은 5공의 마지막 국무회의에서 자신의 손으로 이 법안을 공포했다. 애초 전두환은 이 날 국무회의에서 시행령까지 함께 통과시킬 계획을 세웠다가 시행령은 노태우의 몫으로 돌렸는데, 이것이 결국 전두환의 계획을 어그러지게 만들고 말았다.[3]

에서 물러나 이종구에게 자리를 넘겨주었고, 1989년 3월 28일에 최평욱은 보안사령관을 끝으로 예편했으며, 김진영도 수방사령관에서 교육사령관으로 좌천되었다(김진영은 한직을 거치다가 1991년 12월에 육참총장까지 올라갔다). 그 대신 이른바 9·9인맥(노태우의 9공수여단장과 9사단장 시절 부하들)이 득세하게 되었다. 이진삼(15기), 안병호(20기), 이필섭(16기), 이문석(17기), 조남풍(18기), 구창회(18기) 등이 바로 그들이다. 1988년 3월 28일에 전격적으로 단행된 군 인사에서 조남풍은 보안사령관, 구창회는 수방사령관, 이필섭은 육사교장, 이진삼은 참모총장에서 대장으로 승진해 1군사령관, 이문석은 특전사령관에 각각 임명되었다. 이로써 5공 인맥은 9·9인맥으로 완전히 물갈이되었다. 물론 이들도 모두 하나회 출신이었지만, 이들은 5공 시절에는 하나회의 변방에 머물 수밖에 없었던 인물들이었다. 임영태, 〈제6공화국〉, 『대한민국 50년사 2』(들녘, 1998), 258~259쪽.

2) 김현섭·이용호, 『제6공화국 정치비화 권력막후1: 청와대 귀족회의』(경향신문사, 1995년 초판 4쇄), 170쪽.

3) 김현섭·이용호, 위의 책, 171쪽.

국정자문회의는 청와대 정무2수석실에서 업무를 관장하고 파견 직원은 4명에 불과할 만큼 유명무실한 기구에 불과했었는데, 국가원로자문회의로 옷을 갈아입으면서 막강한 권능을 획득했다. 이 법에 따르면, 국가원로자문회의는 전직 대통령이 의장을 맡게 되며, 국정에 다양한 방법으로 의장이 관여할 수 있게 되어 있었다. 더구나 장관급인 사무총장과 차관급인 사무차장·의장비서실장을 비롯해 35명 이내의 원로의원, 사무처에 48명의 직원을 두는 비대한 기구였다. 이것은 전두환이 퇴임 이후 이른바 상왕(上王)으로 행세하겠다는 의도를 염두에 둔 것이었다.[4]

'5.5 공화국'의 탄생

88년 2월 19일 대통령 당선자 노태우는 자신의 내각 진용을 발표했는데, 그 내용은 노 정권은 '6공화국'이 아니라 '5.5공화국'이라는 말을 듣기에 충분한 것이었다. 새 내각에는 군 출신이 5명이나 있었고, 5공 장관 출신이 8명이나 끼어 있었기 때문이었다. 야당은 '조각(組閣)'이 아닌 '개각(改閣)'이라고 논평하였다.[5]

2월 25일 전두환이 대통령직에서 물러나고 노태우가 대통령에 취임하였다. 당시 민정당 대표였던 채문식은 전두환의 퇴임 당시 풍경을 이렇게 묘사했다.

"퇴임하는 날에도 전 대통령은 자신에 차 있었다. 청와대 정문 앞에서 신임 대통령 내외 국무위원 여당간부 등이 한 줄로 서서 환송하는 가운데 전 대통령은 손녀의 손을 잡고 만면에 활짝 웃음을 띤 채 당당한 모습으로 떠났다. 나는 전 대통령을 모시고 연희동 자택까지 같이 갔다. ……

---

4) 임영태, 〈제6공화국〉, 『대한민국 50년사 2』(들녘, 1998), 259쪽.
5) 김준엽, 『장정(長征) 4: 나의 무직 시절』(나남, 1990, 2쇄 1991), 264쪽.

자택 조금 못 미쳐 있는 공터에서 동민 환영대회가 열렸다. 막걸리와 안주를 차려놓고 풍물도 치는 소박한 환영식이 있었고 이에 기분이 좋아진 전 대통령도 막걸리를 상당 정도 마셨다. …… 전 대통령은 집에서 차를 마시며 자신이 국정에서 완전히 손을 떼는 것이 아니고 국가원로자문회의를 좀더 강화시켜 국정의 어려운 일들에 대해 뒤에서 봐주려 한다고 말했다. 또 봐주어야 할 책임도 있다고 했다. 이렇듯 전 대통령은 퇴임시에도 부푼 꿈과 설계를 가지고 있었다."[6]

노태우의 '홀로 서기' 시도

노태우는 전두환이라는 '상왕(上王)'을 모실 만큼 바보는 아니었다. 그도 권력의 속성을 누구 못지 않게 아는 인물이었으며 정권의 무난한 운영을 위해서도 전두환과는 거리를 두면서 그의 '상왕' 노릇을 저지해야 할 필요성을 절감하고 있었다. 그는 '5.5 공화국'이라는 비아냥거림을 원치 않았으며 '6공화국'을 원했다

두말할 필요 없이, 국가원로자문회의는 그런 노태우와 그의 참모들에게 눈엣가시 같은 기구였다. 청와대를 접수한 노태우는 총무처를 통해 시행령을 심의하는 과정에서 국가원로자문회의에 대한 대수술에 들어갔다. 이렇게 해서 애초 국가원로자문회의의 사무처 직원은 48명에서 39명으로 줄었고, 차관급은 2명에서 1명으로, 그리고 몇 가지 기능은 삭제되었다.

4·26 총선 공천에서도 노태우의 '홀로 서기' 의지가 강하게 드러났다. 예상보다 늦은 때인 1988년 3월 18일에 발표된 민정당의 공천 결과

---

6) 김현섭·이용호, 『제6공화국 정치비화 권력막후1: 청와대 귀족회의』(경향신문사, 1995년 초판 4쇄), 166쪽에서 재인용.

는 의외로 나타났다. 즉 권익현, 권정달, 김상구 등 5공 실세들이 공천에서 대거 탈락한 것이었다. 권익현은 육사 11기로서 전두환·노태우 등과 함께 하나회를 창건한 초창기 멤버였고, 아울러 윤필용 사건으로 전역을 하기는 했지만 5공 시기에 노태우보다도 먼저 민정당 대표위원을 지낸 인물이었다. 권정달 역시 5공 창업 일등공신으로서 민정당 창당과 함께 사무총장을 맡았다가 이철희·장영자 사건으로 물러난 대표적인 5공 인물이었다. 김상구는 육사 15기의 하나회 출신으로서 전두환의 동서였다. 이종찬과 배명구는 살생부에 올랐다가 막판에 구제된 것으로 알려졌다.[7]

지역구에선 5공의 거물들이 탈락하는 대신, 전국구에서는 노태우의 직속 참모인 박철언이 주도하는 월계수회 멤버가 대거 올라갔다. 박철언 정책보좌관, 나창주 건국대 부총장, 박승재 한양대 교수, 강재섭 검사, 이재황 궤도공영 사장 등 당시에 이름이 생소했던 인물들이 전국구 상위권에 포진한 것이었다. 반면에 5공의 얼굴 마담이었던 이재형 국회의장과 전직 총리 노신영의 경우는 누락되었다. 5공의 '얼굴 마담'이었던 이재형이 퇴장하는 대신 박준규와 김재순이 TK를 대표하는 6공의 '얼굴 마담'으로 떠올랐다.[8]

새마을본부 회장 전경환 구속

1988년 3월 31일에 이루어진, 전두환의 동생이자 새마을본부 회장인 전경환의 구속은 전두환의 본격적인 몰락을 예고했다. 전경환은 5공 내내 숱한 권력형 비리와 추문을 낳은 장본인이었다. 새마을본부는 5공 후반기부터 비판의 대상이 되기 시작했으며, 전경환은 전두환이 대통령 자

7) 임영태, 〈제6공화국〉, 『대한민국 50년사 2』(들녘, 1998), 259~260쪽.
8) 임영태, 위의 책, 260쪽.

리에 앉아 있는 동안에 회장직을 사퇴할 수밖에 없었다. 여기엔 노태우가 깊이 관련돼 있었다.

노태우가 서울올림픽 조직위원장으로 근무하고 있던 시절, 전경환이 노태우를 찾아와 새마을 성금으로 2백억 원만 내달라고 요청했다. 전두환은 다른 경로를 통해 이 사실을 알고 감사원장 황영시에게 새마을본부에 대한 감사를 지시했다. 87년 7월 말부터 8월 중순까지 진행된 이 감사 결과로 인해 전경환은 회장직을 내놓았고, 끝내는 이 조사자료가 전경환 구속의 기초 자료로 쓰였던 것이다.

감사원 결과에 의해 전두환의 퇴임을 며칠 앞두고 내무부 공무원과 새마을본부 간부 등 모두 29명이 징계를 받았는데, 징계의 내용이라는 것이 경고나, 주의, 훈계 등에 불과했다. 전두환은 자신의 동생과 관련된 비리를 그 정도 선에서 정리하고자 한 것이었다.[9]

전두환이 퇴임하고 난 후, 언론에는 연일 새마을본부와 관련된 비리가 의혹의 대상으로 보도되기 시작하더니, 이윽고 새 정부가 새마을본부 비리를 조사하지 않고 있다며 비판의 목소리를 높이고 있었다. 그러나 6공 정부는 새마을본부 비리를 수사할 계기를 찾지 못했고, 검찰도 "행정 집행상의 문제일 뿐 형사처벌의 대상이 되지 않는다"고 말하며 수사 착수에 대한 의지를 보이지 않았다.[10]

이런 가운데, 전경환이 자신의 출국 사실을 전두환에게는 물론이고 새마을본부 간부들에게도 알리지 않은 채 88년 3월 18일 김포공항을 통해 출국하는 사건이 발생했다. '김동길'이라는 가명으로 예약해 놓았다가 탑승하기 몇 분 전에야 자신의 이름으로 탑승 티켓을 구입했을 만큼, 모든 과정이 철저하게 비밀리에 진행됐다. 그러나 그는 비밀 출국한 지

---

9) 김현섭·이용호, 『제6공화국 정치비화 권력막후1: 청와대 귀족회의』(경향신문사, 1995년 초판 4쇄), 177쪽.
10) 김현섭·이용호, 위의 책, 180쪽에서 재인용.

이틀 만에 귀국하라는 전두환의 지시를 듣고 김해공항을 통해 귀국할 수밖에 없었다.[11]

전경환의 비밀 출국은 노태우에게 호재였다. 언론을 통해 전경환의 비밀 출국 사실이 알려지자 여론은 비등해졌다. 안가에서는 연일 정무수석 최병렬, 민정수석 한영석, 안기부장 안무혁 등 노태우의 핵심 측근들의 새마을 비리와 관련된 수사 준비회의가 열렸다.

청와대는 전경환을 한 달 앞으로 다가온 총선용 카드로 이용할 마음을 굳히고 전두환 설득 작업에 들어갔다. 노태우 비서실상 홍성철을 비롯해 김윤환, 이원조 등으로 꾸려진 청와대특사팀은 "전경환 씨를 구속하지 않고는 총선을 치를 수가 없다"며 "전경환 씨를 구속하더라도 총선 직후 석방될 수 있도록 하겠다"고 설득했다.[12]

총선을 얼마 남겨 두지 않은 상황이었던 까닭에, 전경환에 대한 검찰 수사는 이례적이라고 할 만큼 신속하면서도 폭넓게 진행됐다. 대검 중수부는 물론이고 서울지검 특수부와 인천지검과 대전지검 등 5개 검찰청에서 검사 32명과 수사관 99명이 투입되었으며, 은행감독원 실무자 및 보조요원 11명 등 모두 142명이 투입되어 새마을본부와 관련된 비리를 조사했다. 그리고 3월 29일 전경환은 검찰에 의해 전격 연행되었고, 31일 "국민 여러분에게 누를 끼쳐 죄송합니다"라는 말을 남긴 뒤, 서울구치소로 송치됐다.

모든 공직에서 사퇴한 전두환

애초부터 전두환과 전경환은 새마을본부 비리가 터져나온 것이 노태

---

11) 김현섭·이용호, 『제6공화국 정치비화 권력막후1: 청와대 귀족회의』(경향신문사, 1995년 초판 4쇄), 175쪽.
12) 김현섭·이용호, 위의 책, 182쪽에서 재인용.

우의 참모들에 의해 작성된 시나리오에 근거한 것이라고 생각했다. 이들은 전경환의 비밀 출국마저도 "정부가 파놓은 함정에 빠진 것"이라고 주장했다.[13] 청와대 당국자의 조용해질 때까지 외국에 나가 있으라는 말을 듣고 출국했는데, 출국을 문제삼았다는 것이다.

전경환 구속을 통해 노태우가 노린 건 바로 5공과의 차별화였다. 대통령 선거 당시 노태우의 선거전략 수립에 참여했던 민정당의 한 의원은 "대통령 선거 때부터 5공과 극적인 차별화를 전략의 일환으로 전경환 씨 구속 문제가 논의됐었다"고 말했다.[14] 또다른 하나의 목적은 전두환의 현실정치 개입을 막는 것이었다. 전두환의 한 측근은 이렇게 말했다.

"전경환 씨의 비리가 없었던 것은 아니나 6공측은 전전대통령으로 하여금 국가원로자문회의 의장직을 사퇴하도록 압력을 가하기 위해 확대했다. 전씨의 구속으로 모든 것을 수습하겠다고 해서 허가했는데 오히려 전 대통령의 입장을 더 어렵게 만들어 버렸다."[15]

이 과정에서 노태우는 국민들의 5공에 대한 반감과 비판을 효과적으로 이용하고 언론도 효율적으로 활용했다. 그러나 노회한 노태우는 전두환에게 자신이 끝까지 전경환을 보호해주려 했다는 인상을 주기 위해 노력하기도 했다. 전두환과 사돈 관계였던 박태준을 활용해 전경환이 구속된 후, 전두환의 마음을 달래주었던 것이다. 당시 박태준은 노태우의 메시지와 보고서를 함께 가지고 전두환에게 갔는데, 이 보고서를 보고 전두환이 태도 변화를 보였다고 한다. 민정당의 한 관계자는 "당시 검찰이나 정보기관이 밝혀낸 전경환 씨의 비리는 검찰 발표보다 훨씬 많았던 것으로 안다. 박 회장을 보낸 것은 6공측이 최대한 동생을 보호하기 위

13) 김현섭·이용호, 『제6공화국 정치비화 권력막후1: 청와대 귀족회의』(경향신문사, 1995년 초판 4쇄), 176쪽에서 재인용.
14) 김현섭·이용호, 위의 책, 178쪽에서 재인용.
15) 김현섭·이용호, 위의 책, 185쪽에서 재인용.

해 애썼다는 것을 보여주기 위한 것"이라고 말했다.[16]

전경환이 구속되었지만, 언론과 야당은 정부의 축소수사 의혹을 제기하는 한편, 전두환의 국가원로자문회의 의장직 사퇴를 요구하기 시작했다. 결국 전두환은 4월 13일 연희동에서 기자회견을 갖고 국가원로자문회의 의장직과 민정당 명예총재직 등 모든 공직에서 물러나겠다고 밝히는 한편, 자신의 호를 딴 일해재단도 명칭을 바꾸도록 했다. 그는 이 자리에서 "집안의 동생을 단속하지 못했고 감독을 잘못한 것은 본인의 불민과 부도덕함 때문임을 통감한다"며 "지금까지 동료나 동지, 부하로부터 배신이란 것이 없었는데 혈육인 동생에게 배신당했다"고 말했다.[17]

전경환의 수사가 시작된 직후, 『워싱턴 포스트』는 전경환에 대한 수사가 "전전대통령을 직접 공격하지 않으면서 그의 정치적 날개를 잘라버리는 노력의 일환"이라고 보도했는데,[18] 그런 분석은 불과 며칠 만에 현실이 되었다.

4·26 총선과 '여소야대' 국회

노태우의 '전두환 청산'은 상당 부분은 4·26 총선을 염두에 둔 것이었겠지만, 소기의 성과를 거두진 못했다.

1988년 4월 26일에 치러진, 17년 만에 부활된 소선거구제하의 제13대 국회의원 총선은 한국 역사상 최초의 '여소야대' 국회를 탄생시켰다. 그것도 득표율 34% 대 66%, 의석 수 125 대 174라고 하는 큰 차이였다. 각 정당별 득표율은 민정당 34.0%, 평민당 19.3%, 민주당 23.8%, 공화

---

16) 김현섭·이용호, 『제6공화국 정치비화 권력막후 1: 청와대 귀족회의』(경향신문사, 1995년 초판 4쇄), 188쪽에서 재인용.
17) 김현섭·이용호, 위의 책, 190쪽에서 재인용.
18) 김현섭·이용호, 위의 책, 185쪽에서 재인용.

당 15.6%였으며, 의석 수는 민정당 125석, 평민당 70석, 민주당 59석, 공화당 35석이었다.[19]

제13대 총선은 극심한 지역주의를 잘 보여주었다. 평민당은 광주와 전남북의 37개 선거구에서 36명이 당선되었으며,[20] 민주당은 부산의 15개 선거구 중 14개 지역, 경남의 22개 선거구 중 9개 지역에서 당선되었으며, 민정당은 대구의 8개 선거구를 석권하고 경북의 21개 중 17개 지역을 차지하였다. 공화당도 충남의 18개 선거구에서 13명의 당선자를 냈다.[21]

이와 같은 선거 결과에 대해 임혁백은 "4 · 26 선거에서 집권 세력은 그들이 동원한 지역주의의 철저한 희생자가 되었다"며 다음과 같이 말한다.

"4 · 26 총선시에 집권 세력은 지역주의의 동원해제와 정당과 인물 중심의 선거전략을 구사했으나 이미 고착화된 지역주의를 깰 수 없었다. 철저히 지역에 기초한 표의 집중은 60년대 이래 최초로 집권당이 과반수를 획득하는 데 실패하게 되는 결과를 낳았으며, 그로 인한 여소야대의 구조는 집권 세력으로 하여금 민주화를 추진하지 않을 수 없게 하는 중력이 되었다. 이와 같이 지역주의의 동원의 결과에 따라 지역주의가 민주주의로의 전환에 긍정적 역할을 수행하기도 하고 부정적 역할을 수행하기도 한다."[22]

진보를 표방한 한겨레당과 민중의 당은 의회 진출에 실패했지만, 평민당의 이해찬, 이철용, 양성우, 문동환, 박영숙 등과 민주당의 노무현, 장석화, 김광일 등과 같은 재야 신진 인사들이 대거 의회에 진출하였

19) 정관용, 〈1988년 4 · 26 총선: 한국 최초의 '여소야대'〉, 『역사비평』, 제16호(1992년 봄), 75~81쪽.
20) 한겨레당 후보 박형오는 당선 후 평민당에 입당하여 결국 평민당이 호남 지역의 모든 의석을 차지하게 되었다.
21) 배규한, 〈선거과정과 지역감정〉, 한국사회학회 편, 『한국의 지역주의와 지역갈등』(성원사, 1992), 324쪽.
22) 임혁백, 『시장 · 국가 · 민주주의: 한국민주화와 정치경제이론』(나남, 1994), 349~350쪽.

다.[23]

　득표율에선 민주당이 평민당을 앞섰지만 의석 수에선 11석이나 뒤지는 바람에, 이후 정국 주도권은 김대중에게 넘어가게 되었다.

23) 김용호, 『한국정당정치의 이해』(나남, 2001), 81쪽.

5공의 최대 수혜자는 조선일보

조선일보의 전두환 환송

전두환 정권의 정당화와 홍보에 앞장섰던 언론은 전두환의 후계자인 노태우의 당선에 한시름 놓으면서 전두환을 위한 환송곡 연주에 결코 인색하지 않았다. 물론 언론은 나중에 전두환이 부정당할 때마다 하이에나가 되어 전두환을 물어뜯게 되지만 말이다. 어찌됐건 당시의 전두환 환송엔 역시 『조선일보』가 가장 앞장을 섰다.

『조선일보』는 단임제 실현의 의미를 열렬히 강조했다. 전두환 퇴임 회견을 기사화한 『조선일보』 2월 21일자는 "'4·13' 후 가장 괴로웠다"며 인간적 고뇌를 부각시켰으며, 2월 24일자 〈떠나는 대통령〉이라는 제목의 홍사중 칼럼은 "권좌에서 물러나기로 결심하고 그 결심을 굽히지 않은 전 대통령의 결단이 얼마나 값진 것인지"라고 예찬한 뒤 "아무리 강력한 인간이라 해도 권력의 부패를 끝까지 견디어 낼 만큼 강하지는 못하다"며 감읍하는 모습을 보여주었다.

또 2월 25일자 「기자수첩」에서 정치부 차장 이영덕은 "약속된 단임제는 상당한 찬사가 따를 수 있다고 해야겠다"고 한 뒤 "권력에 대한 끝없는 유혹과의 싸움"에서 "역대 대통령 중 그만이 …… 승리한 셈이다"고 했다. 퇴임 다음날인 2월 26일자 사회면에는 〈'대통령이 시민 됐다' 환영〉〈막걸리 대접하며 '자랑스럽습니다'〉라는 기사가 실렸는데, 이 기사에는 "7년 단임의 약속을 실현하고 돌아온 전 전임 대통령을 맞는 연희2동 주민들은 이 날 아침부터 환영행사를 준비하느라 분주했다"고 쓰고 있다.[24)]

조선일보의 비약적인 성장

전두환 정권하에서 전 정권의 정당화와 예찬에 가장 앞장섰으며 '노태우 대통령 만들기'에도 크게 기여한 『조선일보』가 80년대에 가장 큰 성장을 했다는 건, 권언유착이 신문의 성장과 직결된다고 하는 점에서 주목할 만한 사실이 아닐 수 없다.

1980년 매출액에 있어서 『조선일보』는 161억 원으로 『동아일보』(265억 원)와 『한국일보』(217억 원)에 비해 함참 뒤처지는 신문이었다. 그러나 5공을 거치고 난 88년에 이르러 『조선일보』의 매출액은 914억 원으로 『동아일보』(885억 원)와 『한국일보』(713억 원)를 압도하게 되었다. 권언유착을 신문 성장의 원동력으로 삼아 재미를 본 『조선일보』는 이후에도 권력 창출에 앞장서는 '정치 신문'으로서 기능하게 되었다.[25)]

『소년조선일보』가 88년 4월 6일자로 45만 부를 발행하게 되자 조선일보사는 중학생 독자를 분리시켜 88년 9월 1일 『중학생조선일보』를 창

---

24) 민주언론운동시민연합 신문모니터분과, 〈조선일보의 전두환 보도기사는 '현대판 용비어천가'〉, 『말』, 1998년 10월, 137쪽.
25) 강준만, 〈조선일보를 해부한다〉, 『한국언론과 민주주의의 위기』(아침, 1992), 144~166쪽을 참고할 것.

간했다. 한국 유일의 중학생 신문이었다. 아니 어쩌면 세계 유일의 중학생 신문이었는지도 모르겠다. 『조선일보 칠십년사』는 그 날 저녁 창간 기념파티엔 국무총리 이현재, 문교부 장관 김영식, 문공부 장관 정한모, 과학기술처 장관 이관, 민주당 총재 김영삼 등 300명의 하객이 참석했다고 자랑스럽게 기록하고 있다.[26]

월간지의 경우에도 『조선일보』는 5공으로부터 특혜를 받았다. 1980년 4월 조선일보사는 『월간조선』을 창간하였지만, 『월간중앙』은 80년 7월에 등록 취소를 당했다는 게 과연 우연이었을까? 당시 월간지 시장은 기존의 『신동아』와 『월간조선』, 그리고 성향신문사가 발행하는 『정경문화』(1976년 6월 창간, 1986년 11월 『월간경향』으로 개제, 1989년 2월부터 발행 중단) 등이 3파전을 벌였다.[27]

조선일보의 호남 차별

광주학살이라는 원죄를 지닌 5공 정권 하에서 호남 차별이 언론계에서도 극심하게 이뤄진 건 결코 놀랄 일은 아니다. 신군부는 단지 호남 출신이라는 이유만으로 많은 언론인을 해직시켰으며 신군부와의 밀월을 원했던 언론사는 스스로 호남 출신 언론인을 박대하고 영남 출신 언론인을 우대했다. 예컨대, 5공 말기에 이르러 청와대에 출입하는 기자 19명 중 영남 출신은 반이 넘는 10명인 반면 호남 출신은 『광주일보』 1명뿐이었다.[28]

언론계에서의 호남 차별은 5공 시절 가장 화려한 번영을 구가했던 『조선일보』의 경우 드라마틱하게 나타났다. 월간 『말』이 98년 7월호에

---

26) 조선일보사, 『조선일보 칠십년사 제3권』(조선일보사, 1990), 1922, 1941쪽.
27) 정진석, 〈『신동아』 60년, 그 '신화 창조'의 발자취〉, 『신동아』, 1991년 11월, 619쪽.
28) 김일평, 〈청와대 출입기자들의 현주소〉, 『기자협회보』, 1988년 8월 26일, 3면.

서 보도한 바에 따르면, 해방 이후 주필 11명 중 호남 출신은 단 한 명뿐이며, 해방 이후 정치부장 22명 중 호남 출신도 단 한 명뿐이며, 『주간조선』과 『월간조선』 편집장 중 호남 출신은 전무하며, 1920년 창간 이래 호남 출신 편집국장 역시 전무했다.[29]

후일 90년대까지 『조선일보』는 자사(自社) 기자 출신으로 14명의 장관을 배출할 정도로 정언(政言) 분리를 하지 않는 강한 당파성을 가진 신문으로 이 나라를 정쟁(政爭)의 소용돌이로 몰아넣는 데에 혁혁한 공을 세우게 된다.

---

29) 강준만, 〈지역감정 극복이 어려운 이유〉, 월간 『인물과 사상』, 1998년 8월, 14~19쪽. 『조선일보』가 극심했다는 것일 뿐, 『조선일보』만 탓할 일도 아니었다. 90년 청와대에 출입하는 19명의 기자 중 영남 출신은 10명, 서울 5명, 충남 2명, 인천 1명, 그리고 호남 출신은 『광주일보』 1명뿐이었다. 김종찬, 『6공화국 언론조작』(아침, 1991), 495쪽.

납·월북 작가들의 작품 출간

1988년 3월 31일, 제6공화국은 그 동안 끊임없이 출판계와 문화계가 요구해 왔던 납·월북 작가 중에서 정지용·김기림의 국내 출판을 허용한 데 이어, 7월 29일에는 해방 직후 또한 한국전쟁을 전후해 납·월북된 120여 명의 문인들 중에 홍명희·이기영·한설야 등 5명을 제외한 다른 문인들에게 전면적인 해금조치를 내렸다. 그 결과, 88년 한 해에만 50여 작가의 100종 작품집들이 경쟁적으로 출간되었다.

이 상황에서 『이기영 전집』의 출판 계약을 체결한 풀빛과 이기영의 『두만강』을 임의로 발행한 사계절 사이에서 시비가 일어나는 등 납·월북 작가의 출판 경쟁은 저작권 분쟁을 불러일으켰다. 특히 박태원의 『갑오농민전쟁』의 저작권을 두고 깊은샘과 공동체 간에 처음으로 법적 싸움이 벌어졌는데, 재판부는 1989년 12월 공동체에게 벌금 500만 원을 선고함으로써 유족과 출판 계약을 맺고 출판한 깊은샘의 승소로 일단락되었다.

이 판결은 그 동안 논란의 대상이 되어 왔던 납·월북 문인들을 포함한 북한 출판물의 국내 출판에 따르는 저작권의 귀속 문제에 대한 법원의 판결이라는 점에서 주목을 받았다. 재판부는 판결문에서 "헌법 제3조는 대한민국 영토가 한반도로 되어 있어 북한 지역도 한반도의 일부이기 때문에 헌법에 따라 제정된 민법, 저작권법의 효력도 당연히 북한에 미친다"고 전제하고, "사망한 박씨의 저작권도 남한에 있는 유족에게 상속된다"고 판시하였다.[a]

---

a) 이 글은 이중한·이두영·양문길·양평, 〈본격적인 상업출판시대(1970~2000)〉, 『우리 출판 100년』(현암사, 2001), 144~145쪽을 요약한 것입니다.

한겨레신문의 창간

'지배집단의 구성원으로 흡수된 언론'

노태우 정권은 전두환 정권을 계승한 실질적인 군사정권이었다. 그러나 형식적으론 전두환 정권이 6월항쟁에 굴복해 16년 만에 치러진 대통령 직선제 선거를 통해 탄생된 정권이었기 때문에 민주화라고 하는 시대적 대세에 어느 정도 순응하지 않을 수 없었으며 이는 언론자유를 어느 정도 확대시키는 효과를 낳았다.

그러나 문제는 이미 5공 체제에 길들여진 언론인들의 정신적 타락이었다. 구조나 제도의 문제 이전에 정신이 썩어버린 것이다. 이는 87년 6월항쟁의 흐름을 타고 일부 해직 언론인들의 복직이 이루어졌을 때 잘 나타났다. 언론 대학살에서 '살아남은' 언론인들이 어느새 거만한 기득권자가 되어 기득권 사수에 골몰하면서 복직 기자들을 무시하고 '왕따'를 시키는 파렴치한 작태를 보였던 것이다. 한 복직 언론인의 증언이다.

"언론사로 되돌아 왔을 때 우리는 여러모로 덧칠돼 있었다. 부패 언론인으로, 무능 언론인으로, 또는 특정 정치인에 줄선 정치 언론인으로 포장돼 있었다. 80년의 살육은 어느새 신군부의 강변대로 언론계 정화로 분장돼 있었다."[30]

그러나 모든 언론인이 다 썩은 건 아니었다. 그런 가운데서도 언론민주화를 위해 애쓴 언론인들이 많았다. 6월항쟁 이후 가장 괄목할 만한 변화는 언론사 내부 민주화였다. 가장 먼저 이루어진 시도는 1988년 4월부터 시작된 부산일보사 노동조합의 '편집국장 3인 추천제' 관철 투쟁이었다. 『부산일보』 노조는 추천제가 타결되지 않자 6월 28일 쟁의 발생 신고서를 제출키로 결의하고, 뒤이어 파업에 들어가 최초의 언론노조 파업을 기록하면서, 결국 파업 7일 만인 7월 11일 편집국장 추천제를 얻어내는 성과를 올렸다. 한국 언론사상 첫 신문발행 중단이라는 기록도 세웠다.

이러한 언론사 내부의 민주화는 다른 언론사들로 파급되었지만, 서울의 소위 유력 언론사는 그런 변화의 무풍지대였다. 속된 말로 '돈독'이 오른 탓이었다. 강명구는 그런 유력 언론사의 기자들이 고임금으로 '지배집단의 구성원으로 흡수' 되었다면서 다음과 같이 말한다.

"88년 6월 중앙 6개 일간지의 기자 초임이 월급여 50만 원에서 70만 원 선이고 연봉은 900만 원에서 1200만 원에 이른다. 이는 우리나라 대졸이상 사무직, 전문기술직 종사자들의 평균 임금의 2배에 이르는 수준이며 대학교수와도 거의 비슷한 수준이다. 그런데 대학교수가 대학 졸업 후 대개 10년 내외가 걸려야만 그러한 임금 수준에 도달한다는 점을 고려하면 오히려 기자들의 임금 수준이 높은 편이라고 할 수 있는 것이다."[31]

---

30) 김종배, 〈언론인 해직 안과 밖: "옳다" 자긍심 온갖 고뇌 감수 … '살아남은 다수' 고개 뻣뻣〉, 『미디어오늘』, 1997년 5월 26일, 5면에서 재인용.
31) 강명구, 『한국 언론전문직의 사회학』(나남, 1993), 190쪽.

88년 5월에 '민주언론' '민족언론' '민중언론'을 표방한 『한겨레신문』이 창간되었다. 창간호가 나오던 날 송건호 사장이 윤전기 앞에서 신문을 펼쳐보고 있다.

한겨레신문의 창간

그러한 정치·사회 환경의 변화 속에서 1988년 5월 15일 국민주 방식의 『한겨레신문』이 창간되었다. 87년 여름, 리영희, 임재경(창작과비평 편집고문), 이병주(동아투위 위원장), 정태기(전 조선투위 위원장) 등 네 사람이 모여 구상한 『한겨레신문』의 창간은 87년 10월부터 창간준비소식 및 모금운동광고의 형식을 통해 세상에 알려졌다. 87년 대선에서 양김 가운데 한 사람이 대통령에 당선되었더라면 『한겨레신문』의 창간은 불가능했을지도 모를 일이었다. 창간기금 모금 총책임을 맡았던 이병주는 다음과 같이 말한다.

"대선 전 한 달 동안 10억 정도를 모았었죠? 그러던 것이 오히려 대선

이 끝난 이후 두 달 만에 40억 가까이 쏟아져 들어왔으니까 ······. 참 그 때의 감격이란 뭐라고 말로 표현할 수가 없어요. 심지어 어떤 날은 하루 에 2억씩 들어왔다니까요? 이건 뭐 농담이지만 그때 우리끼지 그런 얘기 도 했었어요. 이럴 줄 알았으면 처음부터 한 200억 모으겠다고 할 걸 ······. 하하하 ······ 실제로 그때의 열기로 봐서 50억에서 마감하지 않았 더라면 정말 200억까지도 단숨에 달려갔을 거예요! 그때, 우리 국민들, 참 대단했습니다."[32]

『한겨레신문』은 정치·경제·사회·문화 등 모든 분야에서의 민주화 를 위해 노력하고 기여하는 '민주언론', 민족자주화에 의한 평화통일을 앞당기는 노력을 하는 '민족언론', 이 나라 국민의 대다수를 이루고 있 는 소외당하고 고난받는 민중의 생존권을 확보해주고 향상시키는 데 기 여하는 '민중언론'이 될 것을 선언함으로써 기존의 신문들과는 확연히 다른 차별성을 드러내 보였다.

『한겨레신문』이 펴낸『세상을 바꾸고 싶은 사람들: 한겨레신문 10년 의 이야기』라는 책의 '프롤로그'엔 당시『한겨레신문』의 창간에 참여했 던 사람들에 대해 다음과 같이 말하고 있다.

"멀쩡한 직장을 때려치우고 '어리석은 꿈'에 합류한 사람들이 있었 다. 월급은 반으로 줄고 일은 두 배로 늘어나리라는 것을 뻔히 알면서도 제 발로 찾아온 정신 나간 사람들이었다. 촌지와 맞바꾼 자존심을 안주 삼아 밤새도록 술을 마시고 현실을 개탄하던 사람들이었다. 그들은 언론 과 세상이 본래 그럴 수밖에 없다는 현실론에 대하여 결코 동의할 수 없 었다. 그들은 제대로 된 신문만 만들 수 있다면 세상은 얼마든지 바뀔 수 있다고 굳게 믿는 사람들이었다. 그들은 세상을 바꾸고 싶었다."[33]

---

32) 이인우·심산,『세상을 바꾸고 싶은 사람들: 한겨레신문 10년의 이야기』(한겨레신문사, 1998), 65~66쪽.
33) 이인우·심산, 위의 책, 8~9쪽.

그렇게 '춥고 배고픈' 걸 감수하면서까지 세상을 바꾸고 싶은 사람들이 모여 만든 신문이었으니 노태우 정권의 시선이 고울 리 없었다. 『한겨레신문』은 청와대 기자실이 너무 비좁아서 『한겨레』 기자를 받아들일 수가 없다는 이유 아닌 이유로 청와대 출입을 거부당했으며, 이는 청와대 공보 시설인 춘추관이 완공될 때까지 2년 5개월이나 계속되었다.

전국언론노동조합연맹 창립

『한겨레신문』의 창간은 언론민주화운동에도 큰 힘이 되었다. 6공은 88년 들어 언론노조에 대한 탄압을 획책하였는데, 그 결과 『동아일보』와 『중앙일보』, 『한국일보』, MBC 노조는 회사측의 방해공작으로 인해 적게는 30명에서 많게는 90명의 조합원들이 노조를 탈퇴하기 시작했다.[34]

그런 탄압에도 불구하고 2월부터 3월 사이에 『코리아헤럴드』, 『부산일보』, 『경향신문』, 『연합통신』, 그리고 마산과 목포, 여수, 대구 MBC 등에서 계속 언론노조가 설립되었다. 이런 노조 설립의 열기는 이 해 4월 전국 15개 노조가 참여한 전국언론노조협의회 발족으로 이어졌고, 88년 11월 26일 42개 노조에 1만3천여 언론 노동자의 결집체인 전국언론노동조합연맹(언노련)의 창립을 보기에 이르렀다.

언노련은 87년 10월 한국일보사에서 노동조합이 처음 만들어진 뒤 잇따라 생겨난 언론사 노조들로 이루어진 협의체 성격의 '전국언론노조협의회'를 거쳐, 한국 언론노조 사상 최초의 업종별 연맹으로서 그 동안 개별 언론노조의 한계를 극복하고 언론사 종사자 공동의 이해와 요구에 기초한 연대투쟁의 기틀을 마련하는 계기가 되었다. 특히 방송 쪽에서 노조를 중심으로 신문에 비해 더욱 적극적인 민주화운동이 전개되었다.

---

34) 〈협회보로 본 이주일의 소사: 언론노조 태동기, 탄압과 저항〉, 『기자협회보』, 2001년 1월 13일, 7면.

서울올림픽 공동개최 투쟁

서울대와 김일성대 학생들의 공개 서신 교환

1988년 봄과 초여름을 뜨겁게 달군 올림픽 공동개최와 통일운동은 서울대 총학생회장 후보로 입후보한 김중기와 유제석이 88년 3월 29일 '김일성대학 청년학생에게 드리는 공개서한'을 발표하면서 시작되었다. 이 공개서한에서 이들은 '민족화해를 위한 남북한 국토종단 순례대행진'과 '민족단결을 위한 남북한 청년학생체육대회'를 제안하며 이렇게 말했다.

"이제 끊어진 허리를 바로 이어 백두산에서 한라까지 다시 하나됨을 이루는 것은 무엇보다 육천만 민중의 뼈아픈 분단과 이별의 한을 말끔히 걷어내는 일이요, 한반도에서 평화를 정착시키고 정치경제에서의 자주를 이루어내며, 찬연한 민족문화의 아로새겨진 전통을 새로 잇는 민족의 숙원입니다. …… 특히 이번 88올림픽은 한민족이 하나로 어우러지고 인류의 평화에 봉사해야 하는 평화대제전이 되어야 함에도 불구하고 반도의 남단에서만 반쪽으로 진행되어 이 땅에 분단의 아픔을 딛고 일어서려는 우리의 가슴을 더욱 안타깝게 하고 있습니다. …… 이에 저희 88년 서울대학교 총학생회장, 부학생회장 후보 기호 2번 김중기 유제석은 북한의 김일성대학 청년학도 여러분께 '민족화해를 위한 남북한 국토종단 순례대행진'과 '민족단결을 위한 남북한 청년학생체육대회'를 제안합니다."[35]

김중기는 '김일성대학 청년학생에게 드리는 공개서한'을 낭독한 후, 아크로폴리스 광장에 모인 약 3천여 명의 학생들에게 "여러분! 스크럼을 짜고 노래를 부릅시다"라고 말했다. 이에 학생들은 김중기의 선창에 따라 〈우리의 소원은 통일〉을 함께 불렀다. 노래가 끝난 후, 김중기는 "백두산에 오르고 싶었습니다. 옛날 항일의병들이 말을 달리던, 항일 유격대가 호랑이 잡듯이 왜놈들을 때려잡았다는 ……"이라고 말했고, 몇몇 학생들은 고개를 떨군 채 눈물을 흘렸다.[36]

이 제안이 나오자마자 언론은 마치 큰 일이 난 것처럼 대서특필하기 시작했고 덩달아 이 두 학생에게는 곧바로 수배령이 떨어졌는데, 4월 4일 김일성종합대학 학생위원회가 '서울대학교 총학생회에 보내는 편지'를 통해 제안을 받아들이면서 학생들을 중심으로 남북교류와 통일문제가 논의되기 시작했다. 서울지역총학생회연합 건설준비위원회의 지지성명이 발표되었고, 전국대학생대표자협의회(전대협)도 통일운동을 전대협의 사업으로 승격시켰다.

이로부터 5일 뒤 연세대 총학생회가 '적십자사와 정부에 보내는 공개질의서'를 채택함으로써 올림픽 공동개최를 요구하는 투쟁의 불길은 거세게 타오르기 시작했다.

---

35) 고광헌, 『스포츠와 정치』(푸른나무, 1988), 35쪽에서 재인용.
36) 김동훈, 『취재기자가 발로 쓴 6공화국 대학사건 취재기: 대학공화국』(한국대학신보, 1993), 287~288쪽.

'한반도 평화와 자주적 통일을 위해'

서울지역총학생회연합(서총련) 건설준비위원회는 88년 4월 16일 연세대학교에서 열린 '한반도 평화와 조국의 자주적 통일을 위한 국민대토론회'에서 「청년학생 조국통일 투쟁선언문」을 발표했다. 이 투쟁선언문에서 서총련은 "오직 조국통일의 완성 속에 민족의 활로가 있으며 6천만 민중의 주인다운 삶이 있을 뿐"이라고 주장하였다.[37]

또 서총련은 '서울올림픽에 참가하고자 하는 세계 각 나라와 평화 애호민에게 보내는 공개서한'을 통해 바야흐로 세계에 평화 화해의 기운과 동서교류의 분위기가 조성되고 있지만, 유독 한반도에서만은 미 제국주의와 그 대리 세력들에 의해 긴장이 고조되어지고 있는 실정이라면서, "세계 평화가 한반도에 있고 한반도에서의 평화가 다시 세계의 완전한 평화실현으로 이루어질 수 있도록 남북한 민중의 공동의 염원인 공동 올림픽 개최를 전제로 올림픽 참가의사를 표명해주시기 바랍니다"라고 밝혔다.[38]

이 토론회에 참석했던 민족문학작가회의 등 7개 사회단체는 올림픽 공동개최를 지지하는 결의문을 채택했다.

4월 20일 서울대에서는 학생을 비롯해 민주인사 등 약 3천여 명이 참석해 '한반도 평화와 자주적 통일을 위한 범국민투쟁 결의대회'가 열렸는데, 이 집회에 참석한 11개 사회단체는 민족통일투쟁을 위한 성명서에서 한반도 비핵지대화, 팀스피리트 훈련을 비롯한 군사훈련 중지, 휴전협정 폐기와 평화협정 체결, 남북한 상호불가침 협정 체결, 88올림픽 공동개최 및 남북한 단일팀 구성, 자유로운 통일논의 및 남북한 각계각층

---

37) 노현명, 〈통일운동 둘러싼 논쟁〉, 『80년대 한국사회 대논쟁집』(중앙일보사, 월간중앙 1990년 신년특별부록), 305쪽에서 재인용.
38) 고광헌, 『스포츠와 정치』(푸른나무, 1988), 36쪽에서 재인용.

의 교류 등을 요구했다.[39]

5월 11일에는 함석헌, 문익환, 이돈명, 이효재, 성내운 등 각계 인사 35인이 '노태우 대한민국 대통령, 김일성 조선민주주의인민공화국 주석에게 드리는 편지'를 발표하고 남한적십자사를 통해 김일성에게 이 편지를 전달해 줄 것을 요청하였다.[40] 이들의 편지는 학생들의 올림픽 공동개최 투쟁에 좌경, 용공, 친북 등의 딱지를 붙이려 했던 정부의 여론조작 행위에 일정한 타격을 가하였다.

5월 14일 전국대학생대표자협의희(전대협)가 주최한 '6·10 남북한 청년학생 실무회담 성사 및 공동올림픽 개최를 위한 범시민 학생 결의대회'에선, 전대협 소속의 55여 개의 대학에서 모인 1만5천 명의 학생과 시민들이 참석한 가운데 3차 '공개서한'이 발표되었다.

조성만의 할복 투신 자살

88년 5월 15일 명동성당 내 가톨릭 교육관 3층 옥상에서 서울대생 조성만(24. 영세명 요셉)이 '양심수 전원석방', '미국 축출', '공동올림픽 개최' 등의 유서를 남기고 할복 투신 자살하였다. 조성만은 "척박한 땅, 한반도에서 태어나 인간을 사랑하고자 했던 한 인간이 조국통일을 염원하며 이 글을 드립니다"로 시작되는 유서에서, 올림픽은 반드시 공동개최 되어야 한다고 못을 박은 뒤 "올해 열리는 올림픽도 미국과 현 군사정부의 기득권 유지에 필요한 행사"에 불과할 뿐이라며 "올림픽을 위해 한반도를 영구 분단하려는 미국과 군사정부의 반민족적 행위는 우리에 의해 막아져야" 한다고 호소했다.[41]

---

39) 고광헌, 『스포츠와 정치』(푸른나무, 1988), 37쪽.
40) 고광헌, 위의 책, 38쪽.
41) 고광헌, 위의 책, 39쪽에서 재인용.

후일, 신부 문규현은 이때 받은 충격을 다음과 같이 술회하였다.

"나는 개인적으로 통일을 생각하면 간절한 그리움으로, 부끄러움으로 가장 먼저 떠오르는 얼굴이 있습니다. 그는 다름 아닌 지금으로부터 2년 전인 88년 5월 15일 명동성당 교육관 옥상에서 하늘보다 푸른 칼날로 자신의 배를 가르며 꽃잎처럼 숨져간 조성만 요셉군입니다. 민족의 분단을 자신의 아픔으로 깨닫지 못하고 살아온 우리들 앞에 그는 자신의 배를 가르며 분단이란 이렇게 피 흐르는 아픔이라고 한 시대의 진실을 가르쳐 주고 떠난 것입니다. …… 그것도 교회의 바닥을 피로 물들이며 차마 감을 수 없는 두 눈을 하늘로 향하여 부릅뜬 채 말입니다. 그것은 다른 누구를 향한 것이 아니라 바로 교회를 향한 고백이며 겨레의 고통을 외면한 채 분단 현실에 안주해 온 우리 모두를 향해 근본적인 회개를 촉구하는 죽임이었습니다. 솔직히 고백하건대 지금까지 내가 살아오는 동안 그의 죽음만큼 내게 충격을 준 죽음도 없었습니다. 그리고 그때로부터 지금 이 순간까지 나는 그의 죽음으로부터 한시도 자유로울 수 없었습니다. …… 그것은 바로 통일을 위한 삶에로의 결단이어야 했습니다."[42]

김대중의 주장과 조선일보의 공격

조성만의 할복 투신 자살을 계기로 평민당 총재 김대중은 이전부터 몇 차례 주장한 바 있는 '올림픽 남북공동개최' 논의를 표면화시켰다. 조성만 할복 투신 다음날인 16일 평민당은 당무회의를 긴급 소집하여 조성만의 유언을 적극 수용하여, 통일논의를 금기시하거나 용공시하는 풍토를 벗어난 공개적 논의, 올림픽의 북한 참가를 위한 단일팀 구성 노력

---

42) 문규현, 〈분단조국에서 태어난 사제의 길〉, 월간 『말』, 1990년 7월, 110쪽.

등을 결의하고, 이러한 제반문제를 13대 국회에서 해결해 나가기로 다짐했다. 이어 김대중은 5월 18일에 열린 3김 회담에서, 올림픽 안전 개최 보장, 북한사회 개방, 민족독립성 확보라는 논리를 내세워 '공동개최와 정당회담'을 제의했지만 김종필, 김영삼은 이 주장에 반대하였다.[43]

그러나 김대중은 비록 대외적으로 공식화한 것은 아니지만 5월 20일의 의원총회 등 기회가 있을 때마다, "전 세계가 참가하는 올림픽에 동족이 참가하지 못하는 것은 바람직하지 않다" "북한에 대해 우리가 아량을 베풀어 참가를 유도해야 한다"는 주장을 거듭했다. 김대중은 아울러 구체적인 문제도 언급하였는데, 올림픽이 대한민국이 아닌 서울 주최인 만큼 '평양올림픽'의 사용을 허용하고, TV 중계권료 수입도 원조해주는 셈치고 반분토록 하며, 북한이 요구하는 8개 종목을 내주는 문제도 적극 검토해야 한다고 주장했다.[44]

김대중의 주장에 대해 노태우 정권에 앞서 언론이 포문을 열었다. 『조선일보』는 김대중의 주장이 "김일성주의자들이 세계의 빈축과 반대에도 불구하고 무턱대고 주장해 온 내용"이라고 비난했다.[45] 『조선일보』를 위시한 언론이 그런 폭격을 퍼부었기 때문인지는 알 수 없으나, 김대중은 5월 21일에 열린 기자간담회를 통해, "올림픽 공동개최나 남북 정상회담을 공식으로 주장했거나 제의한 바 없다"며 "이를 단독으로 제안할 생각도 없다"고 해명했다. 그는 의원총회에서 마치 자신이 남북한 정상회담을 갖자고 제의한 것처럼 보도된 것은 와전된 것이라고 말했다.[46]

43) 허남진·고도원, 〈'생각일 뿐 공식제의 아니다', 김대중 총재〉, 『중앙일보』, 1988년 5월 24일, 22면.
44) 허남진·고도원, 위의 글.
45) 김기태, 〈한국언론의 보수성향 진단: 통일관련 기사의 보도경향과 과제〉, 『저널리즘』, 1989년 봄/여름, 93쪽.
46) 허남진·고도원, 위의 글.

6 · 10 학생회담에 대한 지지 성명

　정치권에서의 논의와는 별도로, 조성만의 할복 투신 자살이 미친 파급 효과는 계속 번져 나갔다. 5월 18일 순천향대학교에서는 31명의 교수들이 조성만의 죽음을 애도하며 '조국통일은 현시점에서 우리 앞에 닥친 가치의 총화'라는 요지의 성명서를 발표했다. 5월 19일 거행된 조성만의 민주국민장에 모인 수십만 인파는 '올림픽 공동개최' '미국 축출' '양심수 석방' 등을 외치며 시위를 전개하였다. 5월 21일 전북 지역에서는 목사 강희남을 중심으로 46명의 목회자와 민주인사들이 공동올림픽을 촉구하는 성명서를 발표했다.

　5월 27일에는 67개의 민주단체들이 총결집해 '조국통일을 앞당기기 위한 시국선언'을 발표했다. 이 선언에서 이들은 "첫째, 제24차 국제올림픽은 반드시 남북공동개최, 민족 단일팀의 공동올림픽이어야 하고, 둘째, 남북한 각계각층의 자주적인 교류는 보장되어야 하며, 셋째, 온 국민적 과제로 나서고 있는 광주학살 및 5공화국 부정비리의 진상규명과 책임자 처벌의 문제는 올림픽을 포함한 어떤 이유로도 지연될" 수 없다고 밝혔다.[47]

　5월 28일 천주교, 개신교, 불교 등 종교단체를 비롯한 전국 67개 사회단체는 '남북 공동올림픽과 6 · 10 학생회담의 성사를 촉구'하는 시국선언문을 채택했는데, 그 일부 내용은 다음과 같다.

　"남북학생회담은 남북한 각계각층의 자주적인 교류의 출발점이요, 민족대단결 운동의 시발점입니다. 남북한의 청년학생이 함께 어깨 걸고 국토순례대행진을 하고 체육대회를 한다면 이는 반백년 동안 쌓여온 민족 내부의 반목과 대립, 불신과 적대감을 해소하고 상호 믿음과 화합 대단

---

47) 고광헌, 『스포츠와 정치』(푸른나무, 1988), 40쪽에서 재인용.

결을 이룰 수 있는 중요한 계기가 될 것입니다. 조국의 자주적 통일과 한반도의 평화를 이룩하기 위해 정부당국은 반드시 남북학생회담을 보장해야 합니다. 이를 불온시하거나 이를 탄압, 방해한다면 이는 반민족적 처사로 규탄받아 마땅할 것입니다. …… 우리는 남북학생회담이 성사되기를 간절히 염원하며 이의 성사를 위해 할 수 있는 모든 지원을 아끼지 않을 것입니다. 우리는 이러한 견해에 따라 다음과 같은 사항을 촉구합니다. 첫째, 우리 모두는 6 · 10 남북학생회담을 전폭적으로 지지하며 이에 대해 우리가 할 수 있는 지원과 협력을 아끼지 않을 것입니다. 둘째, 정부당국이 이번 6 · 10 남북학생회담을 전면적으로 보장할 것을 촉구하며 만약 이를 방해하고 탄압한다면 이는 조국통일을 가로막는 반민족적 처사로 규탄받아 마땅할 것입니다. 셋째, 주한 미 사령관은 6 · 10 남북학생회담을 성사될 수 있도록 판문점 사용을 허가해야 합니다. 이를 허가하지 않는다면 6천만 겨레의 염원인 조국통일을 가로막겠다고 하는 것입니다. 넷째, 각계의 제 정당, 사회단체, 개별인사는 민족의 대화해와 대단결을 위해 자주적인 교류를 제안하고 이의 성사를 위해 구국의 단심으로 노력할 것을 호소하며 우리도 앞장설 것을 다짐합니다."[48]

이어 민가협과 민통련 등도 남북학생회담 성사를 지지하는 성명을 발표하였다.

"가자! 북으로, 오라! 남으로, 만나자! 판문점에서"

88년 6월 9일, 6 · 10 남북학생회담에 참가하기 위해 전국에서 약 3만여 명의 학생들이 서울로 집결했다. 6월 10일 연세대에서는 전국 각지에서 대학생 2만여 명이 모인 가운데 '6 · 10 민주화투쟁 1주기 기념대회

---

48) 고광헌, 『스포츠와 정치』(푸른나무, 1988), 71~72쪽.

및 판문점 출정식'이 열렸다. 경찰의 봉쇄로 인해 미처 연세대학교에 들어가지 못했던 지방대생들은 연대 근처에서 행사를 열었는데, 이 날 집회에서 학생들은 "가자! 북으로, 오라! 남으로, 만나자! 판문점에서"라는 구호를 외쳤다.[49]

이 날 경찰들은 예정되어 있던 학생들의 판문점행을 결사적으로 막고 나섰다. 이에 학생들은 최루탄이 쏟아지는 거센 진압에도 불구하고 팔짱을 낀 채 아스팔트 위에 누워 "기어서라도 판문점에 가겠다"고 버텼지만 뜻을 이루진 못했다.[50]

결국, 북한측 학생대표들이 판문점까지 온 데 반해 경찰의 원천봉쇄로 남북학생들의 회담은 이루어지지 못했다. 7월 4일 임진각까지 진행된 '통일염원 범국민평화대행진'을 마지막으로 올림픽 공동개최 투쟁과 통일투쟁은 일단 막을 내리긴 했지만, 얼마 후 이는 8·15 투쟁으로 이어졌다. 이때 '통일선봉대'가 처음으로 꾸려졌다.

8월 8일 고려대에서 발족식을 가진 1기 통일선봉대는 '민족화해 선봉대'와 '민족대단결 선봉대'로 나뉘어 구성되었는데, 8월 10일부터 국토순례대행진에 들어갔다. 한편, 이와는 별도로 북한의 학생들에게 전달할 백록담의 흙과 돌을 채취하기 위해 제주도 한라산에 갔던 통일선봉대원 16명 중 13명이 하산하는 과정에서 경찰에 연행되기도 했다.[51]

---

49) 김동훈, 『취재기자가 발로 쓴 6공화국 대학사건 취재기: 대학공화국』(한국대학신보, 1993), 273쪽에서 재인용.
50) 김동훈, 위의 책, 274쪽에서 재인용.
51) 김동훈, 위의 책, 274쪽.

프리 올림픽 쇼

1988년 5월 8일 잠실운동장에서는 '프리–올림픽 쇼'라는 기상천외한 행사가 열렸다. '프리 올림픽 쇼'는 주최측 KBS와 흥행사 측인 미국의 문화자본이 만들어낸 '급조어'였는데, 관중과 국민을 바보로 만든 쇼였다. 고광헌은 "이 날 행사는 그 형식과 내용 속에 국민들의 참여는 물론 관람 행위까지도 철저하게 수동화시키는 것이었다"며 다음과 같이 말한다.

> 우선 이 날의 쇼는 자축을 하기 위해 참가한 국민들의 주체의식 과 자부심을 철저하게 깔아뭉개는 것이었다. 행사의 진행에 필요 한 언어를 모두 영어로 사용함으로서 그 유창한 본토발음을 알아 들을 수 없는 가엾은 국민들에게 치떨리는 자기 모멸감과 열등의 식을 안겨주었다.
>
> 이 날 쇼에는 주한미군의 사분의 일인 일만 명이 특석에 앉아 관람했는데 영어로 진행된 이 쇼를 이들만이 웃고 즐길 수 있었다. 보보 호프라는 늙은 코미디언이 나와서 실컷 웃고 있는데도 여 기에 참가한 7만 명 이상의 우리 국민들은 꿀 먹은 벙어리 모양으 로 옆 사람의 입만 쳐다보아야 했다. 그러고도 노래가 끝나면 열광 적으로 박수와 환호를 보냈다. 아마 그 중에서 많은 우리 국민들은 두 가지 양태의 수치감에 몸을 떨었을 것이다.
>
> 하나는 잘 알아듣지 못하는 게 당연한데도 "나는 왜 저 사람들 의 말을 알아듣지 못할까"라는 사대주의적, 문화 식민주의적 열등 의식의 발현에 의해, 또 하나는 "아! 이럴 수가? 내가 들러리인가. 이자들이 여기가 미국 땅인 줄 아나보지. 부끄럽고 창피하구만"

등의 최소한의 주체의식의 발로에 의해, 아마 이 땅의 문화적 환경과 실상으로 보아 전자가 대부분이었는지 모른다.

돈벌이가 유일한 목적인 미국의 문화자본 흥행사의 이와 같은 태도는 오히려 그런 방향에서 이해가 갈 수도 있겠다. 그런데 주최 측인 대한민국의 '공영방송'인 KBS의 처사는 한마디로 문화적 식민화를 조장하고 그 내용물을 전파시키는 데 첨병구실을 대행한 것 이외에는 그 어떤 역할도 하지 못했다. 심지어 전광판의 이용까지도 생각을 못했거나 무시해버렸다.

따라서 이 날 일찍이 서울올림픽의 상품성을 간파하여 그것을 최대한 이용해 값비싼 문화상품을 만들어간 미국의 문화자본 측에는 별로 비판을 하고 싶지가 않다. 왜냐하면 이 날 행사는 우리 국민들의 대표적인 공기인 KBS가 먼저 국민대중을 업신여겼기 때문이다.

KBS야말로 이 날의 문화사대주의적 쇼를 주최하고 또 그와 같은 방향으로 기획했으며 철저하게 국민대중을 무시한 내용과 형식으로 일관했기 때문이다. 이 날 쇼는 미국의 로렐우드 프러덕션과 KBS가 각각 8억 원씩 16억 원을 들여 제작을 했다. 아마 이 쇼의 녹화필름이나 비디오 테이프는 미국·유럽 등 전 세계 지역에서 수백 배 이상의 상품으로 팔리게 될 것이다. 그 이익의 배분도 양쪽이 똑같이 나누는지 그렇지 않으면 미국 쪽이 다 갖는지 그건 잘 모른다. 아마도 미국 문화자본이 독점할 것이다. KBS의 8억 원은 협찬이라는 이름으로 한 독점자본이 지불했기 때문이다. 하지만 이유 불문하고 이 날의 쇼는 거기에 참석한 우리 형제들은 물론 전 국민적으로 부끄럽고 낯뜨거운 것임이 분명했다.[a]

---

a) 고광헌, 「스포츠와 정치」(푸른나무, 1998), 193~195쪽.

노태우의 7·7선언

'민족자존과 통일번영을 위한 대통령 특별선언'

노태우 정부는 출범과 더불어 북한에 외무장관회의와 총리회담을 제의했으나 북한은 거절하였다. 노태우는 88년 7월 1일 『워싱턴 포스트』의 도쿄특파원 프레드 하야트, 그리고 돈 오버도퍼와 가진 인터뷰에서 "우리는 북한이 충분한 자격을 갖춘 국제사회의 일원으로서 제 몫을 다 할수 있도록 도와줄 것을 우리의 동맹국과 우방국에 요청할 것"이라고 밝혀 북한 관련 정책이 변화할 것임을 시사했다.[52]

7월 7일 노태우는 6공화국의 주요 외교 이념이라 할 '민족자존과 통일번영을 위한 대통령 특별선언'을 발표했다. 이른바 7·7 선언으로도 불리는 이 특별선언은 소련은 물론 중국과 동구의 사회주의 국가에 대한 개방 정책을 핵심으로 하고 있는데, "친애하는 6천만 동포 여러분!"으로

---

52) 돈 오버도퍼, 이종길 역, 『두개의 한국』(길산, 2002), 289쪽에서 재인용.

시작되는 7·7 선언의 실천 방안 내용으로 노태우가 제시한 6개항은 아래와 같다.

① 남북동포간의 상호교류 및 해외동포들의 자유로운 남북왕래, ② 이산가족 서신왕래 및 상호방문, ③ 남북간 교역, ④ 비군사적 물자에 대한 우리 우방과 북한의 교역 불반대, ⑤ 남북간 소모적 경쟁 및 대결외교 종결, ⑥ 북한과 미국·일본과의 관계 개선 및 남한의 소련·중국과의 관계 개선 추구.

'7·7 선언'의 내용 중 가장 핵심적인 사항은 "북한을 경쟁과 대결이라는 적대적 대상이 아니라 통일을 위한 동반자, 즉 '민족공동체'의 일원으로 보아야 한다"는 것이었다. 이 기본 인식을 바탕으로 민족의 공동 번영을 모색하고, 이를 대전제로 '북방외교'를 추진함으로써 '북한과 한국의 우방들 간의 관계 개선을 적극 도우며, 동시에 한국도 중·소 등 공산국들과의 관계 정상화를 추진해 가겠다'는 것이었다.[53]

노태우 정부의 북방외교

7·7 선언의 배경은 무엇이었을까? 88년 상반기 학생들과 재야 단체의 올림픽 공동개최 투쟁으로 인해 통일 열기가 확산되는 가운데 노태우 정부는 공산권 국가의 올림픽 참가를 유도할 필요성을 절감하고 있었다. 즉, 7·7 선언으로 대표되는 북방외교로 공산주의 국가들의 올림픽 참여에 방해가 되는 정치적 걸림돌을 제거하겠다는 것이었다.[54]

또 미국과의 무역 마찰로 인해 수출 시장의 새로운 통로를 확보해야 할 필요성도 있었던 터라, 남북관계 개선이라는 명분과 새로운 수출 노

53) 김창훈, 〈전두환 정부의 외교〉, 『한국 외교 어제와 오늘』(다락원, 2002), 177~178쪽.
54) 돈 오버도퍼, 이종길 역, 『두개의 한국』(길산, 2002), 291쪽.

선 확보라는 실리를 모두 취하면서 통일 논의에 대한 주도권을 잡으려는 의도가 강하게 드러난 것이 바로 7·7 선언이었다.

노태우의 7·7 선언에 대해 북한의 반응은 냉담했다. 노태우의 특별선언 후 얼마 지나지 않아 동독의 국방장관과 만난 자리에서 김일성은 노태우의 특별선언을, "한반도 분단을 고착화시키려는 의도"라고 단정한 뒤 "남조선이 우리를 향해서 대포를 겨냥하고 칼을 가는 상황에서 평화적 협상이란 있을 수 없다"고 말했다.[55]

그러나 동구권의 움직임은 북한의 뜻대로 돌아가진 않았다. 7·7 선언 후, 동구권 국가 중에서 가장 먼저 외교 관계를 수립한 나라는 헝가리였다. 노태우는 올림픽 개막을 불과 4일 앞둔 9월 13일 헝가리와 대사급 외교사절을 교환하기로 합의했다고 전격적으로 발표했다.

헝가리와의 외교관계 수립은 뒷거래의 산물이었다. 올림픽 개최 이전에 적어도 공산주의 국가와 공식적인 외교 관계를 수립한다는 것은 상징적 의미를 지닌 것이었기에, 6공은 헝가리와의 협상을 일사천리로 진행해 나갔다.

88년 6월 남한이 10억 달러의 경제 원조를 해준다면, 서울올림픽을 전후해서 남한과의 공식적인 외교 관계를 수립할 의향이 있다는 헝가리 정부의 제안이 있은 후, 박철언을 협상 책임자로 한 비밀협상이 3차례 진행되었다. 그리고 올림픽 개막식 4일 전에 헝가리에 6억2천500만 달러의 상업차관을 제공하는 조건으로 외교 관계를 수립하기로 합의했다.

이 과정에서 큰 역할을 한 사람이 김우중이었다. 이미 84년 헝가리를 방문해 헝가리와 일련의 사업 계획을 성사시켰던 김우중은, 이런 관계를 활용해 87년 말과 88년 초 서울과 부다페스트에 각각 무역사무소가 개설되는 데 결정적인 역할을 수행했다.[56]

---

55) 돈 오버도퍼, 이종길 역, 『두개의 한국』(길산, 2002), 291쪽에서 재인용.

'쇼'로 전락한 7·7 선언

노태우 정부는 '7·7 선언'의 후속 조치로 대북 비난 방송의 전면 중지, 통일 논의의 제한적 허용, 북한 관계 자료의 부분적 공개, 북한 외교관과의 적극적 접촉 허용, 북한과의 교역에 대비한 대북 경제조치 등을 발표하였다.

노태우는 더 나아가, 8·15 경축사와 10월 18일 한국 대통령으로서는 사상 처음 행한 유엔 연설을 통해 '남북불가침선언'을 비롯하여 '정전협정'의 '평화협정'으로의 대체, 군축, 남·북한 간의 교류와 협력의 증진 방안 등을 논의하기 위한 '남북정상회담' 개최를 제안하였다. 그와 동시에 '동북아 6개국 평화협의회의 구성'과 '비무장지대 내 평화촌 건설' 그리고 '남·북한 무력불사용 원칙' 등을 선언하였다.[57]

그러나 노태우의 이런 모든 선언은 '쇼'였음이 곧 드러나게 된다. 이 일련의 선언들에 고무돼 다음해 방북을 한 인사들에 대해 가혹한 탄압을 하면서 온 나라를 살벌한 공안정국으로 몰고 갔기 때문이다.

---

56) 돈 오버도퍼, 이종길 역, 『두개의 한국』(길산, 2002), 292쪽.
57) 김창훈, 〈전두환 정부의 외교〉, 『한국 외교 어제와 오늘』(다락원, 2002), 177~178쪽.

서울올림픽과 '위험한 정사'

'올림픽 평화구역'이 막은 집회의 자유

1984년 영화법 개정, 1985년 7월 시행령 공포와 함께 영화계의 오랜 숙원이었던 영화제작 자유화가 실현되었다. 이로써 제작·수입·수출의 독점 시대가 종말을 고하고 영화 제작사에 대한 외화 쿼터의 보상적 안배도 사라짐으로써 영화 제작사가 크게 늘어나는 등 영화 제작 환경이 일대 전환기를 맞게 되었다.[58]

1987년 9월엔 각본 사전심의가 폐지됨으로써 영화심의가 완화되고 소재의 선택과 표현의 자유가 점차 그 폭을 넓혀가게 되었다. 영화계의 세대교체도 이루어짐으로써 점차 현실 비판적인 작품이 나오게 되었는데, 1988년에 만들어진 박광수 감독의 데뷔작 『칠수와 만수』가 그 대표작이라고 할 수 있다.[59]

---

58) 김종원·정중헌, 〈격변기의 한국영화〉, 『우리 영화 100년』(현암사, 2001), 362~363쪽.

그러나 미국의 거센 영화시장 개방 압력[60] 때문에 1986년 말에 영화법이 다시 개정돼, 외국인도 한국 내에서 영화업을 할 수 있는 법적 근거가 마련됨으로써 한국 영화는 새로운 위기에 직면하게 되었다(이 새로운 영화법의 시행령 발효는 1987년 7월 1일).

그 결과 1988년 1월에 UIP와 20세기폭스사의 국내 영업이 허가되었다. 특히 미국 직배영화사 UIP(United International Pictures)의 활동은 영화계에 큰 논란을 불러일으켰다. 미국의 파라마운트, MGM, 유나이티드 아티스트, 유니버설 등 4개 회사가 공동 출자해서 만든 영화배급회사인 UIP가 88년 8월 추석특선 프로그램으로 전국 11개 영화관에서 『위험한 정사(Fatal Attraction)』를 직배 상영키로 하자 이는 영화계의 격렬한 반대를 촉발하였다.[61]

그러나 영화계의 반대시위는 88년 8월 17일 올림픽 기간 동안 집회시위가 금지된 '올림픽 평화구역'이 선포됨으로써 효과를 거두기 어려웠다. 그 다음날인 8월 18일 평화구역 내에서 영화와는 무관한 시위가 발생했지만 강경 진압되었다.

5·18 광주민중항쟁유족회 회장 전규량 등 광주전남지역 9개 재야단체 회원 108명은, 8월 18일 오후 4시경부터 국회의사당 앞 광장에서 "광주학살은 정권 찬탈을 위해 사전에 준비된 것으로 그 참혹한 진상이 학살주범의 입을 통해 밝혀져야 한다"고 주장하며 연좌농성을 벌였다. 경찰은 이들에게 "평화구역에서는 시위가 금지되어 있다"면서 해산하라고 경고했다가 농성이 계속되자 전경 500여 명을 동원하여 이들을 연행해 갔다.[62]

---

59) 김종원·정중헌, 〈격변기의 한국영화〉, 『우리 영화 100년』(현암사, 2001), 363~364쪽.
60) 1985년 9월 7일 미국 대통령 레이건은 한국에 대한 '무역보복'을 지시했다. 한국이 시장을 개방하지 않으면 한국의 대미(對美) 수출을 규제하겠다는 협박을 이행하겠다는 것이었다. 이때부터 미국 통상법 301조라는 게 약방의 감초처럼 등장하기 시작했으며, 영화시장도 그러한 개방 압력의 대상이 되었다.
61) 윤상길, 〈한미 영화분쟁 '2라운드 돌입'〉, 『국민일보』, 1989년 2월 7일.
62) 〈평화구역 시위 백60명 연행〉, 『동아일보』, 1988년 8월 19일, 2면.

"미국 영화의 '융단폭격'과 '민족' 영화의 위기"

88년 9월 14일 영화인협회 감독위원회는 UIP 저지투쟁을 선언하고 철야농성에 돌입하였다. 9월 19일 한국영화업협동조합 조합원 일동은 신문광고를 통해 발표한 〈국민께 드리는 우리의 호소문〉에서 다음과 같이 호소하였다.

"여러분! 우리가 U.I.P 앞에 무릎을 꿇어야 합니까? U.I.P는 세계 영화시장의 60% 이상을 점유한 미국 4개 대형 영화사들의 연합배급체입니다. 우리의 영화예술가와 영화업자들이 국가사회로부터 미아가 되어 있는 반면 U.I.P는 거대한 미국의 국력을 앞세워 오늘의 우리 영화계를 뿌리 채 흔들게 될 상업적 비수를 뽑아 들었습니다. 물론, 그들의 한국시장 직접배급은 한국영화법상 직접 위법이 아닙니다. 위법이 될 수 없는 이유는, 우리 영화계의 절대 반대에도 불구하고 한국영화법을 그들의 힘으로 개정하여, 외국법인의 국내영화업 개장의 길을 만들었고, 그 무기가 바로 '통상법 301조'였습니다. 90% 가깝게 미국 영화로 독점되어 온 한국 외화시장이 어떻게 불공정거래법 301조에 해당이 될 수 있겠습니까. 그러나 개발도상국 국민의 아픔을 삼키며 우리 영화법은 개정되었고 그 후 3년 간 오로지 우리 영화인의 자구 정신으로 가까스로 시장개방을 막아왔고 극장문을 지켜왔으나, 마침내 그들은 서울올림픽의 성공적 개최를 위한 평화구역 설정 기간을 교묘히 이용하여 평화구역 내에 위치한 극장에 그 실체를 드러냈습니다. 그것이 바로 『위험한 정사』라는 영화입니다."

『한겨레신문』은 88년 9월 23일자 〈미국 영화의 '융단폭격'과 '민족' 영화의 위기〉라는 제목의 사설에서 다음과 같이 말했다.

"지금 서울의 '올림픽 평화구역' 안에서는 기묘한 일이 벌어지고 있다. '평화구역' 안에서의 집단행동을 금지한 한국 정부의 강력한 조치를 이용하여 미국의 영화배급회사가 직접 들여온 『위험한 정사』라는 제목의 '위험'하고도 '반평화적인' 미국 영화가 곧 안전하게 상영될 채비를 하고 있다. 한국 영화가 미국 영화의 융단폭격 앞에 유린되는 위기가 시작되는 것이다. …… 이 같은 위기 앞에서 우리의 민족영화는 어떻게 명맥을 유지할 것인가? 이제 우리 국민은 이 위기의 정체를 바로 보고 마지막 '자위권'에 호소해야 할 시점에 와 있다. 그 시급한 과제의 하나가 저 사악한 영화법을 바로잡는 것임은 두말할 나위도 없다. 미국 영화업자들이 직접 배급하는 영화를 거부하여 '안보기운동'을 벌이는 것도 우리가 보여줄 수 있는 또 하나의 행동이 될 수 있을 것이다."

'양담배 피는 사람들이 무슨 직배 반대냐'

9월 23일 서울의 32개 영화관은 조기를 내걸고 하루 동안 휴관하였다. 다음날인 9월 24일 드디어 『위험한 정사』가 코리아, 신영극장 등 전국 9개 극장에서 개봉되었다. 이 날 전국극장연합회는 신문광고를 통해 〈국민에게 드리는 우리의 호소문〉을 발표해 "우리는 미국 영화사가 직접 배급하는 모든 영화의 수급을 일체 거부한다!"고 선언하면서 다음과 같이 말했다.

"국민화합과 민주발전의 중차대한 시기이며, 더우기 국가대사인 88 서울올림픽의 성화가 활활 타오르고 있는 때에 우리들의 문제로 국민 여러분께 호소를 드리게 됨을 대단히 송구스럽게 생각합니다. 이미 신문지상에 보도되어 주지하다시피 9월 23일 하루 본의 아니게 예고 없이 서울 일류 개봉관들이 문을 닫아 영화를 애호하는 국민들에게 불편을 드리게 된 점에 대해 진심으로 사과드리며, 아울러 문을 닫아야만 했던 우리들의 심정도 십분 이해하여 주시기 바라나이다. …… 1. 우리들은 생존권 수호를 위해서라도 외국 영화사와의 직배거래를 절대 하지 않을 것이며,

2. 어떠한 유리한 영업적 조건을 제시하더라도 긍지와 사명감을 가지고 받아들이지 않을 것이며, 3. 국내 영화업자와 공생공존할 수 있는 최선의 방법에 협력하여 영화업계 발전에 기여하며, 4. 우리 공연장 경영인들은 공연장을 온 국민의 전천후 휴식공간으로 마음껏 활용할 수 있도록 할 것이며, 5. 우리들의 뜻이 이루어질 때까지 미국 영화사들의 국내 활동을 주시할 것을 다짐하며, 국민 여러분의 힘찬 지원을 호소하는 바입니다."

사실상 극장들이 직배를 애써 반대할 이유는 없었다. 그런데도 이들이 UIP 직배를 반대하고 나선 것은 영화사측의 압력과 국민 여론 때문이었다. 한 조감독의 말을 들어보자.

"명동 코리아극장 앞에서 시위할 때였다. 전경들과 대치해 몸싸움까지 하며 '직배반대' 구호를 목청껏 외치던 사람은 젊은 영화인과 감독들이 대부분이었고, 의무적으로 동원된 각 극장 직원들은 뒤쪽에서 양담배 물고 건성으로 구호를 따라 할 뿐이었다. 전경들이 '양담배 피는 사람들이 무슨 직배 반대냐'고 말할 땐 창피해 시위대에서 빠져나가고 싶었다."[63]

할리우드의 대응

미국측도 가만있진 않았다. 9월 24일 미국영화수출협회 회장 잭 베란티는 신문광고를 통해 〈한국 국민과 서울시민께 드리는 공개 서신〉을 발표하였다. 베란티는 "현재 한국 수출품의 40% 이상이 미국으로 수출되고 있으며 그 결과 한국의 고용을 증대시키고 한국 가정의 생활수준 향상에 도움을 주고 있"다는 걸 지적하면서 다음과 같이 주장했다.

---

63) 「월간중앙」, 1990년 9월호에 한창호 기자가 쓴 기사에서 재인용.

"저희들 미국 영화사들은 한국에 손님으로 와 있습니다. 저희들은 좋은 손님이 되고자 합니다. 저희들이 바라는 것은 한국의 많은 사업가들이 미국 시장에서 생활하며 사업활동을 할 수 있는 것과 같이 저희들도 여러분의 시장에서 생활하고 사업활동을 할 수 있기를 바라는 외에 다른 아무것도 바라지 않습니다. 미국에서 활동하는 한국인이 느끼는 '페어 플레이' 정신은 한국인 고유의 전통으로서 한국에서 사업을 하고자 하는 미국 영화회사에게도 동일하게 적용된다고 저희들은 믿고 있습니다."

영화감독 제작자를 중심으로 한 영화인들은 명동의 코리아극장과 신영극장 앞에서 상영저지 시위를 벌였으며, 이 시위는 10월 7일까지 계속되었다. 9월 30일엔 농성 영화인들이 신영극장의 스크린을 페인트로 훼손하는 사건까지 일어났지만, 이는 89년에 일어날 직배 저지투쟁의 양상에 비하면 약과였다.

서울올림픽과 대한민국의 영광

올림픽 논란

"국운 융성의 위대한 민족사를 창조해 가는 오늘의 우리들이 각계각
층의 힘과 정성을 한데 모아 막바지 준비에 최선을 다한다면 서울올림픽
은 조국을 선진대열에 진입시키는 결정적인 전기를 이룰 것이 틀림없으
며 그것은 우리 민족이 2000년대 세계사의 주역으로 도약하기 위한 튼
튼한 발판이 될 것이다."[64]

전두환이 올림픽 개최 1년 전인 87년 10월에 한 말이다. 아니 그는 올
림픽 유치 이후 위와 같은 말을 내내 입에 달고 다녔다. 국민은 그런 말
에 전적으로 공감하진 않았겠지만, 과거 늘 외세에 시달려온 약소국가의
국민으로서 올림픽에 대해 큰 기대를 가졌던 건 분명한 사실이었다.

물론 모든 사람의 생각이 다 같지는 않았다. 어떤 사람들은 언론의 올

---

64) 고흥길, 〈88올림픽 성공 시험대〉, 『중앙일보』, 1987년 10월 16일, 24면에서 재인용.

림픽 열기 조성이 미흡하다고 비판했고, 또 어떤 사람은 지나치다고 비판했다. 『중앙일보』 88년 7월 12일자에 실린 〈호화판 올림픽보다 내실 기하는 게 중요〉라는 제목의 독자투고 내용을 살펴보자.

"『중앙일보』 6월 30일자 독자란에 게재된 이학주 씨의 〈언론의 88올림픽 보도 미흡〉이란 기사를 읽고 반대의견을 제시한다. 올림픽의 필요성과 중요성에는 공감하지만 올림픽이 마치 대한민국의 전부인 양 요란스럽고 흥청거리는 분위기는 결코 바람직스럽지 않다. 정치·경제·사회·문화 발전을 이룩해 나가면서 올림픽을 차분하고 내실 있게 준비해 가는 것이 더 바람직스런 일이 아닐까. 올림픽을 지나치게 호화롭고 사치스럽게 치름으로써 적자를 기록한 개최국도 있음을 감안할 때 과장된 선전보다 내실을 기하는 지혜가 더 필요한 것이 아닐까. 캘거리 동계 올림픽 때엔 간이막사에서 공동목욕탕과 화장실을 설치해 숙소로 사용했고, LA올림픽 때엔 대학 기숙사를 숙소로 쓰고 기존 경기장을 개수 또는 보수함으로써 흑자를 보았다. 그런데 우리는 걸핏하면 '세계 제일, 동양 최대'라는 말을 써가며 엄청난 비용과 물자를 들여 호화판 고급시설을 갖추려 애쓰고 있다. 그러나 엄청난 비용을 들여 세운 어떤 경기장은 벌써 비가 새 보수하기도 했다고 한다. 이씨는 신문과 방송을 얼마나 자세히 보았는지 몰라도 언론에서는 올림픽 개막 1백일 전부터 매일 올림픽 소식을 전하고 있다. 최근의 예만 들어도 〈올림픽 기획-세계는 서울로〉 〈88미스서울올림픽 선발대회〉 〈서울올림픽 맞이 한강축제〉 〈88미스특급 선발대회〉 등 많은 올림픽 개막 사전 축제와 더불어 종목별 성적 점검 및 분석, 각국의 메달 전망 등을 곁들여 수많은 올림픽 소식을 전하고 있다. 제발 조용히 내실을 기하면서 올림픽을 맞이했으면 한다."[65]

---

65) 우정렬, 〈호화판 올림픽보다 내실 기하는 게 중요〉, 『중앙일보』, 1988년 7월 12일.

'과열'을 넘은 '무분별'

그러나 대한민국은 이미 관 주도는 말할 것도 없고 상업적인 시장 논리에 의해서도 '올림픽 열기' 속으로 깊이 빠져 들어가고 있었다. 서울 올림픽을 앞둔 여름에는 일명 '올림픽 가요'들이 가요계에서 붐을 이뤘다. 1987년 7월 말까지 한국에 발표된 올림픽 가요는 그룹 코리아나의 〈손에 손잡고〉, 박혜령의 〈코리아〉, 김연자의 〈아침의 나라에서〉, 조용필의 〈서울 서울 서울〉, 강병철과 삼태기의 〈88아리랑〉, 윤향기의 〈웰컴 투 코리아〉, 조영남의 〈웰컴 투 서울코리아〉, 최진희의 〈서울올림픽〉, 김영근의 〈서울하늘 아래서〉 등이었다.[66]

9월 17일 개막일이 가까워오면서 올림픽 열기는 더욱 뜨겁게 달아올랐다. 정부가 가장 앞장섰다. 『한겨레신문』 9월 7일자는 "정부당국의 올림픽 홍보는 '과열'을 넘어 무분별을 드러내고 있다"며 다음과 같이 꼬집었다.

"지금까지 '올림픽 횟불 나르기'에 3일 이상의 일정을 잡았던 나라는 거의 없었다고 들었는데, 한국에서는 이 행사를 21일 동안이나 계속하면서 전국 방방곡곡에서 팡파레와 춤판과 예행잔치들을 요란하게 벌이고 있다. 그 틈에 야바위꾼까지 끼어들어 구경꾼들의 사행심을 부치기고 있지만 이 정도는 애교스럽다. '올림픽 대사'를 위해 정당들이 '정치휴전'을 하고 집회·시위가 규제되고 노사쟁의조차 '금기'가 된 것이 더욱 심각한 사태이다. 온 국민은 올림픽이 끝날 때까지, 올림픽에만 눈길을 쏟고 '올림픽을 위하여' 살 수밖에 없게 되었다. 올림픽 이외에는 쳐다보지도 말고 생각하지도 말며, 잘 통제되고 규격화된 '올림픽 환호성'만을 올려야 하게 된 것이다. 게다가 신문·방송들이 온통 '올림픽, 올림픽'

---

66) 장사국, 〈'88송' 경쟁〉, 『스포츠서울』, 1988년 7월 27일, 9면.

을 외쳐대니 이번의 올림픽은 '집단적 감격의 올림픽'이고 언론은 '감격 판촉회사' 같은 인상을 준다."[67]

'올림픽 4위 국가'의 감격

그런 뜨거운 논란 속에서 제24회 올림픽이 서울에서 9월 17일부터 10월 2일까지 16일간 개최되었다. 88 서울올림픽은 76년 몬트리올 올림픽 이후 12년 만에 IOC 회원 167개국 중 북한 등 일부 회원국을 제외한 160개국이 참가했는데, 이는 당시 유엔 회원국보다 1개국이 더 많은 숫자로 올림픽 역사상 최대의 행사였다. 당연히 1만3천3백4명이라는 선수와 임원의 수도 올림픽 사상 최대 규모를 기록했다.

한국은 과거 1~2개의 금메달에 그쳤지만, 이 대회에선 금 12, 은 10, 동 11개 등 도합 33개의 메달을 따내 소련, 동독, 미국에 이어 4위를 차지하는 대성과를 이루었다(중국은 9위, 일본은 14위). '스포츠 공화국'으로 불려졌던 5공 정권의 군사작전식 스포츠 정책이 맺은 결실이었다.

그러나 5공과 6공에 모두 반대를 했던 사람들도 이 놀라운 결과에 대해서만큼은 찬사를 아끼지 않았다. 예컨대, 5공에 저항하다 고대 총장직에서 쫓겨난 김준엽은 다음과 같이 말한다.

"우리 민족의 우수성을 재확인하면서 선진국의 문턱에 서게 된 문화민족으로서의 자신감을 만끽하면서 온 겨레는 감격의 눈물을 흘렸다. 더욱이 1936년 베를린올림픽 대회에서 손기정 씨가 마라톤에서 우승을 하여 억압된 우리 민족의 피를 끓게 하였고, 그의 가슴에 단 일장기를 말소함으로서 일제에 항거한 『동아일보』가 무기정간당한 쓰라린 추억을 가지고 있는 나로서는 여간 감개무량한 것이 아니었다."[68]

---

67) 〈정부가 앞장서서 절제하도록—올림픽이 '난장판'이 되어서야〉, 『한겨레신문』, 1988년 8월 7일, 6면.
68) 김준엽, 『장정(長征) 4: 나의 무직 시절』(나남, 1990, 2쇄 1991), 309~310쪽.

88년 9월 17일부터 10월 2일까지 16일간 제24회 서울올림픽이 개최되었다. '감격 판촉회사' 로서의 언론은 '집단적 감격의 올림픽' 을 위해 온몸을 내던졌다. 자신들의 '올림픽 특수' 를 위해.

그게 어찌 김준엽만의 생각이었으랴. 대다수 국민의 똑같은 생각이었을 것이다. 전두환과 5공에 대한 평가도 비슷하지 않았을까? 김준엽의 말이다.

"박정희 씨가 이룩한 공로는 우리 민족에게 자신감을 준 것과 경제발전이라면, 전두환 씨가 이룩한 공로는 물가안정과 올림픽의 유치일 것이다. 그들이 독재자로서 많은 죄도 있지만 공로도 있었다는 것을 나는 솔직하게 인정한다."[69]

---

69) 김준엽, 『장정(長征) 4: 나의 무직 시절』(나남, 1990, 2쇄 1991), 309쪽.

올림픽의 명암(明暗)

『조선일보』는 국제사회에 '올림픽 4위 국가'로 떠오른 한국 사람들은 세계관이나 생활태도에 있어서도 달라져야 한다고 일장 훈시했다.[70] 과연 무엇이 달라져야 한다는 것이었을까? 올림픽이 한국인들의 일상적 삶에도 큰 영향을 미친 건 분명했다.

예컨대, 최진섭은 올림픽이 한국민의 반미(反美)의식을 키우는 데에 기여했다고 말한다. 대학가에서는 80년대 중반부터 반미구호가 많이 외쳐졌지만 상당수 일반 시민들은 88 올림픽을 계기로 '반미의식'을 갖게 되었다는 것이다. 물론 이념적·정치적 반미가 아닌, 정서적 반미라는 것이다. 그는 다음과 같이 말한다.

"1988년 서울올림픽 경기장의 반미열풍은 놀라운 것이었다. 미국 선수단의 무질서함, 미국의 육상 영웅 칼 루이스의 오만불손함, 미국 NBC 방송의 편파보도, 올림픽 직전에 발생한 미군 병사의 택시 운전사 폭행 사건, 미국 수영선수단의 절도 혐의 등이 복합적으로 작용해 전 국민적인 반미열풍을 불러일으킨 것이다."[71]

물론 그게 전부는 아니었다. 더욱 중요한 변화들이 많았다. 무엇보다도 올림픽 전후로 오락·문화산업, 음식·숙박업, 관광산업, 스포츠 및 여행장비산업 등의 여가산업이 급격하게 팽창했다.[72] 재벌들은 앞다투어 관광호텔업과 레저스포츠 시설의 건설 및 운영 등 관광레저업에 뛰어들었고, 기존의 건설업과 프로 스포츠, 스포츠웨어·용구산업을 발판으로 레저산업을 주도하였다. 이는 전체적인 국민 소득의 향상에 근거한

---

70) 조선일보사, 『조선일보 칠십년사 제3권』(조선일보사, 1990), 1946쪽.
71) 최진섭, 『한국언론의 미국관』(살림터, 2000), 256쪽.
72) 조항제, 〈여가와 대중문화의 이데올로기〉, 한국산업사회연구회 편, 『한국사회와 지배이데올로기: 지식사회학적 이해』(녹두, 1991), 164쪽.

'여가의 상품화' 전략에 따른 것이었지만, 그것 못지 않게 부동산과 노사문제도 중요한 이유였다.[73]

예컨대, 쌍용의 용평리조트의 경우 개장 이후 10년 간 적자를 보였지만 1백만 평에 이르는 방대한 리조트 시설의 자산 가치는 그간의 투자 규모 1천억 원의 몇 배에 이르렀다.[74] 또 노사분규로 갈수록 어려움이 예상되는 제조업 대신에 인력이 덜 들고 관리가 보다 용이한 레저선업을 하겠다는 속셈도 작용한 것이었다.[75]

골프장도 크게 늘었다. 6공 들어 16개월 간 99개의 골프장이 신설·허가되었으며, 90년 12월 현재 전국의 골프장 수는 121개, 연 면적은 6천여만 평으로 여의도 면적의 24배가 넘는 크기에 이르렀다.[76] 88년 말 30대 그룹이 보유한 골프장은 9개였는데, 부산지방국세청 감사에서 야당의원들은 "최근 일부 기업들이 골프장 신설을 위해 부산·경남지역의 임야를 경쟁적으로 사들이면서 부동산 투기를 부채질하고 있다"고 지적하고 자금 출처 및 징세여부를 따지기도 했지만,[77] 미쳐 돌아가는 부동산 투기 열풍은 6공과 재벌들의 주도하에 계속 불어댔다.

반면 도시빈민들은 올림픽 때문에 큰 고통을 겪어야 했다. 1988년 6월 29일 오후 3시, 서울·경기도·인천 등의 19개 지역 주민 800여 명은 명동성당에서 '반민중적 올림픽으로 탄압받는 도시빈민 생존권 쟁취대회'를 갖고 도시빈민공동투쟁위원회 준비위의 이름으로 '반민중적 올림픽을 규탄하고 빈민의 생존권을 짓밟는 현 군부독재에 대해 강력히 투쟁할 것'을 결의하였다. 그리고 오후 8시 서울 중구 정동 대한성공회에서

73) 조항제, 〈여가와 대중문화의 이데올로기〉, 한국산업사회연구회 편, 「한국사회와 지배이데올로기: 지식사회학적 이해」(녹두, 1991), 166쪽.
74) 「한국경제신문」, 1989년 2월 9일; 조항제, 위의 글, 166쪽에서 재인용.
75) 「한국일보」, 1989년 4월 14일; 조항제, 위의 글, 166쪽에서 재인용.
76) 조항제, 위의 글, 166쪽.
77) 전진우, 「60점 공화국: '작가-기자' 전진우의 6공 비망록」(미문, 1992), 232쪽.

서민주택 보장을 요구하는 단식농성에 들어갔다.[78] 그러나 그들이 '올림픽'이라는 마법의 주문을 이겨내긴 어려웠다.

대중매체의 '올림픽 특수'

서울올림픽 방송을 주관하는 기구는 SORTO(서울올림픽방송실시본부)였는데, SORTO는 서울올림픽 주관 방송사로 지정된 KBS가 MBC의 협조를 얻어 1982년에 설립한 것이었다. SORTO가 건설한 국제방송센터는 여의도에 세워져 세계 각국 130여 개의 방송사가 입주했으며, 방송인의 수도 9천4백여 명으로서 이는 올림픽 참가선수 및 임원의 수 1만7천여 명의 절반을 넘는 인원이었다.

국제방송센터 건설에는 2천1백40억 원의 예산이 소요됐고 방송장비에만 722억 원이 투입되었다. 이 가운데는 중계차가 33대, 카메라가 308대, 녹화기가 383대, 헬리콥터 3대, 인공위성 채널 25개 등이 포함되었으며, 이러한 장비들을 활용하기 위해 3천5백여 명의 SORTO 요원들이 실핏줄처럼 포진되었다. SORTO가 국제신호로 제작한 올림픽 프로그램은 모두 2천2백30시간에 이르는 방대한 분량이었으며, SORTO는 올림픽 방송 제작에 필요한 신형 방송장비들을 개발하여 방송기술의 혁신을 이뤘다.[79]

비디오시장도 호황을 누렸다. 88년 4월 당시 국내의 VCR 공급대수는 180만 대였는데 올림픽 특수에 힘입어 연말엔 220만~250만 대에 이르러 비디오시장의 규모는 영화시장을 추월해버렸다.[80]

서울올림픽은 언론에겐 '특수'였다. 신문들은 올림픽 특수를 광고 수

---

78) 〈빈민 생존권 짓밟는 올림픽 규탄〉, 『한겨레신문』, 1988년 6월 30일, 6면.
79) 김용원, 〈서울 '방송올림픽' 개막〉, 『서울신문』, 1988년 7월 16일, 11면.
80) 강한섭, 〈비디오 때문에 터지는 분통〉, 1991년 11월.

익과 연결시키기 위해 대대적인 증면을 시작했다. 『한겨레신문』을 제외한 전국 종합지 6개, 스포츠지 2개는 각각 올림픽을 전후해 25일 간 하루 8면씩, 4개 경제지는 하루 4면씩, 2개 영자지는 하루 8면씩 증면했다.[81]

신문들의 증면 경쟁은 전체 지면에서 차지하는 광고지면의 비율을 증가시켰고 매출액 대비 광고 의존도를 심화시켰다. 광고지면 비율이 가장 높은 『조선일보』의 경우 83년 38.4%에서 89년 5월 49.6%로 50%에 육박하였다. 또 이 신문의 전체 매출액 대비 광고매출액 비율은 88년 63.4%, 89년 67.5%로까지 올라갔다.[82]

이런 높은 광고 의존도의 의미에 대해 이상철은 다음과 같이 말했다.

"이것은 곧 신문의 독립성을 약화시키는 요인이 되기도 한다. 신문의 논조는 구매력이 높은 독자를 확보하기 위하여 중산층 이상의 독자를 겨냥한다. 그러므로 중산층의 시각과 이익을 대변하기 위하여 보수적 성향을 유지하게 된다. 그리고 소비 성향이 높은 여성과 젊은층을 광고주는 선호한다. 따라서 광고주의 요구에 부응하기 위하여 신문은 가정란, 여성란을 늘리고, 스포츠 등의 지면을 넓혀 나간다. 또한 광고 의존도 심화는 광고성 기사를 증가시키는 요인이 된다. 점차 광고와 기사의 구별이 애매해지고 있다. 대표적인 예가 백화점 관련 기사와 신상품 소개 기사이다."[83]

1988년에는 광고비가 1조 원을 돌파하면서 80년의 광고비에 비해 4.6배 가량 증가했으며, 89년에는 광고비가 GNP 대비 1%를 넘어섰다.

대중매체의 '올림픽 예찬'

대중매체들이 누린 '특수'는 당연히 '올림픽 예찬'을 전제로 한 것이

---

81) 『미디어오늘』, 1996년 9월 4일.
82) 이상철, 〈한국 신문광고의 실태와 문제점에 관한 연구〉, 『광고연구』, 제9호(1990년 겨울), 45~46쪽.
83) 이상철, 위의 글, 46쪽.

었다. 유일상은 다음과 같이 말한다.

"올림픽과 더불어 신문과 텔레비전에 피부로 느낄 만큼 큰 변화가 왔
다. …… 텔레비전은 전일제 방송체제에 돌입하여 '인류의 축제, 평화의
제전'을 한껏 찬양하고 있다. 삶의 다양한 현장들은 올림픽 보도의 큰 물
살 속에 잠겨 버렸고, 축제의 낮과 밤이 연일 계속되는 즐거운 풍악소리
가 그치지 않고 있다. 거기에 덩달아 신문마저 자율경쟁이랍시고 24면
에서 32면에 이르기까지 대량 증면을 통해 올림픽 캠페인에 자진 참가
했다. 알다시피 신문용지의 원료인 펄프를 비싼 돈 주고 수입해 오는 판
에 뭉텅이로 찍어낸 신문에는 얼마 안 가 잊혀질 외국 스포츠 영웅들의
기록으로 부산하니 종이값이 아깝다는 느낌뿐이다."[84]

『조선일보』는 9월 1일부터 '서울올림픽 카운트다운 퀴즈'를 실시하는
묘기까지 선보였다. 개막일인 9월 17일까지 매일 1문제씩 출제하는 이
퀴즈엔 모두 42만 통이 응모했다나. 1등상이 92년도 올림픽 개최지인 스
페인 바로셀로나 왕복 항공표와 10일 동안의 체제비라고 하는 아이디어
도 대단했다.

이 신문은 올림픽 속보 핑계를 대고 코리아나호텔 북쪽 벽면에 전광
뉴스판을 설치하겠다고 나섰는데, 공사가 지연되어 올림픽이 끝난 10월
11일부터 가동되었다. 그것도 현대자동차의 협찬으로 설치했다고 하니
그야말로 손도 안 대고 코 푸는 묘기를 보여준 셈이었다.[85]

고종석의 생각

『한겨레신문』 88년 10월 11일자에 실린 고종석의 〈언론매체와 '88'〉

---

84) 유일상, 『벌거벗긴 한국언론: 유일상 언론평론집』(문덕사, 1990), 29쪽.
85) 조선일보사, 『조선일보 칠십년사 제3권』(조선일보사, 1990), 1939, 1946~1948쪽.

이라는 칼럼은 다음과 같이 말한다.

아마도 뒷날의 역사가들은 1988년 9월의 한국사를 기술할 때 일요일도 쉬지 않고 발행된 '올림픽 매체'들을 중요한 사료로 삼을 것이다. 그 가운데 어느 게으른 학자가 오직 여론매체만을 자신의 유일한 사료로 삼는다면 1988년 9월 17일부터 1988년 10월 2일까지의 한국 사회는 그 이전, 그 이후와는 질적으로 구별되는 '손에 손잡고 벽을 넘어서' 화합의 길로 가는 올림픽 축제 이외에 아무런 갈등도 없었던 역사적 진공상태로 기술될 수도 있다.

우리 신문들은 올림픽 기간-지난 9월 17일부터 10월 2일에 이르는 열엿새 만이 아니라 1981년의 바덴바덴에서 1988년의 서울에 이르는 길고 어두웠던 세월-동안 권력층의 이념적 도구 역할을 수행하느라 안간힘을 써왔다. 그런데도 그 성과는 때때로 제한적이었다.

제6공화국이 들어서고 올림픽이 코앞에까지 왔어도 '인류화합의 대제전'의 열기가 국민의 피부에 와 닿지 않았다는 것이 그 제한성의 증거였다. 그러나 우리 언론은 그 냉기의 원인을 분단상황에서의 단독 올림픽 강행, 빈부의 격차에서 오는 상대적 빈곤감에서 찾는 대신 '올림픽 이데올로기'만을 강조하는 데 열을 올렸다.

한편으로 평화구역 선포를 용인하고 지하철 노조의 파업결정을 나무라면서 또 한편으로 '올림픽 증세'를 온 국민과 함께 앓기 위해 시청건물의 전광날짜판을 복사한 컷을 곁들여 대규모의 기획물을 올림픽 1백일 전부터 싣기 시작했다.

'우리들의 올림픽', '88타워', '올림픽 서울', '동경올림픽을 뛰어 넘자'는 등의 그럴싸한 제목들을 단 그 기획물들은 그러나 올림픽 붐을 만들어내는 데 위력을 발휘하지 못했다. 모든 대중매체가 '올림픽 총동원령'을 수락했음에도 개막 직전의 서울을 감쌌던 것이 축제의 열기가 아니라 소외와 무관심의 찬바람이었다는 것은 '올림픽권'에 속했던 적은 수의 '우리'와 그 권역 밖에 있던 훨씬 많은 수의 '그들' 사이에 우뚝 서있는 벽이 얼마나 높고 견고했던 것인지를 깨닫게 한다.

끝없이 비대해지고 있는 매체산업이 생산해 내는 이데올로기가 그 매체들의 촘촘한 그물망에서 벗어나기 어려운 대중의 의견과 태도를 틀지우기 마련인 20세기 후반에, 언론과 대중 사이에 존재했던 이 정서의 불일치는 보통사람에게는 충격적이기까지 하다.

드디어 대망의 올림픽이 막을 올렸을 때 신문들도 매일 24면을 메우느라 경기장, 선수촌, 기자촌에서의 하찮은 에피소드까지를 선정적인 사진까지 곁들여 현미경적으로 묘사하는 한편, 깜짝 놀랄 정도로 날쌘 변신의 기동력을 보여주었다.

개막 이전까지만 해도 '좌경 운운'으로 신경질을 부려오던 우리나라 신문들은 올림픽 문화축전이 시작되자 사회주의 리얼리즘의 예찬자로 변했고, 각국 선수, 임원단이 입국하기 시작하면서부터는 좌파인사 인터뷰 전문지로 나서서 국민들을 어리둥절하게 했다.

또 변정일의 권투판정 사건에서는 이성적인 코스모폴리탄이 돼 공격의 화살을 동족에게 겨눴고 곧이어 그 화살을 편파적인 NBC로 돌려 반미의 제스처를 취했다가 마지막날 권투의 박시헌 '사건' 때에는 다시 동포애를 강조하는 쇼비니스트가 되어 있었다.

신문의 이런 변화무쌍한 논조에 따라 국민들은 미국을 혐오하다가, 반미를 걱정하다가, 우리 자신을 부끄러워하다가, 또 자랑스러워하는 동안 어느 덧 올림픽의 폐막을 맞았다.

그러나 겉보기에는 현란한 이 날렵한 자세바꾸기에는 '상업주의' 라는 일관된 흐름이 관통하고 있었다. 우리 신문의 상업주의는 반미, 공산주의까지도 상품화하는 데 성공한 것이다. 그리고 더 나아가 이런 상업주의적 보도 태도는 올림픽 동안의 증면이 더 많은 정보전달을 위한 것이라기보다는 더 많은 광고수입을 위한 것이라는 일반적 혐의를 정당화시켰다.[86]

매춘산업 특수

올림픽은 매춘산업에도 특수를 몰고 왔다. 여성운동단체들(한국여성의전화, 한국여성민우회, 한국여성노동자회)은 올림픽을 앞두고 기승을 부릴 기생관광의 문제를 여론화하기 위하여 1988년 4월 17일에 『꽃다운 이 내 청춘』을 무대에 올리는 등 애를 쓰긴 했지만,[87] 역부족이었다.

한 외국인의 증언이다.

"비행기에서 내려 발을 땅에 딛자마자 뚜쟁이가 달겨들어요. 세계의 여러 공항깨나 출입해봤습니다만, 내가 알기로는 뚜쟁이가 공항에서부터 일하는 곳은 김포밖에 없습니다. 설마 이런 일들이 정부의 인정없이 벌어지는 일이라고는 하시지 않겠죠?"[88]

『샌프란시스코 이그재미너』 서울 지국장 강견실은 『샘이 깊은 물』 88년 11월호에서 이렇게 적고 있다.

한국의 매춘은 그것이 팔리는 방법 때문에 독특한 문제를 제기

---

86) 고종석, 〈언론매체와 '88'〉, 『한겨레신문』, 1988년 10월 11일, 9면.
87) 한국여성의전화연합 엮음, 〈한국 매춘여성운동사〉, 『한국여성인권운동사』,(한울, 1999), 254쪽.
88) 강견실, 〈매춘관광과 한국 여자〉, 『샘이 깊은 물』, 1988년 11월, 70쪽에서 재인용.

88 서울올림픽을 통해 재벌들은 레저산업에 뛰어들었고 덤으로 엄청난 부동산도 보유할 수 있게 되었다. 신문사와 방송사들은 '올림픽 특수'를 누렸다. 매춘산업 또한 국가의 장려하에 '특수'를 누렸다. 노동자들의 파업과 시위는 억제당했고 도시빈민들은 생존의 끝자락까지 내몰렸다. 대부분의 한국인들은 올림픽을 잘 치렀다고 응답했다.

한다. 문제는 매춘이 존재하는 데에 있다기보다 그것이 어떻게 존재하고 전체 사회에 어떤 영향을 끼치고 있느냐에 있다. 이 나라 매춘의 고약한 점은 그것이 관광산업의 한 부분이나 꾸러미로 공식적으로 인정되고 있다는 것이다. 기생집 방문이 거의 모든 한국

관광의 여정에 끼어 있다. 실제로, 일본 남자 관광객의 육할이 한국 여행을 오로지 한 목적 곧 섹스 때문에 한다. 이제는 미국 사람들조차 기생집을 놓치지 말고 오라는 당부는 받는 판이니, 기생집이라는 말은 이제 어떤 이들 사이에서는 실제로 갈보집을 가르키는 완곡한 표현이 되었다. 남자 손님들이 호텔에 들자마자 관광 호텔 "담당" 여자들이 그토록 빨리 그 손님들의 이름을 알아내는 것은 어쩌다가 그렇게 되는 우연의 일치일 수 있다. "나의 진짜 걱정은 이 여자 아이들이 단독으로 말고 호텔 종업원과 경찰력의 도움을 받아 그런 일을 한다는 것입니다." 관광 관계 관리들에게 그런 상황을 고치라고 설득해 오다가 낭패한 한 사회 사업가의 말이다.[89]

미국의 한 남성 잡지는 〈한국 섹스 안내〉라는 제목의 기사를 싣기도 했지만,[90] 정부는 별로 개의치 않았다. 국회도 마찬가지였다. 9대 국회 보사위원회에서 나온 국회의원들의 매춘관광 관련 발언을 보자.

"요새 말하자면 관광꺼리란 것이 있어요. 왜 그 가치가 세계적으로 제일 얕습니까? 내가 돌아다니면서 보니까 한국 여성이 세계에서 제일 미인이야. 그런데 가장 미인인 한국 여성의 값이 세계에서 제일 싸다. 우선 그 여성지위 향상보다는 여성의 그 몸값을 올려주는 것이 결국 지위향상이 아니겠어요?"(안건수)

"일본이 명치유신 이래 해외로 진출한 창녀나 미군상대 창녀를 애국자로 미화했던 것처럼 우리나라도 윤락여성을 미화해 여성전사처럼 부각시키는 것이 ……."(박형배)[91]

---

89) 강견실, 〈매춘관광과 한국 여자〉, 『샘이 깊은 물』, 1988년 11월, 71쪽.
90) 강견실, 위의 글, 70쪽.
91) 〈국회, 매춘문제 외면 · 방치 41년〉, 『한겨레신문』, 1990년 4월 25일, 8면.

에이즈 특수?

정부와 국회가 사실상 매춘관광을 묵인 또는 육성하면서 에이즈 감염자가 크게 늘어나기 시작했다. 86년 아시안게임과 88 서울올림픽이 결정적인 계기였다. 85년 1명에 불과했던 에이즈 감염자는 86년 5명으로 늘어났고, 87년에는 14명으로, 올림픽이 열린 88년에는 87년에 비해 무려 24명이 늘어나 36명으로 증가했다. 그리고 89년에는 73명이었다.[92]

정부가 에이즈에 대한 예방책을 마련하지 않은 건 아니었다. 그런데 에이즈 예방책은 에이즈의 주요 전파자라 할 외국 관광객은 제쳐놓고, 내국인 그 중에서도 특히 유흥업소 종사자들만 대상으로 철저하게 '강제 검역' 을 실시하는 내용뿐이었다.[93] 고광헌은 정부의 이런 어처구니없는 에이즈 예방책에 대해 이렇게 풍자했다.

"외국 관광객들이여! 안심하라! 안심하고 코리아와 코리아의 여성들을 즐겨라! 20세기의 페스트라 불리는 에이즈에 대한 감염을 걱정 말라! 당신들이 우리나라에 와 데리고 놀 모든 여성들에게는 정기적, 강제적으로 철저하게 검역을 실시하고 있다. 양성반응자나 환자는 가차없이 강제 격리수용하고 있다. 에이즈는커녕 가벼운 성병마저도 없다. 그러니 오라! 많이 와서 달러를 쓰라! 설혹 당신들 중 에이즈 환자가 있어서 우리나라 여성들에게 옮겨진다 해도 또 검역해서 격리시키면 그뿐이다. 당신들이 달러를 물 쓰듯 쓰는 한 우리네 딸들이 몇 십 명쯤 더 에이즈에 감염돼도 괜찮다. 그들은 이미 버린 자식들이 아니더냐."[94]

---

92) 최해운, 〈주부·학생도 AIDS … 무지가 화 불러〉, 『한국일보』, 1990년 3월 30일, 16면.
93) 고광헌, 『스포츠와 정치』(푸른나무, 1988), 9쪽.
94) 고광헌, 위의 책, 21~22쪽.

올림픽 잉여금 논란

이른바 '올림픽 잉여금' 논란도 있었다. 여성잡지 『여원』 88년 7월호
는 〈N·L 메모-서울올림픽 조직위원회에 7백억원 방송중계권료 요청
한 KBS의 속사정〉이라는 제목 아래 88 서울올림픽 중계권료 문제를 둘
러싼 의혹을 제기했다.

『여원』 기사는 지난 83년 10월 한국방송공사가 올림픽조직위
(SLOOC)와 체결한 '주방송사 지정에 관한 기본약정서'에 따라 1억 달러
(700억 원)를 조직위로부터 받게 되어 있었는데 한푼도 받지 못했다며,
그 이유로 당시 한국방송공사 사장 이원홍이 올림픽조직위원장 노태우
와 맺은 'N·L 메모' 때문이라고 밝혔다.

『여원』이 보도한 'N·L 메모'의 내용에 따르면, 2억 달러 상당의 올
림픽 방송경비는 IOC로부터 SLOOC가 수령하되 IOC에는 이 금액을 주
방송사 계정으로 할당된 것으로 보고하고 이 금액의 지급을 보류한 뒤,
88 결산 때 이를 올림픽 흑자분으로 산정하고 국가에 반납해 흑자 올림
픽을 과시한다는 것이었다.

이와 관련, 임시국회 문공위에서 야당의원의 질문에 대해 서영훈 당
시 KBS 사장이 답변을 하기도 했는데, 『한겨레신문』 89년 7월 28일자
의 보도 내용은 다음과 같다.

> 이 날 회의에서 이 의원은 "SLOOC와 IOC가 방영권 수익배분
> 원칙을 논의하면서 …… 이 중 1억 달러는 방송 분야에 사용한다
> 고 합의한 바 있는데 KBS는 그 합의에 따른 1억 달러 이상의 배
> 부금을 배정받았는가, 만일 배정받지 않았다면 그 합의서의 내용
> 이 지켜지지 않은 이유가 무엇인가?"라고 추궁했다. 국회 속기록
> 에 따르면 서 사장은 이에 대해 △올림픽조직위와의 거래는 본래

방영권이 1억2천5백만 달러이다 △당시 이원홍 사장이 노태우 올림픽조직위원장에게 광고 및 시청료 수입을 조건으로 KBS가 방영권료 1억2천5백만 달러를 받지 않고도 KBS 예산으로 장비를 준비하겠다고 말했다 △이는 사마란치 위원장도 짐작하고 있다는 이야기가 있으며 이를 공식 주장하면 사마란치도 어려워질 것이라는 얘기도 있다는 내용의 답변을 했다. 「여원」은 이와 관련 서 사장이 "85년 당시 노태우 올림픽조직위원장과 이원홍 KBS가 실질적으로 방송중계권료를 포기하는 비밀협정을 맺었으며 그 과정에서 전두환 씨와 사마란치 IOC 위원장도 개입됐다"고 말한 것으로 보도했다. …… KBS 관계자에 따르면 문제의 국회답변을 한 서 사장은 청와대 쪽의 '질책'으로 궁지에 몰려 있는 것으로 알려졌다.[95]

그러나 올림픽은 대한민국의 영광

"올림픽은 우리 국민의 위대한 저력을 보여줘 자존심, 자부심, 미래의 가능성을 심어주고 성숙시켜 주었다. 올림픽 이후 고양될 국민의 자부심, 사회의 다양성, 민주화의 자신감은 소수 군인의 쿠데타와 극렬 좌경 세력의 민중혁명을 있을 수 없게 할 것이다."[96]

88년 9월 22일 「중앙일보」 창간일을 맞아 김영삼이 한 발언이다. 여론은 김영삼의 견해를 뒷받침해주었다. 올림픽 폐막 직후인 10월 4일 한국갤럽조사연구소는 '서울올림픽에 대한 여론조사'를 발표했는데, 이에 따르면 한국인의 95.4%가 올림픽을 잘 치렀다고 응답했다.[97]

95) 최보은, 〈'88 중계료' 7백억 의혹 확산〉, 「한겨레신문」, 1989년 7월 28일.
96) 김영삼, 「김영삼 회고록 3: 민주주의를 위한 나의 투쟁」(백산서당, 2000), 157쪽.
97) 홍순호, 〈'분단빈국' 이미지 벗고 북방외교 물꼬 터〉, 「한국일보」, 1999년 11월 22일, 23면.

서울올림픽의 성공적인 개최는 한국의 이미지 개선에 엄청난 영향을 미쳤다는 걸 그 누가 부인할 수 있을 것인가. '불안한 분단국' '전쟁을 치른 가난한 나라'라는 이미지를 털어냈고, 당시까지만 하더라도 비수교 국이었던 32개국이 참석해 외교 관계 개선에 크게 기여했다.[98]

98) 홍순호, 〈'분단빈국' 이미지 벗고 북방외교 물꼬 터〉,『한국일보』, 1999년 11월 22일, 23면.

지강헌 일당 탈주사건

1988년 10월 8일, 영등포교도소에서 대전과 공주교도소로 이감 중이던 지강헌 등 미결수 12명이 중부고속도로 일죽 인터체인지에서 호송버스를 탈취해 달아나는 사건이 발생해 세상을 깜짝 놀라게 만들었다.

호송버스 안에는 교도관 10명이 함께 타고 있었는데, 탈주범들은 교도소 안에서 몰래 만들어 소지하고 있던 칼 두 자루와 쇠꼬챙이 등으로 수갑을 풀고 교도관을 위협, 권총을 빼앗아 서울에서 강도행각과 인질극으로 서울시민들을 공포에 떨게 했다.

그러나 탈주 9일 만에 지강헌 등 2명은 권총으로 자살하고 나머지는 사살되거나 자수했다. 지강헌은 인질극을 벌이다가 권총 자살하기 전에 "유전무죄 무전유죄"를 주장했는데, 이 말은 의외로 많은 사람들의 공감을 얻어 이후 계속 인구에 회자되었다.

영화감독 이명세의 1999년 흥행영화 『인정사정 볼 것 없다』의 도입 부분에 나오는 음악 〈HOLIDAY〉(비지스의 곡)는 지강헌이 자살하기 전에 이 음악을 들었던 것으로, 이명세 감독이 지강헌의 인질극을 염두에 두고 이 음악을 자신의 영화에 삽입하였다.[a]

---

a) 정정화, 〈조세형, 환풍기통 뜯고 도망 지강헌 일당은 호송버스 탈취〉, 『한국일보』, 2000년 2월 25일, 30면

국회의 5공 청문회

'여소야대' 국회가 만든 5공 청문회

1988년 1월 노태우의 선거 공약에 따라 민주화합추진위원회(민화위)가 발족하였다. 민주화의 이행 약속과 광주항쟁에 대해 해결책을 강구하겠다는 뜻으로 만든 것이었다. 대통령에 취임한 노태우는 '민주화합추진위원회'를 대통령 자문기구로 두고 광주민주화운동의 진상 파악 및 치유 방안을 모색하기 시작했다.

'광주의거부상자회'와 '광주의거유족회'는 사망자가 2천 명에 이르며, 계엄군의 발포로 인해 광주민주화운동 당시 사망자가 발생했다면서 철저한 진상규명과 책임자 처벌, 그리고 광주시민의 명예회복과 피해자에 대한 정신적 · 물질적 피해보상 등을 요구했다.[99]

88년 4월 총선으로 조성된 '여소야대' 국회에서는 청문회 등을 신설

---

99) 류승렬, 『뿌리깊은 한국사 샘이깊은 이야기 7』(솔, 2003), 426쪽.

한 국회법 개정안이 통과되었고, 국민적 요구에 따라 전두환 정권의 비리를 파헤치는 청문회를 열기로 했다. 6월 27일 국회 내에 '5·18 광주민주화운동 진상조사특위'와 5공 특위라 불리우는 '제5공화국에 있어서의 정치권력형 비리조사특위'라는 다소 이색적인 이름의 특별위원회가 구성되었다. 이는 5·18에 대해 '사태'와 '의거'로 맞서는 등 특위의 명칭을 둘러싸고 벌어진 논란에서 타협책을 모색한 결과였다.[100]

이렇게 해서 6공화국 하에서의 '5공 청산'이 이루어지기 시작했는데, 초창기 국회 내의 청문회를 통해 다루어진 의제는 광주사태 진상 규명, 군부 책임자 처벌, 김대중 내란음모 사건 조작 규명, 전두환 대통령 친인척 비리척결, 정경유착 규명, 1980년 언론통폐합 및 기자 강제해직 규명 등이었다.

전두환의 백담사 유배

전두환은 이미 4월 13일에 국민들에게 사과 성명서를 발표하였지만 그걸론 어림없었다. 5공 특위의 활동으로 5공 비리가 점점 더 밝혀지면서 전두환은 막다른 골목에 처하게 되었다. 결국 88년 11월 23일 전두환은 「국민 여러분께 드리는 말씀」이라는 내용의 사과성명을 25분 동안 낭독하고 백담사로 향했다. 현대판 '유배'였다. 백담사는 조계종 총무 서 의현이 골라준 곳이었다.

전두환측과 청와대 사이에 조율을 거쳐 작성된 전두환의 사과성명과 관련해 가장 첨예한 논란이 된 부분은 정치자금에 관한 것이었다. 전두환측은 정치자금은 한푼도 남아 있지 않다며 강경한 자세로 일관했지만

---

100) 박보균, 〈광주·5공청산 둘러싼 논쟁〉, 『80년대 한국사회 대논쟁집』(중앙일보사, 월간중앙 1990년 신년호 별책부록), 343쪽.

청와대는 13대 총선에서 민정당 내 5공 인사들이 전두환으로부터 적지 않은 선거자금을 지원 받았다는 사실을 알고 있었다. 그러나 정치자금 문제는 6공의 아킬레스건이기도 했던 까닭에 협상은 지진부진할 수밖에 없었다. 대선 당시 노태우는 전두환으로부터 공식 선거자금의 몇 배에 이르는 정치자금을 지원받았는데 어찌 모든 걸 다 까발릴 수 있었으랴. 6공의 한 핵심인사는 이렇게 말했다.

"13대 대통령 선거 때 전 대통령이 선거자금으로 민정당에 수천억 원을 지원한 외에 노 후보의 집을 방문해 1천2백몇십억 원을 별도로 주었어요. 급할 때 쓰라는 것이었죠. 전 대통령은 노 후보가 혹시 이 자금을 적절히 쓰지 않을까 봐 이춘구 선거대책본부장을 이 자리에 배석시켰습니다. 그런데 나중에 전 대통령은 노 후보가 이 돈을 결국 다 쓰지 않았다고 말하더군요. 그리고 대통령을 물러나면서도 상당한 돈을 정치자금으로 물려줬어요. 노 대통령은 전 대통령에게 그만큼 정치자금에 관한 한 빚이 있는 셈이죠."[101]

청와대에서는 전두환이 어느 정도의 정치자금을 내놓아야 국민들이 수긍할 것인지에 대한 조사까지 실시했다. 50억 원 단위로 이루어진 이 조사에서 150억 원 정도가 가장 적정한 금액으로 꼽혔다고 하는데, 그래서 그런지 당시 청와대 협상팀은 "150억 원은 돼야 하는데 ……"라는 말을 달고 살았다. 그런데 전두환측은 정치자금의 명목으로 100억 원에 조금 못 미치는 금액을 내놓겠다는 의사를 고수해 협상팀의 애를 태웠다. 이런 가운데 박철언이 전두환측에서 제시한 금액에다 청와대가 갖고 있는 정치자금을 더해 적정한 수준의 액수를 만들자는 제안을 해 정치자금 액수 문제를 해결했다. 당시 전두환이 정치자금 잉여분이라고 밝힌 금액

---

101) 김현섭 · 이용호, 『제6공화국 정치비화 권력막후1: 청와대 귀족회의』(경향신문사, 1995년 초판 4쇄), 263쪽에서 재인용.

5공 청문회는 5공 비리를 속시원히 밝히기엔 역부족이었다. 여러 이유가 있었지만, 그 가운데 하나는 비리를 밝혀내야 할 청문회 의원들이 또다른 비리와 연루돼 있었기 때문이었다.

은 모두 139억 원이었는데, 이에 대해 6공의 한 핵심 인사는 "연희동에서 내놓은 액수는 89억 원이었으며 청와대측이 50억 원을 보태 139억 원이 만들어졌다"고 증언했다.[102]

청와대는 한동안 전두환이 해외로 나가는 것을 종용하기도 했다. 그러나 전두환은 "차라리 감옥에 가는 한이 있더라도 외국에는 나가지 않겠다"고 장기외유에 대해 격렬하게 반대했다.[103] 훗날, 전두환은 "백담사 생활 초기에는 분노와 배신감 억울함과 고독감으로 가득 차 있었다. 자다가 벌떡벌떡 일어나기도 했다"고 술회했다.[104]

---

102) 김현섭 · 이용호, 『제6공화국 정치비화 권력막후1: 청와대 귀족회의』(경향신문사, 1995년 초판 4쇄), 262쪽에서 재인용.
103) 김현섭 · 이용호, 위의 책, 268쪽에서 재인용.
104) 김현섭 · 이용호, 위의 책, 274쪽에서 재인용.

방우영의 적반하장(賊反荷杖)

88년 11월 23일 전두환 부부의 백담사 '유배'는 눈 가리고 아웅하는 식의 '5공 청산' 신호탄이었지만, 어찌됐건 공식적으론 전두환 정권이 청산의 대상이라는 걸 상징적으로 선언하는 의미에서 민주화 분위기를 고조시켰다. 물론 언론도 어설픈 하이에나가 되어 그 분위기에 엉거주춤 편승하였다.

전두환의 백담사행을 전후로 하여 언론청문회가 개최되었다. 국회 문공위(위원장 정대철·평민당) 주관으로 11월 21, 22일, 그리고 12월 12, 13, 31일 등 5일 간에 걸쳐 열린 청문회는 신군부에 의한 80년의 언론학살과 5공의 언론탄압 및 통제의 진상을 파헤치는 데 일정 성과를 거두었지만 언론사주들의 '오리발 작전'으로 모든 걸 속속들이 파헤치기엔 역부족이었다.

12월 31일에 열린 언론청문회의 한 장면을 보자. 평민당 의원 박석무는 시종일관 『조선일보』 사장 방우영을 몰아붙였다. 그럴 만한 이유가 있었다. 박석무는 10월 10일 열린 국정감사에서 언론통폐합과 관련해 태평회를 거론하면서 『조선일보』 사장 방우영의 이름을 최초로 거론했는데, 이 때문에 박석무는 국감 도중 『조선일보』로부터 노골적인 언론 협박을 받았던 것이다.[105]

『조선일보』의 그런 '조폭' 기질에 분개한 박석무는 방우영에게 다음과 같은 질문들을 던졌다.

"입법위원으로 있으면서 언론기본법 통과에 한마디 반대의견도 못 내놓았느냐."

"80년대 암흑기의 각종 불행한 조치 중 삼청교육은 전두환 독재치하

---

105) 〈'국감' 서 발단 … 누적된 응어리 폭발〉, 『일요신문』, 1989년 3월 12일, 4면.

에서 광주민주화운동 다음으로 수치스러운 사실인데, 다른 신문에 비해 유독 『조선일보』는 삼청교육을 크게 미화해 보도했다. 당시 회사 대표로서 할 말이 있는가?"

"조선일보사가 80년 5월 20일자에 광주민주화운동을 보도하면서 다른 신문과는 달리 '총을 든 난동자들'이라고 맨 먼저 이 사태를 '난동'으로 몰고 있고, 특히 85년 5월호 『월간조선』에서는 광주민주화운동을 왜곡보도하여 광주시민들이 『조선일보』 불매운동을 벌인 사실을 아는가?"[106]

이런 질문 공세에 대해 방우영은 "그때는 언기법이 토론도 없이 가결됐다." "나뭇가지만 보지 말고 숲도 봐주길 바란다." "『월간조선』은 당시 어느 잡지도 다루지 못한 광주사태를 다루었는데 이는 『조선일보』의 용기라고 생각한다"는 답변만 늘어놓았다.[107] 엄청난 항의를 받은 기사에 대해 그렇게 말하다니, 적반하장(賊反荷杖)이었다.

여야의 '짜고 치는 고스톱'

텔레비전으로 생중계된 청문회는 수많은 화제를 불러일으켰지만 5공 비리를 속시원하게 밝히기엔 역부족이었다. 여러 이유가 있었지만, 그 가운데 하나는 비리를 밝혀내야 할 청문회 의원들이 또다른 비리와 연루돼 있었기 때문이었다.

5공 비리를 추궁하던 10여 명의 야당의원들은 5공 비리와 관련해 출석했던 재벌들로부터 적게는 수천만 원에서 많게는 억대의 뇌물을 받았고, 어떤 의원은 그랜저 승용차를 받기도 했다. 당시 민정당의 5공 특위

---

106) 이상우, 〈『주간조선』김대중 총재 유럽순방기사 시비: 평민·조선 '한판싸움' 내막〉, 『일요신문』, 1989년 3월 12일, 4면.
107) 이상우, 위의 글.

간사였던 김중권은 "청와대 정무수석으로 자리를 옮겼더니 5공 특위 당시 야당의원들이 재벌들로부터 뇌물을 받은 자료가 비치돼 있었다"고 증언했다. 덧붙여 그는 "당시 야당은 국회의 주도권을 잡으면서 윤리적으로 풀어져 있었다"면서 "어떤 재벌기업들의 아픈 부분을 지적하는 질문서를 미리 보내 돈을 뜯어내기도 했다"고 말했다.[108] 물론 여당은 5공 특위 의원들의 이런 비리를 야당 공작에 사용했다.

초창기에 국회 차원에서 집중적으로 논의되던 5공 청산은 점차 제6공화국 정부하의 주도로 바뀌어가기 시작했다. 88년 12월 13일 노태우의 지시로 검찰 내에 '5공 비리 특별수사부'가 설치되었고, 12월 19일 전 교통부 장관 차규헌을 시작으로 하여 27일에는 청와대 경호실장과 안기부장을 지낸 장세동 등 5공 비리 관련 다수 인사에 대한 사법 조치가 이루어졌다. 89년 1월 31일 특별수사부를 해체하면서 검찰은 5공 비리 사건과 관련하여 47명을 구속, 29명을 불구속 입건했다고 밝혔다.[109]

이에 대해 야당 측은 검찰의 축소 수사를 비난하면서, 정호용·이원조·이희성·장세동·허문도·안무혁 등 5공 비리의 핵심 6인을 사법 처리해야 한다고 주장했다. 또한 야당측은 최규하·전두환 두 전직 대통령이 국회에서 증언을 하여 진실을 밝히고 국민들에게 사과할 것을 요구하였다.[110]

그러나 후일의 역사가 증명하겠지만, 다 '짜고 치는 고스톱'이었다.

---

108) 김현섭·이용호, 『제6공화국 정치비화 권력막후1: 청와대 귀족회의』(경향신문사, 1995년 초판 4쇄), 275쪽에서 재인용.
109) 구속자 가운데 전두환 친인척은 20여 명에 이르렀다.
110) 정운현, 〈5공 청산과 전두환씨 국회 증언〉, 『호외, 백년의 기억들』(삼인, 1997), 249쪽.